Anthony Peale

Tore zum kosmischen Bewusstsein

Anthony Peale

Tore zum kosmischen Bewusstsein

Wege zu einer neuen Erfahrung der Wirklichkeit

Mit einem Vorwort von Whitley Strieber

Aus dem Englischen von
Astrid Ogbeiwi

Crotona

Anthony Peake studierte Soziologie und Geschichte an der Universität Warwick und schloss an der London School of Economics and Political Science ein Management-Aufbaustudium ab. Er ist Mitglied der Society for Psychical Research, des Scientific and Medical Network und der International Association of Near-Death-Studies. Die zahlreichen Bücher des Erfolgsautors wurden in mehrere Sprachen übersetzt, darunter Französisch, Russisch, Spanisch und Polnisch. Auf Deutsch ist bisher sein zusammen mit Ervin Laszlo verfasstes Werk *Unsterbliches Bewusstsein: Die Kontinuität des Selbst jenseits vom Gehirn* (aus dem Englischen von Daniel Loose, Mosquito 2016) erschienen.

Anthony Peake gilt zunehmend als einer der weltweit originellsten Denker in der Erforschung veränderter Bewusstseinszustände. Schwerpunkt seiner Arbeit sind wissenschaftlich fundierte Erklärungen für die großen Geheimnisse des menschlichen Bewusstseins.

1. Auflage

Amerang 11 • 83123 Amerang
www.crotona.de

Originaltitel: *Opening the Doors of Perception – The Key to Cosmic Awareness*
Watkins (Watkins Media Limited), 19 Cecil Court, London WC2N 4EZ

Übersetzung: Astrid Ogbeiwi
Umschlaggestaltung: Annette Wagner
Gedruckt bei CPI

ISBN 978-3-86191-084-8

Inhalt

Vorwort ... 9
Einführung ... 13

Teil Eins: Der Schlüssel

Kapitel Eins: Halluzinationen ... 22
Kapitel Zwei: Zufallsreisende ... 44

Teil Zwei: An der Pforte

Kapitel Drei: Migräne ... 56
Kapitel Vier: Temporallappen-Epilepsie ... 70
Kapitel Fünf: Schizophrenie ... 96
Kapitel Sechs: Alzheimer ... 108
Kapitel Sieben: Autismus ... 130
Kapitel Acht: Savant-Syndrom ... 151

Teil Drei: Einblicke hinter die Pforten

Kapitel Neun: Die Entrückten ... 170
Schluss: Was ist auf der anderen Seite? ... 222

Quellenangaben ... 256
Literaturverzeichnis ... 272
Index ... 274

„Wenn die Pforten der Wahrnehmung geläutert würden,
würde jedes Ding dem Menschen erscheinen,
wie es ist, unendlich."

– William Blake –

Vorwort

Anthony Peake hat sich auf eine lange und faszinierende Reise begeben – von den Schlussfolgerungen in seinem ersten Buch, *Is There Life After Death*, bis zu den Schlüssen, die er nun in *Tore zum kosmischen Bewusstsein* zieht.

Is There Life After Death vertrat die These, dass das Gehirn im Moment des Sterbens große Mengen Glutamat ausschüttet, wodurch sich die Zeitwahrnehmung verlangsamt und der Lebensrückblick möglich wird, von dem Menschen, die eine Reise an den Rand des Todes überlebt haben, zumeist berichten.

Im Laufe weiterer jahrelanger Forschung und schriftstellerischer Tätigkeit ist er jedoch zu der Überzeugung gelangt, dass das Gehirn eher Transceiver (Sendeempfänger) als alleiniger Erzeuger von Bewusstsein ist. Im vorliegenden Werk geht er nun der Möglichkeit nach, dass Bewusstsein nicht nur außerhalb des Gehirns existiert, sondern eine Universalität darstellt, und das Individuum Teil davon sowie holografisch zugleich das Ganze ist.

Hier erforscht Peake die Natur dieses externen Bewusstseins sowie unsere Rolle darin und gelangt zu faszinierenden und äußerst provokanten Ergebnissen. Er bezieht sich auf Nick Bostroms heute unter dem Begriff „Simulationsargument“ bekannten Vorschlag aus dessen bahnbrechendem Artikel „Are You Living in a Computer Simulation“ in der Zeitschrift *Philosophical Quaterly*, und auch auf David Chalmers‘ berühmtes „hartes Problem“, mit dem dieser feststellt, dass die Wissenschaft nicht zu erklären vermag, wie das Gehirn selbstreferenzielles Bewusstsein erzeugen konnte.

Er spricht an, dass neueste Entdeckungen einer Gruppe von Wissenschaftlern am Fermilab in Batavia, Illinois, darauf schließen lassen, dass das Universum aus digitaler Information besteht – dass es, wie David Bohm und andere bereits spekuliert haben, ein riesiges Hologramm ist. Weitere neuere Studien legen darüber hinaus nahe, dass es eine zweidimensionale Oberfläche ist und es sich bei dem, was wir als Realität wahrnehmen, um eben jenes Hologramm handelt, das in die Dreidimensionalität projiziert wird.

Ausgehend von der Idee der Orchestrierten Objektiven Reduktion – die behauptet, das Gehirn sei im Grunde eine biologische Maschine, die das außerhalb von ihr existierende Bewusstsein filtert – begibt sich Peake auf eine in meinen Augen bahnbrechende Forschungsreise zur Wahrnehmung und ihrem Substrat, dem Bewusstsein.

Auf die Frage nach der Verortung des Bewusstseins geht Peake mit einer Analyse der ungewöhnlichen Hirnzustände ein, die zu verzerrten – oder aufschlussreichen – Wahrnehmungen führen und von Migräne über Autismus bis zu Schizophrenie und Alzheimer reichen. Durch ihre je unterschiedliche Art der Wahrnehmungsverzerrung öffnen diese Erkrankungen auch eine Tür zu dem, was tatsächlich nicht nur den Betroffenen, sondern uns allen widerfährt.

Ich habe auch aus persönlichen Gründen großes Interesse an alledem. 1985 hatte ich das erste einer lebenslang anhaltenden Reihe sogenannter Nahbegegnungs-Erlebnisse. Aber was war das wirklich? Was ist das? Eine meiner ersten Theorien lautete, ich sei einer Anfallserkrankung erlegen, die man unter dem Begriff Temporallappen-Epilepsie kennt. Doch als der entsprechende Test nicht nur negativ ausfiel, sondern dabei auch noch festgestellt wurde, dass ich ein außergewöhnlich anfallsresistentes Gehirn habe, war ich am Ende meines Lateins.

Das Rätsel um Erlebnisse wie meine kann *Tore zum kosmischen Bewusstsein* zwar nicht lösen, aber es weist künftigen Forschungen eine mögliche Richtung, nämlich das Gehirn als Filter zu betrachten und herauszufinden, was es filtert und warum.

Für jemanden mit meinen Erlebnissen stellt *Tore zum kosmischen Bewusstsein* eine Ressource zur Erweiterung und Vertiefung der Frage dar, was tatsächlich vor sich geht und die außergewöhnlichen Wahrnehmungen bewirkt, die mir nun zur lebenslangen Erfahrung geworden sind. Zum Beispiel habe ich es nicht nur, wie so viele, regelmäßig mit offenbar Außerirdischen zu tun, sondern auch mit Verstorbenen.

Seit dem Tod meiner Frau, im August 2015, ist dies zu einem tiefgründigen Weg geworden, auf dem mir und anderen ihre Anwesenheit vielfach auf komplexe Weise bezeugt wurde und der es mir einfach unmöglich macht zu glauben, dass Aspekte ihres Wesens nicht weiterleben.

In *Tore zum kosmischen Bewusstsein* weist Anthony Peake darauf hin, dass der unter Naturwissenschaftlern und auch vielen Geisteswissenschaftlern verbreitete Glaube – und mehr als ein Glaube ist es nicht – wonach es außerhalb biologischer Strukturen kein Bewusstsein geben kann, als Erklärung dafür, wer wir sind, wo wir sind und was wir sind, nicht ausreichend belastbar ist.

Dieses Buch öffnet die Pforten zur Wahrnehmung nicht bloß, mit seiner sorgfältigen Beachtung wissenschaftlicher Grundsätze und seiner außergewöhnlichen intellektuellen Klarheit stößt es sie weit auf.

Whitley Strieber
Autor von *Die Besucher* und, zusammen mit Jeffrey Kripal,
Super Natural: A New Vision of the Unexplained

Einführung

Die Pforten der Wahrnehmung

Weyburn ist eine kleine Stadt in der kanadischen Provinz Saskatchewan. Es liegt gut hundert Kilometer südöstlich der Hauptstadt Regina und gut sechzig Kilometer nördlich der US-amerikanischen Grenze. Abgesehen davon, dass es einen wichtigen Eisenbahnknotenpunkt für die Provinz darstellt, ist das einzig Bemerkenswerte an Weyburn, dass dort bis 2006 das Souris Valley Mental Health Hospital stand. Diese 1921 eröffnete Einrichtung für psychisch Kranke war damals das größte Gebäude im Britischen Empire. Zu Spitzenzeiten beherbergte es rund zweieinhalbtausend Patienten. Jahrzehntelang besaß es einen herausragenden Ruf als eines der fortschrittlichsten Krankenhäuser der Welt, was die experimentelle Behandlung von Menschen mit geistiger Behinderung anging. Dieser Ruf zog einige weltweit führende Forscher auf dem Gebiet der psychischen Erkrankungen an, darunter auch den britischen Psychiater Humphry Osmond. 1951 war Osmond zusammen mit seinem Mitarbeiter John Smythies in diese abgelegene Gemeinde gezogen, weil er vorhatte, die Einrichtung für Untersuchungen darüber zu nutzen, ob die Ähnlichkeiten zwischen einer Schizophrenie im frühen Stadium und den durch Substanzen wie LSD (Lysergsäurediethylamid) ausgelösten psychischen Zuständen mehr als bloßer Zufall sind: Ließe sich daraus etwas Bedeutendes ableiten und bei der Suche nach einem Heilmittel nutzen? Osmond wusste, dass ihm für Experimente am Menschen unter sorgfältig kontrollierten Bedingungen beträchtliche Freiheiten eingeräumt werden würden.

Gemeinsam mit dem Biochemiker Abram Hoffer arbeiteten Osmond und Smythies fast ausschließlich mit Alkoholikern. Alle drei waren sowohl hochzufrieden als auch überrascht, wie erfolgreich ihre Forschung verlief. Nach einer Behandlung mit LSD hatten zwischen vierzig und fünfundvierzig Prozent der Probanden innerhalb eines Jahres nicht wieder angefangen zu trinken. Erfreut war das Team auch über die Ergebnisse seiner Arbeit mit Schizophrenen. Im April 1952 veröffentlichten Osmond und Smythies einen umstrittenen Aufsatz, in dem sie behaupteten, Schizophrenie werde möglicherweise durch die körpereigene Produktion halluzinogener Verbindungen ausgelöst. Ein Halluzinogen ist eine chemische Substanz, die die Hirnfunktionen verändern und dabei eine Verstärkung oder Abschwächung von Sinnesempfindungen bewirken sowie Halluzinationen hervorrufen kann. Osmond und Smythies vertraten die Auffassung, wenn Ärzte und Psychiater Schizophrene wirksam behandeln wollten, müssten sie deren Welt selbst erleben, was „durch die Einnahme von Meskalin recht einfach zu bewerkstelligen" sei.[1]

Dieser Aufsatz kann mit Recht als eine jener wissenschaftlichen Schriften gelten, die die moderne Popkultur mit am stärksten beeinflusst haben. Einigermaßen zufällig wurde der in den USA lebende britische Schriftsteller Aldous Huxley darauf aufmerksam. Huxley interessierte sich seit Langem für die Wirkung halluzinogener Substanzen und hatte 1931 den Roman *Schöne neue Welt* veröffentlicht, in dem die Bürger der Zukunft *Soma* konsumieren, eine Substanz, die „Ferien" vom Alltag ermöglicht. Als er den Roman schrieb, war Huxley solchen Substanzen gegenüber eher negativ eingestellt. So hatte er halluzinogene Drogen einmal als „heimtückisch und schädlich" beschrieben: „Zuerst töten sie die Seele und dann … den Körper."[2] In seinem letzten Roman, *Eiland*, vertritt er jedoch eine völlig andere Auffassung. In diesem Buch verwenden die Einwohner der fiktiven Insel Pala eine Droge namens „Moksha", um spirituelle und mystische Erkenntnisse zu erlangen. Wie das Soma aus *Schöne neue Welt* geht auch Moksha auf eine bekannte halluzinogene Substanz zurück – Meskalin. Moksha wird allerdings in einem sehr positiven Licht dargestellt: Es ist eine Substanz, die Erleuchtung ermöglicht, statt die Seele zu vergiften. Was hatte Huxleys Meinung über Halluzinogene derart radikal verändert? Die Antwort ist einfach: 1931 hatte Huxley keinerlei persönliche Erfahrung mit einer solchen Substanz, doch bis 1962 hatte er das von Osmond und Smythies in ihrem Aufsatz von 1952 erwähnte besonders wirksame Halluzinogen mehrfach erlebt und war seither überzeugt, dass diese Substanz die Öffnung des menschlichen Bewusstseins für eine wesentlich größere Erfahrungswelt ermöglichen konnte.

1937 zog Huxley nach Kalifornien und befasste sich intensiv mit östlicher Mystik. 1945 schrieb er *Die ewige Philosophie*, ein Buch, das Zitate von Mystikern, Weisen und Heiligen aus vielen Jahrhunderten versammelt, die jeweils besagen, dass alle religiösen und mystischen Traditionen eine innere Wahrheit bergen – eine „Philosophia perennis", eine ewige Philosophie. Diese „Wahrheit" lautet, dass alles Bewusstsein eine Singularität und die Wirklichkeit, die unsere Sinne uns präsentieren, eine Illusion ist, *Maya*. Alles ist einfach ein Aspekt des Göttlichen.

Um diese Zeit hörte Huxley zum ersten Mal von der Wirkung einer als Peyote bezeichneten Substanz sowie ihres Derivats, Meskalin. Durch seine Beschäftigung mit der indischen Vedanta-Mystik hatte sich seine Meinung zu veränderten Bewusstseinszuständen gewandelt, denn jetzt betrachtete er diese als Möglichkeit zur Begegnung mit dem Göttlichen im eigenen Inneren. Außerdem hatte er gehört, Meskalin erzeuge erstaunliche Halluzinationen und verbessere offenbar die Fähigkeit, Farben und Formen zu sehen. Wohl wissend, dass sein Sehvermögen rapide nachließ, wollte er unbedingt Möglichkeiten finden, visuelle Erfahrungen zu fördern. Das Problem war jedoch, wie er an Meskalin kommen und es unter kontrollierten und sicheren Bedingungen ausprobieren sollte.

Im Frühjahr 1952, als Huxley Osmonds und Smythies' Artikel las, war dieses Problem gelöst. Er wandte sich an Osmond und fragte, ob er ihn beim Ausprobieren von Meskalin unterstützen könne. Falls Osmond und Smythies möchten, könnten sie sich bei der für Anfang Mai 1953 bevorstehenden Konferenz der American Psychiatric Association in Los Angeles mit ihm treffen, so schlug er vor. Damals versuchte

Huxley, durch einen befreundeten Arzt etwas Meskalin zu beschaffen. Dies sollte ihm in der zur Verfügung stehenden Zeit nicht gelingen, daher erklärte sich Osmond bereit, 0,4 Gramm des Halluzinogens aus Kanada mitzubringen.[3]

Huxley interessierte sich seit Langem für die Theorien des französischen Psychologen Henri Bergson. Bergson hatte vorgeschlagen, das Gehirn wirke als einschränkendes Instrument, das einen Großteil der dem Bewusstsein zur Verfügung stehenden Information ausfiltert. Huxley argumentierte, dieser „Filter" schenke lediglich jenen Informationen Aufmerksamkeit, die für „biologisch verwertbare Kanäle"[4] notwendig seien. Krankheit, Meskalin, ein emotionaler Schock, ästhetische Erfahrungen und mystische Erleuchtung können eine Hemmung dieser korrigierenden Wirkung zur Folge haben und, um noch einmal mit Huxley zu reden, „zulassen, dass die ‚andere Welt' ins Bewusstsein aufsteigt". Er hoffte, dass diese Filter angemessen gehemmt würden.

Wenige Tage später löste Osmond das kristalline Meskalin in einem Glas Wasser auf und reichte es Huxley. In einem Brief vom 21. Juni 1953 an seinen Lektor Harold Raymond beim Verlag Chatto und Windus schildert der Schriftsteller, was er daraufhin erlebte:

> Es ist ohne jede Frage die außergewöhnlichste und bedeutungsvollste Erfahrung, die menschliche Wesen diesseits der Visio beatifica haben können; sie deckt eine Menge philosophischer Probleme auf, wirft ein scharfes Licht auf Ästhetik, Religion und Wissenschaftstheorie ...[5]

Damals hatte Huxley bereits begonnen, seine Erfahrungen in einem langen Essay niederzuschreiben. Ein Jahr später erschien dieser in einem schmalen Bändchen mit dem Titel *Die Pforten der Wahrnehmung*. Dieser Titel war sorgfältig gewählt, stammt er doch aus William Blakes Schrift *Die Hochzeit von Himmel und Hölle*:

> Wenn die Pforten der Wahrnehmung geläutert würden, würde jedes Ding dem Menschen erscheinen, wie es ist, unendlich.

> Denn der Mensch hat sich selbst eingeschlossen, bis er alle Dinge nur mehr durch schmale Ritzen seiner Höhle sieht.

Genau dies hat die Meskalin-Erfahrung bei Huxley bewirkt: Sie hat die Pforten der Wahrnehmung geläutert und ihn das Universum so erleben lassen, wie es wirklich ist, statt wie es von den Sinnen präsentiert wird. In diesem Buch entwirft er ein Konzept, das er „größtmögliches Bewusstsein" nennt und auf den Philosophen C. D. Briad sowie wiederum Henri Bergson zurückführt. Zur Erläuterung seiner Theorie schreibt er:

> Gemäß einer solchen Theorie verfügt potenziell jeder von uns über das größtmögliche Bewusstsein. Aber da wir lebende Wesen sind, ist es unsere Aufgabe, um jeden Preis am Leben zu bleiben. Um ein biologisches Überleben zu ermöglichen, muss das größtmögliche Bewusstsein durch den Reduktionsfilter des Gehirns und des Nervensystems hindurchfließen. Was am Ende übrig bleibt, ist ein spärliches Rinnsal von Bewusstsein, das es uns ermöglicht, auf eben diesem unserem Planeten am Leben zu bleiben.[6]

Die Vorstellung, dass das Gehirn als Filter für Sinneserfahrungen fungiert, geht mit der allgemeinen Ansicht nicht konform. Wir neigen zu der Annahme, das Gehirn präsentiere dem Bewusstsein die äußere Welt einfach „wie sie ist", und das Wahrgenommene sei eine getreue Nachbildung dessen, was „draußen" vor sich geht. Es mag überraschen, dass diese Auffassung von modernen Experten der Bewusstseinsforschung als „naiver Realismus" bezeichnet wird. Damit wollen sie sagen, das Gehirn macht uns vor, was wir sehen, hören und fühlen, sei ein exaktes Faksimile der realen Welt. Der Neurologe Robin Carhart-Harris vermutet, ein Großteil der Hirnaktivität werde „in Wirklichkeit darauf verwendet, dafür zu sorgen, dass die Welt sehr stabil und einfach und vertraut und wenig überraschend bleibt".[7] Mit anderen Worten, die Rolle des normal funktionierenden Gehirns besteht darin, uns vor der Welt, wie sie wirklich ist, *zu schützen*. Halluzinationen sind also wohl Einblicke in die wahre Welt, die wir dann erleben, wenn der Huxleysche „Reduktionsfilter" ausgeschaltet oder zumindest heruntergeregelt ist.

Durch einen Spiegel in einem dunklen Bild

Ich habe diesem Buch den Titel *Tore zum kosmischen Bewusstsein* gegeben, weil ich glaube, dass es an der Zeit ist, das von Huxley vorgeschlagene Modell neu zu bewerten, es durch die Brille unserer modernen Wissenschaft zu betrachten und, wichtiger noch, bei der Beurteilung der Indizien zu berücksichtigen, wie Internet, virtuelle Realität und Holografie unsere Wahrnehmung und unsere Einschätzung der Außenwelt dauerhaft verändert haben. Ich hoffe, ein Modell der „Realität" vorlegen zu können, welches Huxleys bereits vor vielen Jahren verfasste Ausführungen voll und ganz unterstützt. Wie alle meine Bücher wird auch dieses eine Reise voller wechselseitiger Entdeckungen werden. Unterwegs werde ich auf Ansichten und Schauplätze hinweisen, die ich bei meiner ersten Erkundung dieses Gebiets interessant fand. Sie mögen gelegentlich recht willkürlich ausgewählt erscheinen, folgen aber einem Zweck. Doch wie bei allen Reisen halte ich es auch hier für wichtig, dass wir eine Karte des Gebiets haben, damit wir wissen, wohin wir gehen und warum.

In meinem Buch *The Daemon* habe ich die Idee eingeführt, das menschliche Bewusstsein sei in zwei voneinander unabhängige Zentren eines seiner selbst bewussten Bewusstseins aufgespalten. Ich nenne sie den *Daimon* und das *Eidolon.*

Weiter schlug ich vor, das Daimonische Bewusstsein sei in der nichtdominanten, das Eidolonische hingegen in der dominanten Hirnhemisphäre verkörpert. In diesem Buch lege ich nun ein überarbeitetes Modell vor, welches ich später näher erläutern werde. Aus Gründen der Klarheit beabsichtigte ich jedoch, diese Struktur solange beizubehalten, bis ich das überarbeitete Modell einführen kann.

Faktisch haben wir also im menschlichen Gehirn zwei verschiedene Bewusstseinsbereiche. Der Eidolonische empfängt nur die Informationen, die durch den Huxleyschen Reduktionsfilter stark zensiert worden sind, wohingegen der Daimonische alles Verfügbare empfängt und dadurch die Welt so wahrnimmt, wie sie wirklich ist – eine vieldimensionale Wirklichkeit, die seit Jahrhunderten unter dem Begriff „Pleroma" bekannt ist.

Das griechische *Pleroma* bedeutet „Fülle" und ist seit mindestens zweitausend Jahren als Beschreibung für die der menschlichen Wahrnehmung verborgene Welt gebräuchlich. Es symbolisiert einen Zustand der Vollständigkeit statt des Defizits und deutet daher treffend an, dass Huxleys „Reduktionsfilter" die „Fülle" zum größten Teil wegnimmt und uns dadurch ermöglicht, uns ausschließlich auf die unmittelbar überlebenswichtigen Bedürfnisse zu konzentrieren.

Die Stärke des „Reduktionsfilters" kann jedoch durch verschiedene Faktoren beeinflusst werden, unter anderem durch Krankheiten und abweichende neurologische Konfigurationen innerhalb des Gehirns. Ich glaube, dass es ein Wahrnehmungsspektrum gibt, das von hundert Prozent Eidolonisch bis zu hundert Prozent Daimonisch reicht. Alle bewussten Wesen sind an dem einen oder anderen Punkt dieses Kontinuums angesiedelt. Faktisch spiegelt sich darin, wie „offen" die Pforten der Kommunikation zwischen rechter und linker Hirnhälfte sind. In diesem Buch werde ich Beweise für dieses Spektrum vorlegen, das ich Aldous Huxley und seinem bahnbrechenden Werk zu Ehren als das „Huxleysche Spektrum" bezeichnen möchte.

Dieses Buch ist in drei Abschnitte gegliedert. Teil Eins nenne ich „Der Schlüssel". Darin werden Beweise dafür besprochen, dass es ein größeres Wahrnehmungsuniversum gibt, das dem Eidolonischen Bewusstsein vorenthalten bleibt. Ich stelle Umstände vor, unter denen die Wirkung des Reduktionsfilters kurzzeitig aufgehoben und dem Eidolon ein kurzer Einblick ins Pleroma gewährt werden kann. Unter dem Titel „An der Pforte" wird in Teil Zwei besprochen, inwiefern eine Reihe neurologischer Konditionen längere Einblicke ins Pleroma ermöglichen. Dazu gehören die klassische Migräne, Temporallappen-Epilepsie, Schizophrenie, Alzheimer und Autismus. Ich schlage vor, dass alle diese neurologischen „Erkrankungen" zum von mir so bezeichneten Huxleyschen Spektrum dazugehören. Teil Drei trägt den Titel „Einblicke hinter die Pforten“ und schildert, wie im Titel bereits angedeutet, detailliert die Erfahrungen einer Handvoll Menschen, die den „Eingang“ passiert und das Pleroma mit unterschiedlicher Klarheit wahrgenommen haben. Ich schließe das Buch mit einer Zusammenfassung des bis dahin Gelernten und lege Ihnen ein hypothetisches Modell des möglichen wahren Geschehens vor.

Zunächst möchte ich ein wenig näher auf unser Gebiet eingehen. Schnüren Sie deshalb Ihre intellektuellen Wanderstiefel und begleiten Sie mich bei unseren ersten, zögernden Schritten …

TEIL EINS

DER SCHLÜSSEL

KAPITEL EINS:

Halluzinationen

Was ist unser Standpunkt? Die Sicht vom Ich aus.

Das Einzige, was ich mit absoluter Gewissheit weiß, ist, dass ich etwas bin, was etwas wahrnimmt. Allem Anschein nach gibt es jenseits meines Körpers eine Welt, mit der ich mich dadurch verbinden kann, dass ich meinen Körper innerhalb eines offenbar zusammenhängenden dreidimensionalen Raums bewege. Außerdem bewege ich mich offenbar auch in der Zeit, die in Wirklichkeit dadurch definiert wird, dass Dinge in meiner Umgebung, einschließlich meines Körpers, von einem Zustand der Ordnung in einen Zustand der Unordnung übergehen. Im Hinblick auf meinen Körper wird dieser Prozess als Alterung bezeichnet; und er vollzieht sich in der Zeit. Auch andere Gegenstände und Wesenheiten, die im dreidimensionalen Raum existieren, unterliegen anscheinend diesem allmählichen Verfall. Allerdings gehören die Teile meines Körpers, die ich sehen kann, offenbar eher zu jener äußeren als zur inneren Welt, zu der „ich" gehöre. Dieses innere Etwas schaut aus meinen Augen heraus und veranlasst meinen Körper auf geheimnisvolle Weise zu bestimmten Handlungen. Dazu können Manipulationen meiner unmittelbaren Umgebung gehören, etwa indem ich etwas aufhebe und anderswo hinstelle oder mehrere Gegenstände zu neuen Konfigurationen zusammenfüge. Mit Willenskraft kann ich meinen Körper auch dazu bringen aufzustehen, und durch Einsatz meiner Beine kann ich mich innerhalb der drei Dimensionen des Raums bewegen. Wenn ich mich von einer Stelle an eine andere begebe, verändert sich meine Sichtweise, und ich kann äußere Objekte aus einem anderen Winkel sehen. Dies legt für mich nahe, dass diese äußere Umgebung eine von meiner Wahrnehmung unabhängige Existenz hat. Wenn ich die Augen schließe und wieder öffne, befindet sich alles in meinem Gesichtsfeld genau da, wo ich es erwarte. Ich bin mir auch anderer Wesen gewahr, die auf dieser Welt existieren. Allgemein betrachtet, sehen viele so aus wie ich. Sie bewegen sich ebenfalls in dieser Welt und nehmen sie offenbar genauso wahr wie ich. Auf Reize reagieren sie in gleicher Weise. Ich kann mit diesen anderen Wesen auch kommunizieren; und falls ihnen danach ist, reagieren sie auf mich. Ich kommuniziere, indem ich mit Hilfe meiner Lungen Luft ausstoße und bestimmte stimmhafte Laute damit verbinde. Diese verlassen meinen Mund und erzeugen in meiner Umgebungsluft Schwingungswellen. Diese Wellen dringen wiederum in die Ohren der Umstehenden und versetzen deren Trommelfell in Schwingung. Die Schwingung wird in ein elektrisches Signal umgewandelt und in eine Region ihres Hirns geschickt, wo es als Lautreihe wahrgenommen wird. Ohne ein Trommelfell, das sie entdecken könnte, existieren diese Laute lediglich als Luftschwingungen. Doch das Trommelfell macht es möglich, dass sie wahrgenommen werden und ihr Sinn entsprechend unserem gegenseitigen Bedeutungsverständnis interpretiert wird. Auf diese Weise kann ich schließen, dass diese anderen Wesen mir ähnlich sind und die Welt ähnlich wahrnehmen. Ich kann diese wechselseitig verständlichen Stimmlaute dazu nutzen, um mich mit ihnen über meine Wahrnehmungen auszutauschen.

Was ist das „Ich“, das die Wahrnehmung tätigt? Es scheint der Brennpunkt aller Reize zu sein. Ja, es ist der Empfänger und Verarbeiter aller Informationen. Allerdings existiert dieser Punkt eines seiner selbst bewussten Bewusstseins offenbar an einem der physischen Welt enthobenen Ort – wobei ich andererseits in gewisser Weise aus Elementen innerhalb der physischen Welt erschaffen worden sein muss.

Unser gegenwärtiges wissenschaftliches Weltbild beruht auf einer sehr schlichten, aber wirkungsvollen Philosophie: Auf der Idee, dass wir verstehen können, wie etwas funktioniert, wenn wir es in seine konstituierenden Elemente zerlegen. Wird zum Beispiel ein Automotor in seine Einzelteile zerlegt, so kann jemand mit einem Grundverständnis für Technik, Chemie und Physik begreifen, wie dieser Automotor Bewegung und Geschwindigkeit erzeugen kann. Ein Biologe mit Chemie-Kenntnissen und Verständnis für chemische Prozesse kann eine Pflanze auseinandernehmen und begreifen, wie sie Sonnenlicht zu Energie verstoffwechselt. Dieser Prozess, etwas zu erlegen, um zu begreifen, wie es funktioniert – der sogenannte materialistische Reduktionismus – ist der größte Beitrag, den die westliche Wissenschaft zu unserem Verständnis der Welt geleistet hat. Physische Gegenstände können in ihre Bestandteile zerlegt werden und dabei ihr Geheimnis preisgeben. Dies hat in den letzten drei- bis vierhundert Jahren wunderbar funktioniert. Es gibt jedoch etwas, das der Welt immanent ist und sich einem solchen Reduktionismus entzieht, weil es nämlich immateriell und für eine reduktionistische Analyse ungeeignet ist. Dieses Etwas ist das, was diese Worte beim Lesen von Formen auf einem Computer-Bildschirm oder einer Buchseite in Bilder und Ideen verwandelt. Es ist für jeden Menschen von zentraler Bedeutung. Man nennt es *selbstreferenzielles Bewusstsein.*

Unsere Technik ist so weit fortgeschritten, dass wir das Gehirn beobachten und dabei isolieren können, welche Hirnteile was tun. Moderne Verfahren wie PET- und CAT-Scans (Varianten der Computer-Tomographie) sowie weitere hochentwickelte Instrumente können genau zeigen, welche Hirnareale aufleuchten, wenn bestimmte Handlungen erwogen oder bestimmte Wahrnehmungen und Gefühle gemacht bzw. empfunden werden. Radikaloperationen und Hirnverletzungen haben gezeigt, wo Erinnerungen verarbeitet (aber nicht, wo sie gespeichert) werden und wie sich die Persönlichkeit durch eine Schädigung bestimmter Hirnregionen verändern kann. Doch all dies vermittelt uns lediglich einen Überblick. Es sagt uns nicht, wie selbstreferenzielles Bewusstsein entsteht. In meinem Kopf ist etwas, das in die Welt hinausschaut. Es hat Erinnerungen, Hoffnungen, Ängste, Liebe, Hass, Ziele und viele weitere Eigenheiten. Es ist sich seiner selbst bewusst, möchte sich selbst begreifen und wissen, woher es kommt. Wie kann ich „sein"?

Versuchen wir einmal, das Bewusstsein zu finden, indem wir das materialistisch-reduktionistische Modell auf das Gehirn anwenden. Dazu müssen wir das Gehirn in seine Grundbausteine zerlegen.

Betrachtet man einen Schnitt durch die Hirnmaterie, so entdeckt man, dass sie aus Neuronen oder Nervenzellen besteht. Bei der Geburt enthält das Gehirn etwa hundert Milliarden dieser Zellen. Jedes Neuron hat einen Zellkörper sowie zehntausende kleiner, verästelter Fortsätze, die sogenannten Dendriten. Diese Dendriten empfangen Informationen von anderen Neuronen. Außerdem hat jedes Neuron ein Haupt-Axon; dies ist ein Fortsatz, der sich über weite Distanzen im Gehirn erstrecken kann. Jedes Neuron nimmt an einem bestimmten Punkt, einer sogenannten Synapse, Verbindung zu anderen Neuronen auf. Dabei kommen die Neuronen nicht unmittelbar miteinander in Kontakt. An jeder Synapse besteht eine winzige Lücke zwischen den beiden benachbarten Nervenzellen. Dieser „synaptische Spalt" ist äußerst klein; er hat einen Durchmesser von nur etwa zweihundert bis dreihundert Angstrom (ein Angstrom ist ein Hundertmillionstel Zentimeter, wir nähern uns hier also atomaren Dimensionen). Über diese Synapsen werden Informationen im Gehirn weitergeleitet. Je nachdem, was Sie gerade denken, leiten bestimmte Synapsen elektrischen Strom in Form von Calcium-Ionen. Man spricht hier von „feuern". Manche Synapsen feuern, andere nicht. Der Informationsfluss in Ihrem Gehirn kann also – nicht unähnlich Ampeln, die auf Rot oder Grün schalten – in verschiedene Richtungen geleitet werden. Am Ende jeder Synapse befindet sich ein Rezeptor. Es gibt viele unterschiedliche Rezeptor-Typen, und jeder ist so beschaffen, dass er mit einem von mehreren in der Synapse erzeugten chemischen Botenstoffen, den sogenannten Neurotransmittern, funktioniert. Es gibt zwei Arten von Neurotransmittern, da diese entweder erregend oder hemmend wirken können. Einfach ausgedrückt, stimuliert ein erregender Neurotransmitter das Gehirn zu einer Tätigkeit, während die hemmende Variante es beruhigt. Über hundert Botenstoffe wurden inzwischen identifiziert. Die wichtigsten erregenden Neurotransmitter sind Glutamat, Noradrenalin und Adrenalin. Bei der hemmenden Varietät sind Gamma-Aminobuttersäure (GABA) und Serotonin die Hauptakteure. Die Substanzen, die auf der gegenüberliegenden Empfängerseite eine Reaktion auslösen, werden fachsprachlich als Agonisten, die Substanzen, die dort eine Reaktion blockieren, als Antagonisten bezeichnet. Von besonderer Bedeutung für dieses Buch ist, dass es einen weiteren wichtigen Neurotransmitter gibt, der an benachbarten Rezeptoren sowohl erregende als auch hemmende Reaktionen auslösen kann. Dieser Botenstoff heißt Dopamin.

Was also haben wir gefunden? Eine Verbindung unbelebter Moleküle, die auf ein Meer ähnlich unbelebter Elektronen reagiert. Mit anderen Worten: Chemie, die mit Elektrizität reagiert. Die beste Antwort, die wir finden können, lautet also anscheinend: Bewusstsein ist ein „Epiphänomen" von Hirnprozessen. Offenbar „passiert" es irgendwann, sobald ein kritisches Komplexitätsniveau erreicht ist. Durch Hinzufügen nur eines weiteren Prozesses, eines weiteren Moleküls, eines weiteren Elektrons tritt Bewusstsein gleichsam aus dem Nichts in Erscheinung. Dies erinnert mich an die Karikatur von Sidney Harris, bei der zwei Wissenschaftler vor einer Tafel stehen. Auf der linken und rechten Tafelseite stehen jeweils eine Unmenge mathematischer Formeln, verbunden durch die Worte: „Dann geschieht ein Wunder." Der ältere Wissenschaftler deutet auf den Satz und sagt zum Schöpfer der Formeln: „Ich finde, hier, bei Schritt zwei, sollten Sie etwas genauer sein."

Eine wachsende Gruppe von Wissenschaftlern ist der Meinung, die einzig tragfähige Erklärung dafür, wie unbelebte Moleküle und elektrische Impulse für ein selbstreferenzielles Bewusstsein verantwortlich sein sollen, lautet: Das Gehirn „erschafft" Bewusstsein nicht, sondern „empfängt" es. Das funktioniert ganz ähnlich wie bei einem Radio- oder Fernsehempfänger. Die Quelle der Fernsehsendung auf dem Bildschirm befindet sich nicht in der Rückwand des Fernsehgerätes – genau wie auch der Radiosprecher nicht im Radio sitzt. Eine noch bessere Analogie ist der Standort des Internets. Es befindet sich nicht auf Ihrer Festplatte, sondern wird auf der Grundlage von Angebot und Nachfrage bereitgestellt. Es existiert in einem uns umgebenden „Informationsfeld". Dieses radikale Modell ist unter dem Begriff *Orchestrierte Objektive Reduktion* bekannt und wurde speziell als Antwort auf eine berühmte Frage des australischen Philosophen David Chalmers entwickelt.

Chalmers machte geltend, hinsichtlich des Bewusstseins gäbe es zwei Probleme. Das erste beträfe das Verständnis, wie das Gehirn neurochemisch und physiologisch überhaupt funktioniert. Dies bezeichnet Chalmers als das „weiche Problem". Damit meint er, dass unser gegenwärtiges wissenschaftliches Weltbild über das Instrumentarium verfügt, mit dem es dieses Rätsel irgendwann knacken kann. Die Lösung des weichen Problems verschafft uns allerdings lediglich einen Überblick. Einer Antwort auf die Frage, wie selbstreferenzielles Bewusstsein entsteht, kommen wir damit nicht näher. Die Frage „Wie kann ich ‚sein'?" beschäftigt uns nach wie vor.

Diese bezeichnet Chalmers als das „harte Problem". Es verlangt eine Antwort auf die Frage nach der wahren Natur des Empfängers der vom Gehirn präsentierten Informationen – nach der Wesenheit im Kopfinneren, die auf die Reize reagiert und sie bewertet.

Der Anästhesist Professor Stuart Hameroff aus Arizona glaubt, die Lösung zu Chalmers' „hartem Problem" könne mit einem weiteren neurologischen Rätsel zusammenhängen: Wie funktionieren Anästhetika wirklich? Wir wissen zwar, welche chemischen Stoffe eingesetzt werden können, um ein scheinbares Aussetzen des Bewusstseins im Gehirn zu bewirken, aber die Wissenschaft kann uns nicht sagen, *warum* dies geschieht. Aufgrund seines Berufs hatte diese Frage Hameroff lange umgetrieben. Nach eingehenden Forschungen kam er zu dem Schluss, dass der Bewusstseinsverlust eintritt, wenn ein Anästhetikum die Funktion kleiner Hirnstrukturen, der sogenannten Mikrotubuli, stört. Diese winzigen röhrenartigen Gebilde fungieren als Gerüst für die Neuronen, also die Zellen, aus denen das Gehirn besteht. Die Anzahl der Mikrotubuli im menschlichen Gehirn ist wahrhaft überwältigend: Das Gehirn mit seinen annähernd 10^{11} Neuronen, verfügt über 10^{18} Mikrotubuli-Einheiten. Dies ist eine Zehn mit achtzehn Nullen – mit anderen Worten, in einem durchschnittlichen Menschenhirn können sich etwa eine Trillion dieser winzigen Strukturen befinden. Hameroff glaubte, dass Mikrotubuli in gewisser Weise für die Erzeugung von Bewusstsein verantwortlich sind und Anästhetika sie wirkungsvoll ausschalten. Genau wie das Ausschalten eines Fernsehgeräts wirkungsvoll verhindert, dass es das Signal verarbeitet, verhindert das Ausschalten der Mikrotubuli, dass sie Bewusstsein verarbeiten. In diesem Fall existiert Bewusstsein also irgendwo anders als das Gehirn, genau wie sich auch das Fernsehsignal außerhalb des Empfängers befindet.

Schließlich ließ Hameroff sich von den Ideen des britischen Mathematikers und Physikers Roger Penrose faszinieren. Er hatte Penroses Buch *Computerdenken: Die Debatte um künstliche Intelligenz, Bewusstsein und die Gesetze der Physik* gelesen, in dem Penrose postuliert, dass Bewusstsein durch Prozesse entsteht, wie sie in der Quantenphysik beobachtet werden. Diese Idee hatte Hameroff gerade noch gefehlt, damit sein Mikrotubuli-Modell funktionieren konnte. Er setzte sich mit Penrose in Verbindung und schlug eine Zusammenarbeit vor. Penrose war dazu bereit. Zwei Jahre später veröffentlichten die beiden Forscher einen Aufsatz, in dem sie der Welt die von ihnen so bezeichnete „Orchestrierte Objektive Reduktion" (Orch-OR) vorstellten.[1] Penrose und Hameroff vertreten darin die These, dass in den Mikrotubuli aus synaptischen Inputs und in den Mikrotubuli bereits gespeicherten Gedächtnisdaten beim Kollaps der quantenphysikalischen Wellenfunktion bewusste Ereignisse „orchestriert" werden.

Wie kaum anders zu erwarten, wurde diese Theorie damals – und bis heute – von all jenen heftig kritisiert, die mit einem streng materialistisch-reduktionistischen Realitätsmodell verheiratet sind. Allein die Erwähnung von „Bewusstsein" im Zusammenhang mit Quantenphysik löste einen Sturm der Kritik aus, auf den selbst die Inquisition stolz gewesen wäre. Doch mit den Jahren mehrten sich die (von der konventionellen Wissenschaft gewissenhaft ignorierten) Beweise dafür, dass Orch-OR ein funktionierendes Modell sein könnte, das die weitere Untersuchung und Forschung lohnt. Anfänglich lautete die Kritik, für empfindliche Quantenprozesse sei das Gehirn schlicht „zu warm, nass und laut", so Max Tegmark. Inzwischen wurde jedoch entdeckt, dass Quantenkohärenz bei der Fotosynthese ebenso eine Rolle spielt wie bei der erstaunlichen Navigationsfähigkeit der Vögel mithilfe ihres Gespürs für elektromagnetische Felder und überraschenderweise sogar bei unserem Geruchssinn.

An der University of Pennsylvania hat ein anderes Forscherteam ebenfalls eine Erklärung für das Rätsel um die selektive Auslöschung des Bewusstseins durch Anästhetika gefunden; und auch hier geht es um Mikrotubuli.[2] Solche Forschungen beweisen zunehmend, dass die Suche nach dem Bewusstsein im Gehirn faktisch ein „hartes Problem" schafft, weil konventionelle Wissenschaftler am falschen Ort suchen. Es ist, als wollte man ein Fernsehgerät auseinandernehmen, um darin die Schauspieler und das Fernsehstudio zu finden. Egal, wie gründlich man das „Materielle" des Fernsehgeräts „reduziert", seine Bestandteile auseinandernimmt oder in ihre molekularen Strukturen zerlegt, Schauspieler und Studio werden sich weiterhin einer Entdeckung entziehen – was daran liegt, dass sie dort nicht sind und dies noch nie waren.

Das „Etwas", das die Wahrnehmung tätigt, ist also nicht ganz, was es scheint. Ich glaube, dass ich in meinem Kopf bin und in eine solide, zusammenhängende Welt hinausschaue, weil meine Sinne mir dies sagen. Ich habe das Gefühl, dass ich ein paar Zentimeter hinter meinen Augen existiere und von dieser Stelle aus nach draußen schaue. Ich kann meine Hände auf der Tastatur tippen sehen, und ich kann mich umwenden und zum Fenster meines Arbeitszimmers in einen typischen grauen englischen Septembertag hinausschauen. Was aber war so anders an dem, was Huxley an jenem Tag im späten Frühjahr 1953 wahrnahm? Stellte die weitaus intensivere Welt, die seine geschärften Sinne ihm präsentierten, einen Einblick in die wahre Natur der Wirklichkeit dar, oder erzeugte die chemische Verbindung Meskalin einfach nur Halluzinationen?

Halluzinationen: Die Fakten

Dass wir Menschen zwei verschiedene Wahrnehmungswelten erleben, ist ziemlich offensichtlich. Die Welt der Erfahrung im Wachzustand wird mit anderen geteilt und findet in einer zusammenhängenden und scheinbar soliden Landschaft statt. Was die Objekte im Raum anbelangt, so gehen andere offenbar mit unseren Wahrnehmungen einig. Wir halten diese „Realität" aus dem Grund für „real", weil andere dies durch ihr eigenes unabhängiges Verhalten bestätigen. Wenn ich zu jemandem, der meine Sprache spricht, sage: „Schauen Sie mal den schwarzen Hund bei dem Baum an“, dann wird er in die entsprechende Richtung schauen und durch seine Reaktion oder sein Verhalten bestätigen, dass sich dort bei einem Baum tatsächlich ein schwarzer Hund befindet. Ich teile dasselbe visuelle Erlebnis mit einem anderen und bestätige es dadurch als mit einem tatsächlichen Faktum zusammenfallend. Dies macht das Ereignis wahrhaftig. Zugleich wird es dadurch konsensuell, und zwar insofern als sowohl mein Gegenüber wie auch ich einvernehmlich der Auffassung sind, dass dort ein Hund bei einem Baum steht. Eine durch einen solchen Prozess bestätigte Realität wird als „konsensuelle Realität“ bezeichnet. Eine optische Täuschung stimmt zwar nicht mit der normalen Wahrnehmungsrealität überein, kann aber von anderen geteilt werden und ist daher ihrer Definition nach „konsensuell“.

Etliche Philosophen haben lange behauptet, alle Sinneserfahrung sei innerlich: Das, was als „wirklich“ anerkannt ist, lässt sich nur dadurch von dem unterscheiden, was als Halluzination, also „unwirklich“, eingestuft wird, dass sich bei einer Halluzination nur der Wahrnehmende der Wahrnehmung bewusst ist.

Bildeindrücke, die nicht durch äußere Quellen angeregt werden (nicht durch elektromagnetische Netzhautstimulation entstehen), stellen für unser gegenwärtiges wissenschaftliches Modell allerdings ein echtes Problem dar. Wie kann bei Abwesenheit von Licht überhaupt etwas zu „sehen“ sein? Woher kommen diese „Bilder“ und wie werden sie verarbeitet? Nutzen die mit Halluzinationen einhergehenden visuellen Eindrücke dieselben neurologischen Konstrukte wie das normale Sehen oder werden sie vollkommen anders erzeugt?

Dieser Forschungsbereich ist Gegenstand zahlreicher und scharfer Kontroversen.[3 4] An dieser Stelle möchte ich einen kurzen Überblick über die Forschungsgeschichte zu Bildsymbolik und Wahrnehmung geben. Damit hoffe ich, Beweise dafür vorzulegen, dass sie lediglich verschiedene Aspekte derselben Phänomene sind.

Die konventionelle Auffassung von Halluzinationen hält diese für etwas völlig anderes als „normale“ Wahrnehmungen. Normale Wahrnehmungen präsentieren dem Bewusstsein ein Bild der äußeren Realität, das ein absolutes und akkurates Abbild des in der „realen“ Welt Vorhandenen darstellt. Halluzinationen sind hingegen vollständig vom Gehirn erzeugt. Laut dem *Oxford Companion to the Mind* definiert sich eine Halluzination als „Sinneswahrnehmung in Abwesenheit äußerer Reize“.[5]

Die Vorstellung, dass Halluzinationen und normale Wahrnehmungen etwas völlig Verschiedenes sind, wird fachsprachlich als „Duales Prozessmodell“ bezeichnet und ist ein Konzept, das die Psychologen Charles McCreery und Celia Green erstmals verwendet haben. Green und McCreery haben dieses Modell nur entwickelt, um es zu verwerfen. Sie schlagen vor, dass alle Wahrnehmungen im Wachzustand und Halluzinationen ontologisch dieselbe Erfahrung sind.

Green und McCreery argumentieren, die eigentliche Halluzination werde zwar vom Gehirn erzeugt, aber als Objekt im konsensuellen Raum wahrgenommen. Wenn dem so ist, stehen wir allerdings vor einem großen Problem. Damit jemand ein halluziniertes Objekt im konsensuellen Raum „sehen“ kann, muss der Teil des Raums, der durch die Halluzination verdeckt oder okkludiert wird, aus dem Blickfeld herausgenommen werden. Ein unbeabsichtigtes Beispiel dafür gibt der Neurowissenschaftler V. S. Ramachandran im Hinblick auf einen jungen Mann namens „Larry“, der nach einer Verletzung bei einem Autounfall starke Halluzinationen entwickelte. In einer Sitzung verkündete Larry, er könne einen lebendigen dreidimensionalen Affen auf Ramachandrans Schoß sitzen sehen:

> Ich weiß nicht. Aber es ist unwahrscheinlich, dass es hier einen Professor mit einem Affen auf dem Schoß gibt, daher denke ich, dass wahrscheinlich tatsächlich keiner da ist. Aber er sieht äußerst lebendig und echt aus. … Außerdem haben die Bilder etwas Seltsames – sie wirken oft zu gut, um wahr zu sein.[6]

Larry konnte die Teile von Ramachandrans Schoß, die durch den halluzinierten Affen verdeckt waren, nicht sehen. In diesem Fall würden Green und McCreery argumentieren, dass vom Gehirn des Patienten zwei Arten von Halluzinationen erzeugt worden sein müssen: Eine additive (der Affe) und eine subtraktive (der Verlust von visuellen Reizen durch den Schoß des Neurologen). Letzteres wird fachsprachlich als „negative Halluzination" bezeichnet, das Unvermögen, etwas zu sehen, was im konsensuellen Raum existiert. Allerdings liegen die Dinge etwas komplexer. Der Affe wird vom Patienten als lebendig und in Bewegung wahrgenommen. Der Bereich des konsensuellen Raumes, der vom halluzinierten Prozess negiert wird, muss sich verändern, um die unterschiedlichen Bereiche widerzuspiegeln, die von den Bewegungen des Affen verdeckt werden. Es muss eine direkte Beziehung zwischen den ausgeschlossenen Bereichen und den halluzinierten Bewegungen des Affen geben. Dieses Rätsel tritt bei allen Halluzinationen von massiven Objekten im konsensuellen Raum auf.

1975 schlugen Green und McCreery eine Lösung für derartige Probleme vor. Sie vermuteten, dass das Bild der konsensuellen Realität, das dem Bewusstsein präsentiert wird, genau wie eine gewöhnliche Halluzination ebenfalls ein vom Gehirn erzeugtes Trugbild ist. Technisch ist alles, was wir mit unseren Sinnen wahrnehmen, eine Halluzination. Green und McCreery argumentierten, da alle Wahrnehmungen Halluzinationen seien, sei nicht weiter verwunderlich, dass eine Halluzination eine andere überlagern kann. Diesem Halluzinationsspektrum gaben sie die Bezeichnung „metachorisches Halluzinationsmodell".[7]

Weiter behaupteten sie, das Gehirn könne auf der Grundlage der Wahrnehmungen, die es anhand aus der konsensuellen Realität zusammengetragener Daten verarbeitet hat, ein Faksimile der Umgebung erzeugen, welches mit eben dieser konsensuellen Realität identisch sei. So können Green und McCreery eine Reihe merkwürdiger perzeptueller Halluzinationen erklären, etwa außerkörperliche Erlebnisse, luzides Träumen und Nahtod-Erfahrungen. In allen diesen Fällen haben die Betroffenen das Gefühl, sich außerhalb ihres Körpers zu befinden und die konsensuelle Welt scheinbar von einem anderen Standpunkt aus zu betrachten. Bei Nahtod-Erfahrungen und außerkörperlichen Erlebnissen wird regelmäßig berichtet, dass die Betroffenen sich selbst und das Geschehen in ihrer Umgebung wahrnehmen können. Beim luziden Träumen werden sich die Betroffenen im Traum ihrer selbst bewusst und können mit dieser Daimonischen Welt interagieren, als sei sie die konsensuelle, Eidolonische Welt.

Die moderne Neurologie und Psychologie haben eine Erklärung für diese Erfahrungen. Der Prozess, durch den sich ein Traum mit der scheinbar konsensuellen Realität überschneidet, wird als REM-Intrusion (Eindringen in die Phase des Rapid Eye Movement, der schnellen Augenbewegung) bezeichnet. Dabei schlafen und träumen die Betroffenen, doch ein Teil des Gehirns ist noch wach und verarbeitet die Bilder und Geräusche der Außenwelt. Traumbilder werden dann in die Außenwelt projiziert und erscheinen als deren Bestandteil. Auf diese Weise kann ein Traum „real" wirken. Diese Bilder gehen üblicherweise mit einer körperlichen Lähmung einher, die aus naheliegenden Gründen als „Schlaflähmung" bezeichnet wird. Im Schlaf schützt sich der Körper vor traumbedingten Schäden, indem er den Träumer davon abhält, körperliche Aktionen, die er im Traumzustand ausführen will, auch physisch zu vollziehen, zum Beispiel zum Schlag gegen einen geträumten Angreifer auszuholen. Würden die Träumenden diesen Schlag durch die entsprechenden Armbewegungen wiedergeben, könnten sie sich selbst oder denjenigen verletzen, der neben ihnen im Bett liegt. Dadurch dass das Gehirn den Körper auf diese Weise lähmt, schützt es ihn. Kommt man in einem solchen Zustand allerdings halb zu Bewusstsein, kann das Gefühl der Lähmung angsteinflößend sein.

Green und McCreery argumentieren, solche „Visitationen" lieferten den Beweis für ihr metachorisches Modell. Betroffene berichten regelmäßig, dass die geisterhaften Gestalten bei manchen REM-Intrusionen sowie allgemein bei Erscheinungen Licht abstrahlen. Dieses Licht erhellt die Umgebung der Gestalt. Wenn die Gestalt aber nun eine Projektion des Gehirns in eine echte konsensuelle Umgebung ist, wie kann ihr Licht dann Gegenstände in der realen Welt beleuchten?

In einigen Fällen geben die Betroffenen an, das ganze Zimmer sei von dem geisterhaften Licht erhellt gewesen. Nach dem dualen Prozessmodell ist dies unmöglich, nach dem metachorischen Modell jedoch absolut vorstellbar. Wenn die gesamte Szene – Hintergrundumgebung und Geistergestalt – Teil derselben „Halluzination" sind, dann ist eine solche Beleuchtung absolut möglich.

Das Modell von Green und McCreery behauptet, dass *alle* Wahrnehmungen technisch gesehen „Halluzination" sind. Es gibt allerdings ein Kontinuum zwischen Wahrnehmung am einen und Halluzination am anderen Ende. In einem späteren Aufsatz sieht McCreery außerkörperliche Erfahrungen an einem mittleren Punkt des Kontinuums angesiedelt, da sie offenbar Fantasieelemente enthalten, die auf eine begrenzte bewusste Kontrolle schließen lassen.[8]

Ich möchte behaupten, dass das metachorische Modell zu der Vorstellung passt, wonach die Wirklichkeit von einer Art Simulation wie bei einem Computer-Rollenspiel erzeugt wird und das Kontinuum von Green und McCreery Teil dieser Simulation ist. In den letzten Jahren mehrt sich die Zahl der Wissenschaftler, die glauben, dass das Universum nach digitalen oder holografischen Prinzipien funktioniert. Faktisch bedeutet dies, dass die konsensuelle Realität selbst eine Illusion und alles schlicht digitale Information ist. Eine solche Information könnte aus nicht-physikalischen Daten scheinbar dreidimensionale Realitäten erschaffen. Als einer der Ersten schlug dies der Kosmologe Frank J. Tipler in seinem 1994 erschienenen Buch *Die Physik der Unsterblichkeit: moderne Kosmologie, Gott und die Auferstehung der Toten* vor. Allgemein bekannt wurde die Idee jedoch durch einen ungemein einflussreichen Aufsatz des Oxford-Professors Nick Bostrom aus dem Jahr 2003.[9] Quantenphysiker haben diese Idee in den letzten Jahren abgewandelt und weiter ausgearbeitet, etwa Vlatko Vedral in seinem 2012 erschienen Buch *Decoding Reality.*

Verbunden mit der Vorstellung von einer Faksimile-Realität, wie sie das metachorische Modell vorschlägt, ist das Phänomen des sogenannten falschen Erwachens. Eines der berühmtesten Beispiele erlebte der renommierte und notorisch skeptische Philosoph Bertrand Russell. Er berichtete, nach einer Anästhesie sei er anscheinend hunderte Male nacheinander aufgewacht.[10]

Ein erstaunlicher Fall wurde mir von einem meiner Leser übermittelt: Nach einer äußerst merkwürdigen Abfolge von Ereignissen schrieb mir Ash Gabbidon vor ein paar Jahren eine E-Mail. Ashs Erfahrung verlief nicht ganz so wie das häufige Erwachen von Bertrand Russell. Auch Ash gab an, es sei mehrfach geschehen, jedoch mit folgendem Unterschied: Jedes Mal war zwar der Tagesablauf weiter vorgerückt, doch beim Erwachen erlebte er immer wieder dasselbe.

Beim falschen Erwachen hebt sich die Umgebung von der konsensuellen Welt durch ein Gefühl des Unheimlichen ab, das anscheinend die ganze Atmosphäre erfüllt. In der Variante vom Typ 1 erwacht der Betroffene scheinbar am selben Ort, an dem er eingeschlafen ist. Beim Typ 2 erwacht er anderswo.

Hier ist unbedingt festzuhalten, dass falsches Erwachen ein Gefühl absoluter Realität vermittelt, und zwar insofern als die Perspektive stets die gleiche ist, wie sie es auch in der konsensuellen Welt wäre. Die Betroffenen sehen das Faksimile mit den Augen, hören es mit den Ohren und, so nimmt man an, fühlen es mit ihrem Tastsinn. Es muss so sein, denn sonst würden sie schnell erkennen, dass es sich um einen Traum handelt. Auch der Zeitablauf muss einem Standardmuster folgen. Ash Gabbidon „erwachte" mindestens sechs Mal, und am Ende des Erlebnisses war er am Nachmittag angelangt. Die Frage, die man sich hier stellen muss, lautet: Was lässt die Betroffenen beim letzten Erwachen glauben, dass sie wieder in der konsensuellen Realität angelangt sind? Es kann nicht daran liegen, dass das Wacherleben offenbar von anderen konsensuell geteilt wird, weil auch bei allen vorangegangenen falschen Erwachenserlebnissen in der noumenalen (gedachten oder geträumten) Welt andere Menschen vorhanden waren, die ihren Tätigkeiten nachgingen und sich vermutlich vollkommen normal verhielten. Doch die Indizien, die uns glauben lassen, die phänomenale Realität (die Welt der Erscheinungen) sei kein Faksimile, beinhalten ein und dieselben Auslösereize, die uns vermutlich auch im Zustand des falschen Erwachens an der Nase herumführen.

Wir wissen durchaus, dass sich die Zeit im Traumzustand stark dehnen kann. Darauf lassen Ashs falsche Erwachenserlebnisse schließen, die jeweils über einen längeren Zeitraum anhielten. Nach einer groben Berechnung vermute ich, dass Ashs ineinander verschachtelte Träume einen Zeitraum von etwa vierzehn Stunden abdeckten. Selbst wenn man von einer Eins-zu-eins-Beziehung zwischen Traumzeit und konsensueller Zeit ausgeht, würde Ashs Erleben damit doppelt so lange gedauert haben wie er geschlafen hatte. Aus allgemeiner Erfahrung lässt sich jedoch begründet schließen, dass sich alle Traumfetzen falschen Erwachens in einem hypnopompen Zustand von höchstens etwa zwanzig Minuten Dauer abgespielt haben müssen. Wenn Zeit also, soweit es Zustände an der Schlafschwelle betrifft, ein vollkommen subjektives Konstrukt ist, dann gibt es keinen Grund, warum in einem solchen Zustand nicht ein ganzer Tag oder Monat, ein ganzes Jahr oder sogar ein ganzes Leben erlebt werden könnte. Lassen Sie mich um des Argumentes willen vorschlagen, ein Wachtraum könnte sechzehn Stunden und damit eine normale tägliche Wachphase lang dauern. Danach geht der Betroffene in seinem Wachtraum schlafen und erwacht sieben Stunden später in einem weiteren Wachtraum. So könnte er sein ganzes Leben verbringen.

Natürlich sind solche Erlebnisse keineswegs selten. Im Laufe der Jahrhunderte, wenn nicht gar der Jahrtausende, ist es dem Bewusstsein immer wieder gelungen, die Einschränkungen des Huxleyschen Reduktionsfilters zu überwinden. Erreicht wurde dies einfach dadurch, dass der Mensch eine von vielen natürlich vorkommenden Substanzen eingenommen hat, die sich zusammen mit uns in Pflanzen und anderen Tierarten entwickelt haben. Diese Substanzen sind unter dem Sammelbegriff „Halluzinogene" bekannt: Chemische Verbindungen, die Huxleys Reduktionsfilter-Effekt überwinden.

Auch wenn man wohl richtigerweise annehmen kann, dass das Bewusstsein außerhalb des Gehirns existiert, genau wie auch ein Funksignal den Radiosender und nicht den Empfänger zu seinem Ursprung hat, müssen wir doch noch begreifen, wie der „Empfänger" funktioniert, weil Halluzinationen von diesem Empfänger immer noch verändert werden. Wenden wir nun unsere Aufmerksamkeit den chemischen Stoffen zu, die das Gefühl erzeugen, im Körper zu sein.

Ein neurochemisches Modell?

Das Erlebnis an jenem Maitag des Jahres 1953 versetzte Huxley erkennbar in Erstaunen. Seine Einschätzung der wahren Natur der Wirklichkeit hat sich daraufhin dauerhaft verändert. Seine „Pforten der Wahrnehmung“ waren geöffnet worden, und eine neue Erfahrungswelt stand ihm offen. Aber was war tatsächlich mit ihm geschehen? Wir wissen, dass er eine Substanz namens Meskalin eingenommen hat. Aber was ist Meskalin, und wie konnte es seine Wahrnehmungen so radikal verändern?

Meskalin ist, wie bereits gesagt, ein so genanntes „Halluzinogen“. Dabei handelt es sich um eine Substanz, die unsere Wahrnehmung der Welt verändern kann. Faktisch erzeugen diese „Halluzinationen“. Meskalin ist eine von vielen Substanzen, die dazu in der Lage sind. Zu weiteren gehören LSD (Lysergsäurediethylamid), Psilocybin und DMT (Dimethyltryptamin). Der allgemeine Begriff, mit dem diese Substanzen beschrieben werden, lautet „Psychedelika“. Geprägt wurde er von Huxley und Osmond nach den Ereignissen vom Mai 1953. Wie kann also ein natürlich vorkommendes Psychedelikum derart dramatische subjektive Erfahrungen hervorrufen?

Vernünftigerweise könnte man annehmen, dass Halluzinogene die Hirnaktivität insofern steigern, als sie Empfindungen hinzufügen, die nicht zur Außenwelt gehören: Das Gehirn arbeitet mehr, um diese Illusionen zu erzeugen. Aber es wurde festgestellt, dass dem nicht so ist. Forschungen von Robin Carhart-Harris und seinem Team am Imperial College haben gezeigt, dass die durch Halluzinogene herbeigeführten Bewusstseinsveränderungen mit einer *Verringerung* der Hirnaktivität einhergehen.[11] Außerdem wurde entdeckt, dass Halluzinogene offensichtlich für eine besser strukturierte Hirntätigkeit sorgen als bei der „normalen“ Wahrnehmung. Verschiedene Hirnareale arbeiten kooperativer zusammen. Mit anderen Worten, unter dem Einfluss von Halluzinogenen arbeitet das Gehirn effizienter. Dies ist das Gegenteil dessen, was man die allgemeine Öffentlichkeit glauben machen will, wenn behauptet wird, Halluzinogene verwirrten und schädigten das Gehirn. Kann man daraus vernünftigerweise schließen, dass ein Gehirn, das Halluzinationen wahrnimmt, effektiver ist? Was dies bedeuten würde, verdient hier besondere Beachtung. Unser Alltagshirn arbeitet nicht unter Ausnutzung seines vollen Potenzials. Tut es dies doch, so treten Halluzinationen auf.

In den 1950er Jahren wurde eine Reihe von Experimenten durchgeführt, bei denen menschlichen Probanden Elektroden ins Hirn gepflanzt und anschließend Halluzinogene, insbesondere LSD und Meskalin, verabreicht wurden. Derartige Experimente wären heute ethisch definitiv nicht mehr vertretbar, doch wir haben daraus interessante Erkenntnisse gewonnen, welche Teile des Gehirns von diesen Substanzen beeinflusst werden. So wurde entdeckt, dass der hauptsächliche Bereich der mediale Temporallappen (der mittlere Schläfenlappen) und dort insbesondere der Hippocampus, die Amygdala und die Septumkerne sind. In Perioden ausgeprägter Halluzinationen wurden in diesen Bereichen phasische Entladungen aufgezeichnet.[12][13] Dies ist deshalb signifikant, weil bekannt ist, dass vermehrte Aktivität im medialen Temporallappen ein wesentliches Merkmal der REM-Schlafphasen und, damit assoziiert, auch des Träumens ist. Es gibt also eine Verbindung zwischen den Effekten von Halluzinogenen und dem Phänomen der sogenannten REM-Intrusion, von dem man annimmt, dass es für hypnagoge und hypnopompe Erfahrungen, außerkörperliche Erlebnisse, Schlaflähmung und andere, nicht induzierte „Halluzinationen“ verantwortlich ist. Auf die Bedeutung dieser merkwürdigen Hirnzustände werden wir später noch einmal zurückkommen.

Vor Kurzem wurde nachgewiesen, dass erhöhte Hippocampus-Aktivität bei Studienteilnehmern „Traumzustände“ hervorruft.[14] Des Weiteren wissen wir, dass Elektrostimulation der medialen Temporallappen bei wachen Probanden komplexe traumartige Visionen hervorrufen kann. Diese klingen ganz ähnlich wie hypnagoge und hypnopompe Erlebnisse. 2014 experimentierten der Forscher P. Mere und seine Mitarbeiter mit direkter elektrischer Stimulation des Parahippocampus, und die Probanden berichteten von „schmelzenden Gesichtern" und anderen komplexen visuellen Halluzinationen. Bei meinen eigenen Erfahrungen mit hypnopompen Bildern kommen schmelzende Gesichter regelmäßig vor.[15]

Wenn das Gehirn während der Erzeugung von Halluzinationen tatsächlich effizienter arbeitet, dann kann man logischerweise schließen, dass Wahrnehmungen ohne Halluzinationen von einem weniger effizienten Gehirn erzeugt werden. Ich möchte behaupten, dass Halluzinogene die Kanäle zwischen dem Eidolonischen und dem Daimonischen Bewusstsein öffnen: Sie ermöglichen dem Daimon, direkt zum Eidolon zu sprechen. Andere Male haben Halluzinogene das Gefühl erzeugt, der Proband sei nicht alleine, sondern es sei eine gewisse Präsenz in der Nähe. Anscheinend ist dies insbesondere im Zusammenhang mit dem starken Halluzinogen Dimethyltryptamin (DMT) der Fall.

DMT und eine verwandte Substanz, 5-MeO-DMT, sind starke Halluzinogene, die tiefgreifende halluzinative Erlebnisse bewirken. Der im amerikanischen Bundesstaat New Mexico praktizierende Psychiater Dr. Rick Strassman ist seit Langem mit Forschungen über die wahre Natur dieses faszinierenden Stoffes befasst. Anfang der 1990er Jahre war Strassman an einem groß angelegten, vom amerikanischen Staat finanzierten Forschungsprojekt zu den Wirkungen dieser Substanz beteiligt. In seinem Buch *DMT: Das Molekül des Bewusstseins*, das Strassman nach Abschluss des Projekts schrieb, behauptet er, mit hoher Wahrscheinlichkeit sei DMT im menschlichen Gehirn aktiv und werde in der rätselhaften Zirbeldrüse erzeugt. Strassman glaubt, dass die Zirbeldrüse tatsächlich DMT produzieren könnte, und zwar zur Verwendung als endogenen (innerlich erzeugten) Neurotransmitter.

Im Februar 2009 wurde Strassmans Verdacht, DMT könnte ein Botenstoff sein, bestätigt. Arnold Ruoho, Pharmakologe an der University of Wisconsin in Madison, veröffentlichte einen Aufsatz in der wissenschaftlichen Fachzeitschrift *Science*. Darin beschrieb Ruoho, wie sein Team entdeckt hatte, dass der sogenannte Sigma-1-Rezeptor durch DMT aktiviert wird.[16] Auf die Bedeutung dessen werden wir später noch einmal sehr viel detaillierter eingehen.

Seit einiger Zeit weiß man, dass DMT unter Einwirkung des Enzyms INMT (Indoethylamin N-methyltransferase) aus Tryptamin biosynthetisiert wird. Die menschliche Variante dieser Substanz wurde 1999 geklont und sequenziert. Hohe INMT-Spiegel wurden in Schilddrüse und Nebenniere sowie in den Lungen gefunden. Im zentralen Nervensystem allerdings wurden zwar kleine Mengen im Rückenmark, aber nichts im Gehirn selbst entdeckt. Wenn DMT unter Einwirkung von INMT aus Tryptamin synthetisiert wird, dann muss INMT im menschlichen Gehirn aktiv sein. Bis 2011 wurden dort keine Belege für INMT gefunden.

Noch im selben Jahr veröffentlichten allerdings Forscher an der University of Wisconsin in Madison die Ergebnisse eines Experiments, das darauf schließen lässt, dass INMT im menschlichen Gehirn aktiv ist. Ruoho und sein Mitarbeiter Nicholas Cozzi stellten die Effektivität der herkömmlichen Nachweismethode zur Isolierung von INMT infrage und wiesen darauf hin, dass diese Methode beim Nachweis von INMT und seines Boten-RNS-Moleküls möglicherweise versagt. Im Anschluss fanden sie INMT in den retinalen Ganglienzellen und im Rückenmark eines Rhesus-Affen. Noch bedeutender war, dass INMT auch in der Zirbeldrüse des Primaten entdeckt wurde.[17] Bei nachfolgenden Forschungen gelang es, das Gen zu isolieren, das für das Vorkommen des Enzyms in Netzhaut und Zirbeldrüse verantwortlich ist.[18]

Diese Ergebnisse weckten das Interesse eines weiteren Forschers, Dr. Steven Barker vom Analytical Systems Laboratory an der Louisiana State University. Zuvor hatte Barker zusammen mit seinem Kollegen Dr. Jimo Borjigin von der University of Michigan entdeckt, dass im Gehirn frisch getöteter Ratten neurale Aktivität nicht nur festzustellen, sondern sogar erhöht war. Barker faszinierte dieser Beweis postmortaler Hirnaktivität so sehr, dass er eine Versuchsreihe unternahm, mit der er herausfinden wollte, ob er die Neurotransmitter, die jeweils zum Zeitpunkt der höchsten neurologischen Aktivität der Ratten aktiv waren, isolieren konnte. Wenn es gelänge, diese auf einen ganz bestimmten Botenstoff zurückzuführen, dann wären wir möglicherweise einem Verständnis der Nahtod-Erfahrung ein gutes Stück näher. Mit finanzieller Unterstützung von Rick Strassmans Cottonwood Research Foundation führte Barker an dem Gehirnmaterial eine Reihe von Tests durch, und es gelang ihm der Nachweis von INMT. Dabei machte er jedoch eine weitere, unerwartete Entdeckung: Er fand direkte Beweise für DMT in der Zirbeldrüse der Nager. Die Entdeckungen wurden daraufhin in einem Artikel veröffentlicht, der im Dezember 2013 in dem wissenschaftlichen Fachblatt *Biomedical Chromatography* erschien.[19]

Eines der bisher faszinierendsten Elemente der DMT-Erfahrung ist, dass sie bei vielen Probanden eine sogenannte „gefühlte Präsenz" erzeugt. Dabei handelt es sich um das körperliche Empfinden, dass jemand oder etwas in der Nähe ist – möglicherweise sogar im Gehirn des Betroffenen. Ich möchte behaupten, dass DMT eine subtile Kommunikation zwischen Eidolonischem und Daimonischem Bewusstsein ermöglicht. Das Eidolon wird sich plötzlich der Gegenwart seines verborgenen Partners und der Tatsache bewusst, dass der Daimon wenige flüchtige Augenblicke lang direkt mit seinem im Pleroma verkörperten Gegenpart kommunizieren kann. Im Eidolonischen Bewusstsein kann sich dies als einfaches Gefühl der Anwesenheit von etwas oder jemandem oder, in Phasen äußerster Belastung oder Gefahr, als aurische „Halluzination" manifestieren. Um in unserer Analogie von den „Pforten" zu bleiben: Es ist, als rufe der Daimon durch den Briefschlitz!

In meinem Buch *The Daemon: A Guide to Your Extraordinary Secret Self* habe ich viele Beispiele für scheinbar unmögliche Fähigkeiten gesammelt, welche diese „Stimmen" zeigen. Ein Beispiel, das mir Alan Rumney zugesandt hat, möchte ich hier anführen. 1969 bekämpfte Rumney als Angehöriger der Rhodesischen Armee einen Aufstand bei Mount Darwin im Norden des Landes. Im Folgenden beschreibt er, was ihm an jenem schicksalhaften Tag geschehen ist:

> Wir kamen um eine Biegung, und dann geschah es. Eine „Stimme", die offenbar aus meinem Kopf kam, sagte sinngemäß und sehr deutlich: ‚Das ist ein Hinterhalt', was mich in höchste Alarmbereitschaft versetzte, und fast sofort entdeckte ich am linken

> Straßenrand vor uns die verräterischen grauen Rauchwolken, noch bevor ich das Gewehrfeuer hörte und die Fahrzeuge vor uns Ausweichmanöver einleiteten. Ich schwenkte das Maschinengewehr sofort nach links und noch währenddessen spürte ich, wie ich mit ziemlicher Wucht unerklärlicherweise nach vorne gezogen wurde und schließlich mit einem seltsamen Gefühl in meinem linken Arm und meiner linken Hand seitlich über dem Schutzschild hing. Ich wendete den Kopf und sah als Erstes meine blutige Hand und den ziemlich schrecklichen Anblick meines linken Daumens, der nur noch an einem Fleischfaden hing. Blut rann mir aus Ellenbogen und Oberarm, und dann wurde mir plötzlich klar: Ich war mehrfach angeschossen worden.[20]

Diese „innere Stimme" wusste anscheinend, was gleich passieren würde; und als Alan nicht reagierte, griff sie ein, indem sie ihn körperlich von der Stelle wegstieß, an der die Kugeln in allernächster Zukunft einschlagen würden. Wie konnte die nicht-dominate Hirnhälfte an solche Informationen gelangen? Diese Vorfälle sind zwar naturgemäß anekdotisch, stellen aber doch die Auffassung infrage, dass es sich bei derartigen Stimmen schlicht um Geplapper im Kopf handelt.

Es ist zu betonen, dass diese „Stimmen" nicht auf übliche Art und Weise – also durch Schallwellen, die auf das Trommelfell treffen – gehört werden. Ihre Herkunft ist wesentlich mysteriöser als jeder moderne Psychiater uns weismachen will. Zum Beispiel fragt sich: Wenn die nicht-dominate Hirnhemisphäre über keine verbalen Fähigkeiten verfügt, wie kann sie dann Worte und Sprache erzeugen, um mit ihrem dominanten Partner zu kommunizieren? Die Stimme, die Alan das Leben rettete, sprach in grammatikalisch korrektem Englisch mit ihm und stellte fest: ‚Das ist ein Hinterhalt.' Alan *fühlte* die Bedeutung dieser Worte nicht, er hörte sie.

Außerdem müssen wir noch eine erstaunlich simple Tatsache an Alans Erfahrung verarbeiten: Wie konnte seine „innere Stimme", woher sie auch gekommen sein mag, wissen, dass er gleich in einen Hinterhalt geraten würde? Alan konnte dies ganz sicher nicht wissen und wäre ohne die Intervention seiner „gefühlten Präsenz“ getötet worden. Dies deutet auf Präkognition hin.

Regelmäßig wird berichtet, dass ein psychedelisches Gebräu vom Amazonas, das sogenannte Ayahuasca, präkognitive und telepathische Erlebnisse hervorrufen kann. 1905 behauptete ein Reisender namens Rafael Zerda Bayón, Ayahuasca sei weit mehr als nur eine halluzinogene Droge. Er machte geltend, einer der beiden aktiven Bestandteile von Ayahuasca könne innerhalb der Visionen, die er im Geist des Konsumenten erzeuge, telepathische Kommunikation generieren. Zu Ehren dieser Entdeckung schlug Bayón vor, dieser aktive Bestandteil solle *Telepathin* genannt werden. Als der kolumbianische Chemiker Guillermo Fischer Cárdenas die Verbindung 1923 erfolgreich isolieren konnte, übernahm er diese Bezeichnung. Später wurde der höchst umstrittene Name zu *Yagéin* und schließlich *Banisterin* geändert.

Aus den Erfahrungen von Alan Rumney und vielen anderen wird deutlich, dass die „gefühlte Präsenz“ auch ohne Unterstützung durch Halluzinogene durchzubrechen vermag. Kanadische Forschungen aus den letzten Jahren lassen überdies darauf schließen, dass der „Briefschlitz“ durch nicht-invasive Hirnstimulation und auch durch natürlich auftretende Umweltfaktoren erzeugt werden kann. Menschen, deren „Pforten“ auf diese Weise geöffnet werden, bezeichne ich als „Zufallsreisende“, und ihren Erfahrungen wollen wir nun unsere Aufmerksamkeit zuwenden.

KAPITEL ZWEI:

Zufallsreisende

Michael Persinger und seine „gefühlte Präsenz"

Der Amerikaner Michael Persinger ist Neurowissenschaftler an der Laurentian University im kanadischen Sudbury. Er interessiert sich seit Langem für die neurologischen Ursprünge religiöser und mystischer Erfahrungen und war im Laufe der letzten etwa dreißig Jahre an einer Reihe faszinierender Experimente beteiligt.

Hinsichtlich religiöser und mystischer Erfahrungen schlägt Persinger ein ähnliches Spektrum vor wie ich. Er ist überzeugt, dass solche Erfahrungen durch die Temporallappen erzeugt werden. Das zeit- und raumbezogene Ichempfinden sitzt im Amygdala- und Hippocampus-Komplex. Zugleich sind diese Strukturen die Bereiche, in denen Furcht und Ängste erzeugt werden. Die Amygdala ist außerdem an Lust- und Schmerzempfindungen beteiligt. Zusammen ermöglichen diese Hirnareale auch intensives Sinnempfinden. Die Temporallappen sind zudem als Stellen hoher Hirnplastizität bekannt, durch die die neurologischen Strukturen lernen und sich durch Reaktionen auf Reize anpassen. Persinger behauptet, alle Menschen verfügten über das Potenzial, in den Temporallappen transiente (nur wenige Sekunden anhaltende) elektrische Erregungen zu erleben. Diese winzigen Entladungsstürme werden fachsprachlich als *temporal lobe transients* (Temporallappentransiente) oder TLTs bezeichnet. Kurzzeitig können sie ungewöhnliche Wahrnehmungen hervorrufen. Aufgrund der Art und Weise, wie der Amygdala- und der Hippocampus-Komplex eine Erfahrung mit Bedeutung oder

Sinn aufladen und ihr zugleich ein Gefühl von Schrecken oder Furcht zugrunde legen, erscheint es wenig verwunderlich, dass solche Wahrnehmungen in einem mystischen oder tiefsinnigen Licht interpretiert werden. In einem 1983 veröffentlichten Aufsatz behauptete Persinger weiter, dass unter diesen Umständen auch verlorene Erinnerungen wieder wachgerufen werden könnten. Wie wir später noch entdecken werden, gelangte ein weiterer in Kanada forschender Amerikaner, der Neurochirurg Wilder Penfield, zwischen den 1930er und den 1950er Jahren zu ähnlichen Ergebnissen. Persinger behauptete, diese wieder wachgerufenen Erinnerungen könnten bis in die frühe Kindheit oder sogar noch weiter zurückreichen und die „gefühlte Präsenz“ eines Elternteils als stets gegenwärtiger gottähnlicher Spender von Nahrung, Wärme und taktil erfahrbarer Geborgenheit erzeugen.[1] Das kindliche Gehirn ist allerdings nicht in der Lage, diese Präsenz in ein kognitives Weltverständnis einzuordnen, daher ist ihm ihr Ursprung ein Mysterium.

Persinger wusste in den 1980er Jahren, dass solche mystischen Erfahrungen durch chirurgische Stimulation ausgelöst worden waren – zum Beispiel in den 1970ern durch Horowitz und Adams[2] sowie 1972 durch Pierre Gloor.[3] Diese Forscher hatten außerkörperliche Empfindungen, Hörerlebnisse wie Rauschen und Stimmen sowie Wahrnehmungsveränderungen wie den Blick durch einen Tunnel oder wirbelnde Lichtmuster erzeugt.

Persinger bezeichnet dieses Phänomen als „parasitäres Bewusstsein“. Um zu verstehen, was er damit meint, müssen wir wissen, dass das menschliche Gehirn aus zwei Hälften oder Hemisphären besteht. Sie sind durch die sogenannten „Kommissuren“ miteinander verbunden. Es gibt fünf solche Verbindungen, wobei die weitaus wichtigste das *Corpus callosum* (lateinisch für „dickhäutiger Körper“), der sogenannte Balken, ist. Wird diese „Brücke“ zwischen den Hemisphären durchtrennt, so geht, wie wir später noch entdecken werden, jegliche Kommunikation zwischen den beiden Hirnhälften verloren, und es entstehen zwei Persönlichkeiten. Die beiden Hemisphären sind nicht gleichberechtigt, denn eine ist weitaus dominanter als die andere. Bei allen rechtshändigen Menschen und einem bestimmten Prozentsatz an Linkshändern ist die linke die dominante Hälfte; nur bei einer kleinen Minderheit von Linkshändern dominiert die rechte Hemisphäre. Faktisch ist die dominante Hemisphäre diejenige, in der wir alle „leben".

Persinger vermutete, dass das Gefühl der Anwesenheit eines anderen durch Magnetfelder erzeugt wird, die der dominanten Hälfte ein Bewusstsein für ihre nicht-dominante Partnerin vermitteln. Es entsteht durch elektromagnetisch bedingte Entladungsstürme in den Temporallappen. Die Magnetfelder wiederum entstehen durch Funkübertragungen, seismische Aktivität und sogar durch Sonneneruptionen. Da das menschliche Gehirn jedoch auch über eigene elektrische Bauteile verfügt, könnte es diese Empfindungen auch neurologisch erzeugen. Wie wir noch entdecken werden, werden auch epileptische Anfälle durch elektrische Entladungsstürme im Gehirn ausgelöst. Es verwundert daher nicht, wenn Persinger behauptet, die gefühlte Präsenz werde bei neurotypischen Menschen durch elektromagnetisch bedingte winzige Entladungsstürme ausgelöst, die sich auf die Temporallappen konzentrieren. Nach Persingers Auffassung legen diese Experimente nahe, dass das menschliche Ichempfinden zwei Komponenten hat. 1993 veröffentlichte er einen Aufsatz, in dem er diese Idee als „Hypothese vektorieller Hemisphärizität" bezeichnet.[4] Er musste eine Möglichkeit finden, diese winzigen Entladungsstürme künstlich zu erzeugen, damit sie unter Laborbedingungen beobachtet und gemessen werden könnten. Mit seinem Mitarbeiter Stanley Koren brachte er an der Innenseite eines umgebauten Schneemobil-Helms ein Magnetspulenpaar an. Die Magnetspulen befanden sich jeweils über einem Schläfenlappen des Trägers. Einfach ausgedrückt, besteht eine Magnetspule aus einem dünnen Draht, der um einen Metallkern gewickelt ist. Wird elektrischer Strom durch den Draht geleitet, entsteht ein Magnetfeld. So konnte Persinger die Temporallappen künstlich stimulieren und – so seine Hoffnung – die „gefühlte Präsenz" willkürlich reproduzieren. Schon bald begann er mit einer Reihe kontrollierter Experimente und entdeckte, dass die gefühlte Präsenz nicht nur bei mindestens achtzig Prozent der Probanden hervorgerufen werden konnte, sondern dass etwa ein Prozent behaupteten, sie spürten, dass „Gott“ bei ihnen im Raum sei. Die Massenmedien griffen dies auf, und das Experimentiergerät erhielt den Spitznamen „der Gotteshelm“.

In einer späteren, 2002 veröffentlichten Studie beschreibt Persinger, wie sein Team achtundvierzig Probanden den gepulsten Magnetfeldern ausgesetzt hatte. Die Studienteilnehmer wurden in vier Gruppen eingeteilt. Bei der ersten Gruppe wurde das Magnetfeld über der rechten, bei der zweiten über der linken Temporoparietalregion (über dem rechten Schläfen- und Scheitellappen des Gehirns) angelegt, und bei der dritten Gruppe wurden beide Areale stimuliert. Einer vierten Gruppe wurde mitgeteilt, sie würde dem Feld ausgesetzt, da sie aber die Kontrollgruppe waren – was sie nicht wussten – wurde gar kein Feld aufgebaut. Zwei Drittel berichteten von einer gefühlten Präsenz. Dies ist ein interessantes Ergebnis, signifikant war allerdings auch, dass ein Drittel der Teilnehmer aus der Kontrollgruppe ebenfalls eine Präsenz verspürte.[5]

Dies deutet darauf hin, dass sich eine signifikante Minderheit mit einer Empfänglichkeit für das Potenzial einer „gefühlten Präsenz“ auf diese einstimmt. Persinger glaubt, dass diese Experimente seine Hypothese von der vektoriellen Hemisphärizität belegen.

Persinger berichtet, viele seiner Studienteilnehmer hätten die visuellen Halluzinationen erlebt, von denen auch Horowitz und Adams sowie Gloor gesprochen hatten. Dazu gehörten Lichtblitze, Strudel, Mandalas, Tunnel und Stimmen. Ein Teilnehmer, bei dem das Feld auf beide Temporallappen angewandt worden war, schilderte Folgendes:

> Ich hatte den Eindruck, vor mir sei ein helles Licht. Ich sah einen dunklen Fleck, der zu einer Art Trichter wurde ... Mir war, als bewege, als drehe ich mich durch ihn hindurch. Nach und nach spürte ich die Gegenwart von Menschen, aber ich konnte sie nicht sehen.[6]

Hier liegt eine weitere Verbindung zu Strassmans Forschungen vor, wie sie sich in der folgenden unheimlich ähnlichen Beschreibung eines seiner DMT-Probanden zeigt:

> Zuerst sah ich einen Tunnel oder einen Kanal aus Licht, der nach rechts führte. Ich musste mich in diese Richtung drehen, um in ihn hineinzugehen. Dann wiederholte sich der ganze Vorgang links von mir. Das war so beabsichtigt. Ich meinte zu erkennen, dass der Tunnel in der Ferne einen Ursprung hatte. Weiter weg erweiterte er sich wie ein Trichter. Er war hell und pulsierte. Ich vernahm so etwas wie Musik, wie eine mir unvertraute Partitur, die die emotionale Stimmung des Geschehens betonte und mich dort hineinzog. Ich war sehr klein, der Tunnel war sehr groß, und es befanden sich große Wesen darin, auf der rechten Seite, ganz in meiner Nähe. Ich hatte ein Gefühl von großer Geschwindigkeit. … Das Geschehene blitzte auf, verging wie im Fluge, raste vorbei, als ob ich es aus einer anderen Perspektive betrachten würde als sonst. Es war um so vieles wirklicher als das Leben.[7]

Beide Erlebnisse weisen starke Anklänge an zwei weitere Phänomene auf: Entführungen durch Außerirdische und Nahtod-Erfahrungen. Wir werden später darauf zurückkommen. Jetzt möchte ich mich auf die schimmernden Lichter und die Strudel konzentrieren, die in diesem Zustand erlebt wurden. Was können sie uns darüber sagen, wie wir Zugang zum Pleroma finden?

Flackerhaft

In seinem Tagebucheintrag vom 21. Dezember 1958 berichtet der Maler Brion Gysin von einem sehr seltsamen Effekt bei einer abendlichen Busfahrt in Südfrankreich. Der Bus fuhr eine Allee entlang, und durch die Bäume sah Gysin das Licht der untergehenden Sonne:

> Hatte heute im Bus nach Marseille einen transzendentalen Sturm farbiger Visionen. Wir fuhren durch eine lange Baumallee, und ich hatte meine Augen gegen das Licht der untergehenden Sonne geschlossen. Hinter meinen Augenlidern brach eine überwältigende Flut intensiv leuchtender Muster in übernatürlichen Farben los.[8]

Ein paar Monate zuvor war Gysin in Paris dem amerikanischen Schriftsteller William Burroughs begegnet. Sie schlossen Freundschaft und arbeiteten gemeinsam an einer vielfältigen Thematik, die für das vorliegende Buch von zentraler Bedeutung ist. Zum Beispiel interessierte sich Burroughs schon seit vielen Jahren für Yage (Ayahuasca) und wollte unbedingt Rafael Zerda Bayóns Behauptung nachprüfen, Yage fördere telepathische und präkognitive Fähigkeiten.

Gysin war fasziniert von dem durch das flackernde Licht ausgelösten Vorfall im Bus und besprach das Erlebnis mit Burroughs. Zwei Jahre später und eigentlich durch Zufall brachte Burroughs ein Buch von dem bedeutenden angloamerikanischen Neurophysiologen William Grey Walter mit. In diesem Buch mit dem Titel *Das lebende Gehirn* beschreibt Walter ausführlich seine Arbeit mit dem sogenannten „Flacker-Effekt". Walter betrieb seine Forschung größtenteils am Maudsley Hospital in London mit Patienten, die unter fotosensibler Epilepsie litten. Man wusste seit Langem, dass flackerndes Licht Anfälle auslösen kann, und Walter wollte unbedingt herausfinden, warum. Daraufhin entwickelte er eine Reihe von Tests, um die Anfälligkeit für diese merkwürdigen Stürme im Hirn zu isolieren. Er stellte fest, dass er Anfälle auslösen konnte, entdeckte aber auch, dass Flacker-Effekte mit bestimmten Frequenzen, nämlich zwischen acht und dreizehn Zyklen pro Sekunde (dem Alpha-Band), bei seinen Probanden zutiefst veränderte Bewusstseinszustände hervorriefen – insbesondere bizarre visuelle Effekte und eine gedehnte Zeitwahrnehmung. In einem denkwürdigen Fall berichtete einer seiner nicht-epileptischen Studienteilnehmer, ihm sei gewesen, „als sei gestern auf der Seite statt hinten, und morgen backbord voraus".[9]

Aufgeregt besprach Burroughs Walters Werk mit Gysin. Dieser teilte Burroughs Begeisterung und glaubte, er könne durch den Einsatz von Stroboskop-Licht, wie bei Walter beschrieben, eine künstliche Möglichkeit zur Reproduktion der telepathischen und präkognitiven Effekte von Ayahuasca schaffen. Er schrieb an seinen Kollegen Ian Sommerville und fragte, ob es möglich sei, eine Maschine zu entwerfen, die den Stroboskop-Effekt zu Hause erzeugen könne. Die beiden arbeiteten zusammen und entdeckten schnell, dass sie eine effektive Flackerrate erzeugen konnten, wenn sie eine Glühbirne in einen Metallzylinder hängten, in den in regelmäßigen Abständen Schlitze eingeschnitten waren, und das Ganze dann bei achtundsiebzig Umdrehungen pro Minute auf den Plattenteller eines Plattenspielers stellten. Nach langem Experimentieren kamen sie auf die richtige Anzahl von Schlitzen, mit der exakt das von Walter beschriebene Alpha-Band von acht bis dreizehn Zyklen pro Sekunde erzeugt werden konnte. Gysin war überwältigt von der Macht seiner „Dream Machine".

Gysin glaubte, er habe ein Verfahren entdeckt, mit dem Präkognition begünstigt werden könnte. In seinem Tagebuch schrieb er, Nostradamus habe eine Technik genutzt, bei welcher der große französische Seher mit geschlossenen Augen vor einer Lichtquelle saß und dann seine Finger so flattern ließ, dass der Effekt von Flackerlicht entstand. Auf diese Weise konnte Nostradamus „Anweisungen von einer höheren Macht"[10] erhalten.

Wie wir bereits gesehen haben, regte die Art, wie der Flacker-Effekt den Zugang zu einer „höheren Macht" ermöglicht, Gysin und Burroughs zu zahlreichen Schriften über „The Third Mind" an. Mit diesem „dritten Geist" meinten sie, dass sich, wenn zwei Geister zusammenarbeiten, offenbar ein dritter mitbeteiligt.

In dieser Hinsicht ist es möglicherweise signifikant, dass Michael Persinger für die durch seinen „Gotteshelm" erzeugten Effekte der gefühlten Präsenz ursprünglich den Begriff „Temporallappen-Transiente" verwendete. Hier haben wir einen „Flacker-Effekt", der genau dieselben Empfindungen auslöst, von denen auch Persingers Probanden und Strassmans DMT-Konsumenten berichten. Persingers Maschine löste winzige Entladungsstürme in den Schläfenlappen aus. Wie wir später noch entdecken werden, ist der Flacker-Effekt ursächlich für die Auslösung von „Absence"-Anfällen bei Temporallappen-Epileptikern; und wie wir ebenfalls später noch entdecken werden, wird in Fällen von Temporallappen-Epilepsie während einer Aura zu Beginn des Anfalls regelmäßig von der Empfindung berichtet, die Betroffenen seien nicht eine, sondern zwei Personen.

Die gefühlte Präsenz ist einer der beiden wichtigsten Effekte von Stimulatoren wie Gysins *Dream Machine*. Beim anderen Effekt handelt es sich um zunehmend komplexere visuelle Halluzinationen. Dazu wird offenbar der natürliche Prozess des Schauens in ein flackerndes oder stroboskopisches Licht mit der Einnahme von Halluzinogenen wie Meskalin, DMT und LSD verbunden. Doch was sind diese Bilder? Sind es lediglich vom Gehirn erzeugte Halluzinationen?

Die Klüverschen Formkonstanten

1926 erforschte der deutsch-amerikanische Psychologe Heinrich Klüver die Wirkung von Meskalin und dabei insbesondere die Beschaffenheit der visuellen Halluzinationen, die diese chemische Verbindung hervorruft. Wie wir wissen, handelt es sich dabei um die Substanz, die Aldous Huxley einnahm und die ihn zu seinem Buch *Die Pforten der Wahrnehmung* anregte.

Klüver stellte fest, dass die Halluzinationen stark gesättigte Farben und wiederkehrende geometrische Muster beinhalten. Diese ordnete er in vier Kategorien ein: Gitter, Spiralen, Tunnel und Spinnweben. Ich weiß aus eigener Erfahrung, dass dies auch genau die Bilder sind, die von Gysins Dream Machine und ähnlichen Geräten hervorgerufen werden, welche seither auf dem Markt sind. Wie wir noch entdecken werden, stehen diese Bilder auch im Zusammenhang mit Migräne, Hypnagogie, Hypoglykämie und Temporallappen-Epilepsie sowie – möglicherweise signifikant – mit der Nahtod-Erfahrung.

Klüver bemerkte, dass die Formen sich ständig wiederholen und dabei in immer kleinerem Maßstab wiederkehren. Er bezeichnete diesen Effekt als „geometrische Ornamentstruktur" und betonte die unendliche Reproduktion über mehrere Größenordnungen hinweg. Diese „Geometrisierung bis ins Unendliche", wie Oliver Sacks sie in seinem Buch *Migräne*[11] bezeichnet, legt für mich einen Prozess nahe wie er ähnlich auch durch Anwendung einer Sequenz der fraktalen Geometrie, der sogenannten *Mandelbrot-Menge*, entsteht. Warum sollte das menschliche Gehirn spontan und aus keinem ersichtlichen Grund während einer Migräne-Attacke eine derart komplizierte mathematische Struktur erschaffen? Ich muss mich einfach fragen, ob dies nicht ein Hinweis auf die letztendlich holografische Natur der Wirklichkeit ist, wobei die Teile im Ganzen enthalten sind und sich das Ganze in den Teilen wiederfindet. Migränen schließen Huxleys Reduktionsfilter gewissermaßen kurz und ermöglichen damit eine Wahrnehmungsperspektive ähnlich der des größtmöglichen Bewusstseins. Diese Migräne-Aurae sind nicht unüblich. Hier folgt zum Beispiel eine Beschreibung von der Website der Migraine Aura Foundation:

> Mir fiel dieses bizarre Ding in der Ecke meines rechten Gesichtsfelds auf. Hat jemand schon einmal eine Mandelbrot-Menge gesehen? So ein fraktales Muster, das sich in der Vergrößerung als immergleiches, sich ständig wiederholendes Muster zeigt? So etwas habe ich gesehen. Es dauerte etwa zwanzig Minuten.[12]

Später wurde Klüver John Smythies‘ Mentor in Fragen der Auswirkungen von stroboskopischem Licht auf die Wahrnehmung. Sie werden sich erinnern, dass die beiden Wissenschaftler John Smythies und sein Kollege Humphry Osmond vom Souris Valley Mental Health Hospital es waren, die Huxleys Interesse an veränderten Bewusstseinszuständen geweckt hatten. Nach der Zusammenarbeit mit Osmond entwickelte Smythies ein vertieftes Interesse für die Auswirkungen von stroboskopischem Licht auf das menschliche Verhalten. Ihm war aufgefallen, dass die visuellen Phänomene, die mit Hilfe eines Stroboskops wahrgenommen werden, denen unter dem Einfluss von Meskalin sehr ähnlich, wenn nicht gar mit ihnen identisch sind. Interessanterweise zeigten seine Forschungen, dass die visuellen Effekte beim gleichzeitigen Einsatz beider Mittel beträchtlich verstärkt werden. Hier haben wir also eine präzise Verbindung zwischen künstlich durch ein Halluzinogen erzeugten Halluzinationen und einer natürlich auftretenden Reaktion auf Licht. Offenbar waren Gysin und seine Anhänger tatsächlich einer Entdeckung auf der Spur. Doch was ist dran am Flacker-Effekt, dass er derartige Reaktionen auslöst?

Das Huxleysche Spektrum: Durch einen Spiegel in einem dunklen Bild

Es gibt viele Methoden, mit denen man zumindest auf einige Elemente des Pleroma zugreifen kann. Wie wir bereits entdeckt haben, ist dies durch den Einsatz von Blinklichtern zu erreichen, mit denen ein „Flacker-Effekt" erzeugt wird. Dasselbe Ergebnis erzielt man durch extremes Fasten oder Selbstkasteiung oder durch die Einnahme von Halluzinogenen wie Dimethyltryptamin, Ayahuasca und LSD. Faktisch zwingen alle diese Vorgehensweisen das Gehirn zur vermehrten oder verringerten Produktion bestimmter Neurotransmitter. Offenbar begünstigt dies wiederum den Kontakt zwischen Eidolonischem und Daimonischem Bewusstsein. Dieser kann entweder direkt erfolgen, so dass der Daimon mit dem Eidolon kommunizieren kann; oder er vollzieht sich indirekt, indem dem Eidolonischen Bewusstsein Zugang zur Wahrnehmungswelt des Daimonischen Bewusstseins gewährt wird. Direkter Kontakt zeigt sich für gewöhnlich in Form von Führung, Ratschlägen oder Warnungen. Indirekter Kontakt ist weitaus gefährlicher, denn ohne die Weisheit und Bewusstheit des Daimons kann die Reizüberflutung, die aus dem Pleroma zum Eidolon durchdringt, dieses überfordern, so dass es jeglichen Bezug zur „Realität" verliert. Dies bezeichnet man üblicherweise als Wahnsinn.

Seit Jahrtausenden können bestimmte Menschen, entweder aufgrund angeborener Fähigkeiten oder durch konsequentes Üben, das Pleroma wahrnehmen und daraus lernen. Man bezeichnet sie als Mystiker, Adepten oder Schamanen. Alle Gesellschaften haben solche Menschen gesucht und zu religiösen oder spirituellen Führern gemacht.

Aber warum ist dem so? Warum leben manche Menschen offenbar in beiden Welten, wohingegen wir, die große Mehrheit, in Blakes „Ketten, die der Geist geschmiedet"*, gefangen sind und nur hin und wieder Einblicke in die größere Welt erhalten, möglicherweise durch bewusstseinserweiternde Drogen oder Krankheit?

---

*Aus dem Gedicht „London" aus dem Zyklus *Lieder der Erfahrung* in William Blake, *Zwischen Feuer und Feuer*, deutsch von Thomas Eichhorn, dtv 1996.

Ich werde ausführen, dass es ein „Spektrum" von Krankheiten gibt, die aus ähnlichen Gründen einen Zugang zum Pleroma eröffnen. Bestimmte neurophysikalische und neurochemische Prozesse öffnen die Kommunikationskanäle zwischen Daimonischem und Eidolonischem Bewusstsein.

Das Huxleysche Spektrum besteht aus einer Reihe von „Syndromen", die jeweils eng miteinander verbunden sind. Zwar verwende ich den Begriff „Spektrum", bin aber dennoch der Meinung, dass er insofern etwas irreführend ist, als er einen stufenweisen Übergang von einem Abschnitt zum nächsten suggeriert.

Die wichtigsten „Stadien", wie ich sie nennen möchte, sind: Autismus mit dem damit zusammenhängenden „Savant-Syndrom", Migräne, Temporallappen-Epilepsie (TLE), Schizophrenie und Alzheimer.

Von Migräne gibt es fließende Übergänge zu TLE von TLE zur Schizophrenie, von der Schizophrenie zu Alzheimer, und dann entwickeln Alzheimer und Schizophrenie in einer merkwürdigen „ewigen Wiederkehr" sich zu Autismus. Das Modell gleicht eher einem Venn-Diagramm – also einem Diagramm, das alle möglichen Verbindungen zwischen einer endlichen Zahl verschiedener Mengen zeigt. In unserem Modell haben wir zum Beispiel die Menge der Menschen, die Migräne haben und die Menge der Menschen mit Temporallappen-Epilepsie. Jede Menge wird als Kreis dargestellt. Die Kreise überschneiden sich im Bereich gemeinsamer Faktoren. Ein gemeinsamer Faktor von Migräne-Patienten (M) und TLE-Betroffenen (T) ist zum Beispiel die Aura. Der Bereich der Überschneidung wird als Schnittmenge von M und T bezeichnet.

In Teil Zwei dieses Buches wird jedes „Stadium" für sich eingehend betrachtet. Ich werde dem Spektrum nicht unter dem Aspekt eines ständig breiter werdenden Zugangs zum Pleroma folgen, sondern selektiver vorgehen. Dies deshalb, weil sich wie bei einem Venn-Diagramm alle Stadien überschneiden. Teil Zwei endet mit einer ausführlichen Besprechung, wie die Überschneidungen neurologisch und empirisch nachgewiesen werden können.

TEIL ZWEI:

AN DER PFORTE

KAPITEL DREI:

Migräne

Die Pforten schwingen einen Spaltbreit auf

Als ich Anfang zwanzig war, geschah etwas sehr Seltsames mit mir. Während der Arbeit in meinem Büro wurden plötzlich meine Fingerspitzen taub, und anschließend stellte sich ein merkwürdiges Kribbeln auf meinen Lippen ein. Außerdem war mir, als ob meine Schädeldecke abheben und in Richtung Zimmerdecke steigen würde. Dann bemerkte ich, dass das Büro kleiner zu werden schien, als sähe ich es durch die verkehrte Seite eines Teleskops. Nach wenigen Sekunden hörte dieser „Teleskop-Effekt" auf, aber es stellte sich etwas ein, was noch beunruhigender war. In der Ecke meines Blickfeldes war etwas, das wie eine Störung in der Luft aussah. Es bewegte sich in einem schillernden Zickzack. Es war nicht in meinen Augen, sondern befand sich außerhalb im dreidimensionalen Raum. Die Zickzacklinien zogen ein wuseliges Gewimmel hinter sich her, als ob sich Scharen winziger Schlangen umeinanderwinden würden. Mein Sehfeld löste sich vor meinen Augen auf. Als sich die Zickzacklinien schließlich vom Rande meines Blickfelds her immer weiter ausbreiteten, konnte ich nur noch reines weißes Licht sehen. Plötzlich dämmerte mir, dass ich gerade blind wurde. Innerhalb von ein, zwei Minuten konnte ich nur noch Dinge am Rand meines Blickfelds wahrnehmen, alles andere waren Zickzackformen, welche die erschreckend leere Weiße umrandeten.

Glücklicherweise hatte das Unternehmen, bei dem ich damals arbeitete, eine große betriebsärztliche Praxis, die sogar auf demselben Flur lag wie mein Büro. Ich schleppte mich also in die Praxis und versuchte, mit der dort tätigen Krankenschwester zu sprechen. Es war wirklich gruselig. Meine Worte kamen in einer völlig falschen Reihenfolge heraus, als ob sie mir jemand weggenommen und neu geordnet hätte. Die Krankenschwester wirkte besorgt. Ich sage „wirkte“, weil ich sie eigentlich gar nicht sehen konnte. Sie bat mich, mich hinzulegen. Dabei kehrte mein Sehvermögen allmählich wieder, das Whiteout ließ nach. Dann sah ich sie besser … außer, dass sie aussah wie ein Gemälde von Picasso. Ihr Gesicht hatte lauter spitze Winkel, und es war, als könnte ich es von allen Seiten zugleich sehen, obwohl ich sie doch von vorne anschaute.

„Alles wird gut“, sagte meine Abwandlung von Picassos Dora Maar. „Sie erleben gerade eine klassische Migräne-Aura. Das geht bald vorbei.“ Noch während sie sprach, hatte ich ein höchst erstaunliches Déjà-vu: Ich hatte diesen Augenblick irgendwann schon einmal erlebt. Es war wirklich merkwürdig. Sogenannte Déjà-vu-Sensationen hatte ich auch früher schon gehabt, aber dieses Mal war sie überwältigend und voller dunkler Vorahnungen. Allmählich ließen die Sehstörungen nach, und ich konnte wieder richtig sehen. Die Krankenschwester wies mich darauf hin, dass ich wahrscheinlich eine Weile in der Praxis bleiben müsse, denn solche Erlebnisse seien normalerweisen Vorläufer einer ausgeprägten Migräne-Attacke.

Während ich darauf wartete, dass der große Kopfschmerz kam, fragte ich die Schwester, was eine Aura denn genau sei. Sie erklärte mir, in gewisser Weise sei das immer noch ein Rätsel, berichtet werde von solchen Erfahrungen aber schon seit Jahrhunderten. Das Wort „Aura“ stamme eigentlich aus dem Altgriechischen, fügte sie hinzu, und bedeute „Lufthauch“; damit warne der Körper vor einer herannahenden Migräne. In meinem Fall ging die Warnung ins Leere. Zehn Minuten später saß ich wieder in meinem Büro, und es ging mir körperlich gut.

Migräne-Ursachen

Es mag verwundern, dass die Wissenschaft für eine Krankheit, die bekanntlich zwölf Prozent der Menschheit befällt, immer noch keine

Ursache gefunden hat. Allgemein nimmt man an, dass der Schmerz durch eine chemische Aktivierung von Sinnesnerven entsteht, welche die Blutgefäße im Kopf versorgen.[1] Diese Blutgefäße schwellen an und verursachen Druck im Schädel. Bei Kindern unter acht Jahren kommt Migräne nur äußerst selten vor. Warum dem so ist, weiß man ebenfalls nicht. In der Pubertät treten die Anfälle wieder gehäuft auf. Dies legt nahe, dass sie bei jungen Männern mit der Produktion von Testosteron und bei jungen Frauen mit der von Östrogen zusammenhängen könnten. Diverse weitere Ursachen wurden genannt; die faszinierendsten sind, dass Migräne bei manchen Menschen durch flackerndes Licht, Stroboskope und Neonröhren ausgelöst wird. Edward Lieving beschrieb die Erfahrung eines seiner Patienten, dessen Migräne-Aura ausgelöst wurde, als er dem Schneefall zusah. Wichtig ist, dass wir uns hier eher auf die Aura als auf die Migräne konzentrieren; denn die kurzen Einblicke ins Pleroma werden in der Aura-Phase und nicht unter dem Kopfschmerz selbst wahrgenommen. Die Migräne mit Aura, auch unter dem Begriff „klassische Migräne" bekannt, ist wesentlich seltener als die gewöhnliche Migräne und kommt etwa bei einem von zehn Migräne-Patienten vor.

Für Menschen, die Migräne-Aurae erleben, sind sie von geradezu hypnotischer Faszination. Sie treten spontan auf, und der Betroffene (eigentlich bevorzuge ich den Begriff „Beobachter") hat offenbar keinerlei Kontrolle über den Inhalt der Bilder. Der Neurologe Karl Lashley war von diesem Phänomen so fasziniert, dass er über viele Jahre seine eigenen Migräne-Aurae peinlich genau aufzeichnete. Lashley kam zu dem Schluss, dass dabei eine Art Progression über sein primäres Sehzentrum stattfand. Dies war damals (Anfang der 1940er Jahre) nicht die vorherrschende Auffassung, vielmehr brachte man die Aura direkt mit dem oben erwähnten Anschwellen der Blutgefäße in Verbindung. Doch 1944 gelang einem brasilianischen Biologie-Doktoranden in Harvard eine erstaunliche Entdeckung. Im Rahmen der Forschungstätigkeit für seine Promotion untersuchte Aristides Leão, wie sich epileptische Anfälle über das Gehirn ausbreiten. Was er bei seiner Arbeit mit Kaninchen tatsächlich entdeckte, ist heute unter dem Begriff *Kortikale*

Streudepolarisierung (Cortical Spreading Depression, kurz CSD) bekannt.[2] CSD ist eine kurzzeitige Depolarisationswelle, die sich über den visuellen Cortex (die Sehrinde) ausbreitet. Faktisch handelt es sich dabei um eine Welle elektrischer Funkstille, in der die Hirnzellen (Neuronen) aufhören zu feuern. Es kann bis zu achtzehn Minuten dauern, bis die Welle sich von hinten nach vorne über den Okzipitallappen (Hinterhauptslappen) ausgebreitet hat. Das Einsetzen der Welle wird als Kribbeln in den Extremitäten wahrgenommen. Während die CSD über den visuellen Cortex fortschreitet, tritt bis zum Abschalten des elektrischen Stroms zunächst hektische Aktivität auf. Diese halten manche inzwischen für die Ursache der visuellen Halluzinationen.

Eine neuere Studie legt nahe, dass Glutamat der Neurotransmitter ist, der die Kortikale Streudepolarisierung auslöst. Im Allgemeinen ist Glutamat nicht schädlich, aber unter bestimmten Umständen werden große Mengen Glutamat erzeugt, und es kommt zu einer sogenannten *Glutamatschwemme.* Glutamat wirkt stark exzitatorisch, also erregend. Im Übermaß führt es aufgrund seiner sogenannten Exzitotoxizität zum Absterben von Neuronen. Dies ist der Mechanismus hinter dem Absterben von Nervenzellen bei Hypoxie (Sauerstoffmangel), Ischämie (verminderter Blutversorgung) und interessanterweise auch Epilepsie – lauter Krankheitsbilder, die nachweislich zu übermäßiger Glutamat-Ausschüttung führen.[3] [4]

Die Wissenschaftler erklären, die Glutamatschwemme erzeuge die Erregungswelle, welche wiederum zu dem bei CSD beobachteten Abschalten der Hirnrinde führt.[5] Dies ist eine faszinierende Entdeckung, denn sie lässt eine direkte Verbindung zwischen Migräne, Epilepsie und Nahtod-Erfahrungen zu, da, wie wir später noch sehen werden, die „Glutamatschwemme" auch als Erklärung für die mit einer Nahtod-Erfahrung verbundenen Wahrnehmungen herangezogen wurde.

Allerdings kann diese Entdeckung lediglich ein neurologisches Ereignis mit einer visuellen Wahrnehmung verknüpfen. Sie erklärt in keiner Weise, warum die Bilder so aussehen, wie sie aussehen, oder, wichtiger noch, warum gerade eine bestimmte und keine andere Bilderfolge erlebt wird. Wie kann eine Überschwemmung des visuellen Cortex mit

Glutamat etwas erzeugen, was mit Gegenständen und Mustern in einem dreidimensionalen Raum verwechselt werden kann? Die entstehenden Bilder werden, wie wir bereits wissen, als Klüversche Formkonstanten bezeichnet und treten nicht ausschließlich bei Migräne auf. Meine eigenen durch die Migräne ausgelösten Halluzinationen gingen nur bis dahin. Bei anderen sind die Aura-Bilder jedoch weitaus stärker und nicht einfach dadurch zu erklären, dass der visuelle Cortex geometrische Muster stimuliert.

1952 veröffentlichte der amerikanische Arzt Dr. Caro W. Lippman in der Zeitschrift *Journal of Nervous and Mental Disease* einen Aufsatz mit dem Titel „Certain hallucinations peculiar to migraine“ (Bestimmte migränetypische Halluzinationen).[6] Bis heute ist dies einer der detailliertesten Berichte über die verschiedenen Arten migränebedingter Halluzinationen.

Die ersten Fallstudien, die Lippman vorlegt, stellen Beispiele für Menschen dar, die plötzlich Körperfortsätze verspüren, insbesondere im Kopf- und Nackenbereich. Dieses „ballonartige Aufblähen“, wie es eine Patientin beschreibt,[7] erinnert an die Vorgänge beim Verlassen des Körpers, wie sie Menschen im Rahmen einer außerkörperlichen Erfahrung schildern.

Seit Langem wird vermutet, dass Charles Lutwidge Dodgson, der unter dem Pseudonym Lewis Carroll schrieb und der Verfasser von *Alice im Wunderland* ist, Migräne-Patient war, und dass es sich bei seinen Schilderungen, wie Alice nach ein paar Schlucken aus der Flasche mit der Aufschrift „Trink mich“ größer und kleiner wird, um Beschreibungen seiner eigenen Erlebnisse handelt. Derartige Wahrnehmungen von Wachsen und Schrumpfen werden heute als „Alice-im-Wunderland-Syndrom“ bezeichnet.

Möglicherweise noch signifikanter ist, dass eine Reihe von Lippmans Patientinnen und Patienten von dem Gefühl berichten, in einen Tunnel hinein und dann durch diesen hindurch zu fallen. Der „Tunnel“ ist ein regelmäßig wiederkehrendes Motiv in Berichten über Nahtod-Erfahrungen und steht, wie wir bereits gesehen haben, in Zusammenhang mit den *Klüverschen Formkonstanten*. Daher verwundert es nicht, dass die von Lippman im Laufe seiner langen Laufbahn als Protokollant von Migräne-„Halluzinationen" gesammelten Beschreibungen reichlich mit Motiven aus Nahtod-Erfahrungen durchsetzt sind.

1954 veröffentlichte Lippman einen weiteren Artikel, in dem er sich mit einem anderen faszinierenden Gebiet beschäftigt: mit wiederkehrenden Träumen.[8] Dabei handelt es sich um eine Erfahrung, die viele Menschen haben, die aber offenbar bei Migräne besonders ausgeprägt und lebhaft verläuft. Von Bedeutung ist möglicherweise, dass Lippman dieses Erleben sowohl bei „Migränoiden" als auch bei Migräne-Patienten erwähnt. „Migränoid" ist ein Verwandter ersten Grades oder ein Geschwister eines Migräne-Patienten. Dies lässt darauf schließen, dass Migräne-Symptome vererbt werden.

In dem Artikel bespricht Lippman drei verschiedene Traummuster, die alle eine direkte Verbindung zu Migräne-Patienten oder deren Verwandten haben und beeindruckend lebhafte wiederkehrende Träume beinhalten, in denen die Träumenden sich erneut an einem Ort oder in einer Situation befinden, von dem oder der sie schon sehr oft geträumt haben.

Was können wiederkehrende Träume uns über die Herkunft des Traumzustandes sagen? Zu den Kriterien, anhand derer wir ermessen können, ob unser Leben im Wachzustand „real" ist, gehört ein starkes Element der Kontinuität. Wenn wir zu Bett gehen, ist das Schlafzimmer auf eine bestimmte Art und Weise eingerichtet, steht der Wecker an einer bestimmten Stelle, und das Buch, das wir vor dem Einschlafen beiseitegelegt haben, bleibt an dieser Stelle liegen. Beim Aufwachen ist im Großen und Ganzen alles noch ganz ähnlich wie wir es gesehen haben, bevor wir die Augen schlossen. Dies überzeugt uns, dass unsere äußere Umgebung zu einer Realität gehört, die auch in unserem Schlaf fortbesteht. Ein wiederkehrender Traum hat allerdings ähnliche Merkmale.

Dies ist ein sehr wichtiger Punkt; denn wie wir bereits entdeckt haben, lautet ja die allgemeine Erklärung für alle veränderten Bewusstseinszustände, dass es sich dabei lediglich um vom Gehirn erzeugte Halluzinationen handelt – Fantasien, die entstehen, weil im Gehirn bestimmte neurochemische Verbindungen (Neurotransmitter oder Botenstoffe) ausgeschüttet werden, die spontan Träume „erzeugen". Bei migräneinduzierten Halluzinationen ist wohl die Kortikale Streupolarisierung der Hauptschuldige. Das erklärt natürlich gar nichts. Wenn wir akzeptieren, dass das Gehirn faktisch eine unbewusste Ansammlung von Zellen ist, wie soll dann bitteschön diese Zellansammlung die Traum-Narrative in ihrer ganzen Komplexität choreographieren können? Doch dies ist erst der Anfang des logistischen Problems. Wir können noch eine Frage hinzufügen: Wodurch ermöglicht das Gehirn die Erschaffung einer sinnlich erfahrbaren „Realität", die sich dem Bewusstsein (oder vielleicht sollten wir eher „Unbewusstsein" sagen, da der Beobachter der Reize ja schläft) präsentiert? Diese Traumlandschaft besteht aus visuellen Bildern, die sich bilden, ohne dass die Netzhaut durch äußere elektromagnetische Energie (Licht) stimuliert würde; aus Klängen, die vom Beobachter „gehört" werden, ohne dass Schallwellen auf das Trommelfell treffen; aus Geruchswahrnehmungen ohne Beteiligung der Nase und aus taktilen Empfindungen, wenn gar nichts berührt wird. Dieses Faksimile – eine Wiedergabe der äußeren Realität, die so überzeugend ist, dass die Betroffenen weitaus überwiegend gar nicht realisieren, dass sie träumen – wird wie von Zauberhand aus nicht-physischem „Material" geschaffen. Was entscheidet, welche Bilder ausgewählt werden, um die Traumlandschaft zu bevölkern? Wer ist der *Bricoleur*, der Levi-Strauss'sche Bastler, der den Ablauf des Traumnarrativs plant? Es ist nicht der Beobachter, denn der bleibt genau dies, ein Mensch, der wahrnimmt, wie sich vor ihm eine Traumgeschichte entfaltet. Die althergebrachte Antwort lautet, es sei das „Unbewusste". Wenn dies zutrifft, dann ist der unbewusste Geist unabhängig vom „bewussten" Alltagsgeist. Nicht nur dies, er muss auch über ein gewisses Maß an Selbstbewusstheit verfügen, um das Traumnarrativ so erschaffen zu können, wie er dies tatsächlich tut.

Die traumartige Qualität vieler Migräne-Aurae legt nahe, dass es zwischen dem Zustand der REM-Intrusion und der Migräne-Aura eine Verbindung geben muss, was mich wiederum zu dem Schluss führt, dass Migräne einen kleinen Einblick in das gewähren könnte, was hinter Huxleys „Pforten“ liegt. Manchmal gehören dazu Halluzinationen, andere Male aber äußerst sich dies schlicht in einem Gefühl, dass die Welt weitaus mehr ist, als unsere Sinne uns zeigen.

Migräne und REM-Intrusion

Ein veränderter Bewusstseinszustand, von dem häufig berichtet wird, ist die außerkörperliche Erfahrung. Oft tritt sie spät in der Nacht auf, und anscheinend hängt sie mit hypnagogen oder hypnopompen Zuständen zusammen. Viele Betroffene sprechen von einem Vibrationszustand am Beginn der außerkörperlichen Erfahrung, der mit einem Summen oder Zischen einhergeht. Wir wissen, dass Tinnitus mit einer sehr milden Form der Epilepsie oder einem Migräne-Symptom in Verbindung steht, daher könnte dies signifikant sein. Darüber hinaus berichten einige Migräne-Patienten, sie seien mit dem Gefühl aufgewacht, es ereigne sich gerade ein Erdbeben.

Dr. Caro W. Lippman, der Pionier der Migräne-Forschung, bezeichnete diese Effekte als „Raumbewegungshalluzinationen“.[9] In seinem Artikel weist er ausdrücklich darauf hin, dass diese in der „Entspannungsphase vor dem Einschlafen“[10] eintreten. Eine Frau berichtete Lippman, sie habe ein starkes Schütteln erlebt, bei dem, wie sie sagte, „ein riesiger Erdbebenstoß das Zimmer, das Bett und mich gewaltig zum Erzittern bringt“. Dies hält etwa dreißig Sekunden lang an und „lässt dann bis auf ein Vibrieren nach“. Sie meinte dazu, die Bewegung fühle sich sehr echt an, und doch wisse sie, dass das Zimmer sich nicht bewege. „Die Vorhänge und der Kronleuchter bleiben an Ort und Stelle“, wie sie sagte. Hier kann ich mir die Bemerkung nicht verkneifen, dass die Welt sich seit jenem Bericht deutlich verändert hat: Ich vermute, dass wohl nur noch wenige einen Kronleuchter im Schlafzimmer haben. Die Empfindung war jedoch so real, dass die Frau sich angewöhnte, einen Strumpf über die Lehne eines Stuhls zu hängen, der neben ihrem Bett stand. Wenn der Strumpf nicht wackelte, dann wusste, sie, dass es eine Halluzination war. Signifikant ist möglicherweise, dass sie dieses Gefühl hin und wieder auch tagsüber hatte, wenn sie sich ausruhte. Es passierte ihr etwa zwei- bis dreimal pro Woche. Miss W. A., eine weitere Patientin, die Lippman befragte, beschrieb ihre „Raumbewegungs-Migränen" detailliert:

> Wenn ich sehr müde ins Bett gehe, ist es mir ein oder zweimal passiert, dass ich unmittelbar vor dem Einschlafen plötzlich durch den Raum rase. Nicht unbedingt der Körper, sondern der Teil, der Bewegung empfindet. Es ist das gleiche Gefühl, als wenn man in einem sehr schnell fahrenden Auto sitzt und die Augen schließt.[11]

Das verblüfft mich, denn ich habe mit Menschen gesprochen, die DMT genommen haben, entweder in Gestalt von Ayahuasca oder in reinerer Form. Sie haben mir nahezu dieselben Gefühle beschrieben. Ähnliches berichteten mir auch Menschen mit einer außerkörperlichen Erfahrung. Die eigentliche Parallele ist hier jedoch das Tunnelerlebnis, das auch Nahtod-Erfahrene beschreiben. Deuten die Indizien darauf hin, dass alle vier Empfindungen Aspekte derselben Erfahrung sind? Könnte es sein, dass endogenes DMT für die Wahrnehmungen sowohl bei Migräne als auch bei Nahtod-Erfahrungen verantwortlich ist?

Dass Migräne-Aurae Teil des hypnopompen Zustandes sein können, war die Theorie des Migräne-Aura-Experten Klaus Podoll. In einem Aufsatz zum Thema schreibt er, dass einer seiner Probanden in einem Zustand an der Schwelle zum Traum im Zuge der im Gehirn erzeugten hypnopompen Halluzinationen visuelle Sensationen vom Typ einer Migräne-Aura wahrnahm. Beim Erwachen setzten sich die Aura-Bilder aus dem Traum fort und legten sich über die Wahrnehmungen im Wachzustand.[12] Einige Forscher schlagen vor, dass Migräne unmittelbar mit einem anderen faszinierenden veränderten Bewusstseinszustand in Verbindung gebracht werden kann, dem sogenannten „luziden Träumen". Die Öffentlichkeit wurde durch den Spielfilm *Inception* darauf aufmerksam. Wenn wir träumen, ist uns dies zumeist nicht bewusst. Wie merkwürdig die Umstände im Traum auch werden, wir akzeptieren einfach, was vor sich geht. Manche Menschen merken jedoch, dass sie sich im Traumzustand befinden – entweder zufällig oder durch

Übung – und können dadurch dem Traum ihren Willen aufzwingen. Der Psychologe Harvey Irwin hat nachgewiesen, dass Migräne-Patienten Luzidität im Traum mit signifikant höherer Wahrscheinlichkeit erleben als neurotypische Menschen.[13] Irwin schlug sogar vor, eine Migräne-Attacke könnte der Auslöser der Luzidität sein.

Wenn Migräne REM-Intrusionen stimuliert, dann sollte man erwarten, dass in der Aura-Phase der Migräne von Persingers „gefühlter Präsenz" berichtet wird. Ich freue mich, sagen zu können, dass dem häufig so ist. Zum Beispiel gibt der Autor und Migräne-Patient Richard Grossinger an, unter einer Migräne-Aura habe er den Eindruck, mehr als nur einer zu sein oder „Zugang zu anderem Denken" zu haben. Im Rahmen ihrer Forschungen haben Podoll und Robinson festgehalten, die Migräneaura erzeuge bei manchen das Gefühl einer „Präsenz", die nicht die des Erlebenden selbst sei.

TLE und Migräne: Gibt es eine Verbindung?

Wenn meine Idee eines Kontinuums zutrifft, dann sollte es zwischen Migräne und Temporallappen-Epilepsie eine eindeutige neurologische, neurochemische, physiologische und psychische Verbindung geben. In diesem Abschnitt werde ich die Indizien für eine solche Auffassung überprüfen.

Dass es zwischen diesen beiden „Störungen" eine Verbindung gibt, wird seit Langem vermutet. 1875 sagte John Hughlings Jackson, der Gründervater der Epilepsie-Forschung: „Ich habe Fälle gesehen, die sich ihrem Typus nach zwischen Migräne, epileptiformen Anfällen und echter Epilepsie bewegen."[14]

1898 hieß es in einem Leitartikel im *Journal of the American Medical Association*, es bestünde die dringende Notwendigkeit, eine „plausible Erklärung für die seit Langem anerkannten Affinitäten zwischen Migräne und Epilepsie" zu finden.[15]

Acht Jahre später, am 8. Dezember 1906, und möglicherweise als Antwort auf diesen Aufruf, hielt Sir William Richard Gowers, einer der Pioniere der modernen Neurologie, im National Hospital for the

Paralysed and Epileptic in London einen Vortrag. Gowers stellte fest, dass Migräne und Epilepsie häufig bei denselben Patienten auftraten.

Die Ähnlichkeiten zwischen beiden haben mit den Jahren auch zu gewissen Schwierigkeiten in der allgemeine Diagnostik geführt, und es gibt eine starke Komorbidität (gleichzeitiges Auftreten beider Erkrankungen), denn die Forschung hat gezeigt, dass Patienten, die an einer der beiden Störungen leiden, mit doppelt so hoher Wahrscheinlichkeit auch von der anderen betroffen sind.[16] In seiner Einführung zu dem Buch *Migraine and Epilepsy* behauptet der Wissenschaftler Fred Andermann, für diese Komorbidität gebe es drei mögliche Erklärungen. Die erste lautet, dass beides recht häufige Erkrankungen sind, so dass es bei einfacher Anwendung statistischer Wahrscheinlichkeiten immer eine Überschneidung geben wird. Seine zweite besagte, dass eine Erkrankung zur anderen führt; und seine dritte hieß, dass es eine gemeinsame genetische oder physiologische Grundlage gibt.[17] 1987 untermauerte Andermann seine Hypothese mit einer Studie, bei der er entdeckte, dass die Überschneidung zwischen beiden Krankheiten in ein Spektrum zwischen einem und siebzehn Prozent bei einem Median von 5,9 Prozent fällt.[18]

1993 entdeckten Marks und Ehrenberg, dass neunundsiebzig von dreihundertfünfundneunzig Epilepsie-Patienten auch an Migräne leiden. Dies ergibt zwanzig Prozent.[19] Ein Jahr später, 1994, befragten Ottman und Lipton eintausendneunhundertachtundvierzig Erwachsene mit Epilepsie und eintausendvierhundertelf Eltern und Geschwister. Für diese Befragung wurde Epilepsie definiert als zwei oder mehr grundlose Anfälle im gesamten bisherigen Leben. Damit Kopfschmerzen als Migräne definiert werden konnten, mussten sie zwei oder mehr der folgenden Symptome aufweisen: Einseitiger Schmerz, pochender Schmerz, visuelle Aura oder Übelkeit. Die Symptome umfassten also die einer Migräne mit Aura (klassische Migräne), einer Migräne ohne Aura sowie einer migränoiden Aura ohne Kopfschmerz. Die Forscher entdeckten, dass vierzig Prozent der Epileptiker unter Migräne litten. Ihre Statistik zeigte, dass Migräne bei Epileptikern um das 2,4-fache häufiger auftritt als bei Menschen ohne Epilepsie. Sie kamen zu dem

Schluss, dass Migräne und Epilepsie „stark verbunden sind, unabhängig von Anfallstyp, Ätiologie, Alter bei Erstmanifestation oder familiärer Vorbelastung mit Epilepsie“.[20]

2005 wurde im Rahmen einer anderen Studie von Veliogly und Ozmenoglu festgestellt, dass von vierhundertzwölf Erwachsenen mit Epilepsie vierzehn Prozent unter Migräne leiden.[21] Ein Jahr später zeigte eine retrospektive Studie an isländischen Kindern zwischen fünf und fünfzehn Jahren, dass ein epileptisches Kind mit vierfach höherer Wahrscheinlichkeit Migräne bekommt als ein Kind ohne Epilepsie.[22]

Wird die empirische Forschung also durch die Erfahrung gestützt? Offenbar ist dies der Fall. In der Erholungsphase nach einem Anfall berichten etwa vierzig Prozent der Patienten, die einen partiellen Anfall erlitten haben, über anschließende (postiktale) Kopfschmerzen, und sechsundzwanzig Prozent schildern Symptome, die nach den Kriterien der International Headache Society als Migräne einzustufen sind.[23] Interessanterweise traten migräneartige postiktale Kopfschmerzen signifikant häufiger bei Temporallappen-Epilepsie als bei Okzipital- oder Frontallappen-Epilepsie auf.[24]

Signifikant ist hier möglicherweise eine bestimmte Epilepsie-Variante, das sogenannte *Gaustaut-Syndrom*. Dies ist eine vergleichsweise seltene Form einer spät einsetzenden Epilepsie, die partielle Anfälle mit visuellen Symptomen umfasst.[25] Nach dem Anfall berichtet eine signifikante Anzahl von Patienten über migräneartige Kopfschmerzen.

1960 schlugen William G. Lennox und seine Tochter Margaret A. Lennox ein Krankheitsbild vor, das sie als „Migralepsie“ bezeichneten. Inzwischen ist es offiziell anerkannt und in die Klassifikation der International Headache Society aufgenommen, die Migralepsie in ihrem Handbuch als IHS-7.6, ICD10/G44.82 kodiert. In dem entsprechenden Artikel auf der Website der IHS werden die Epilepsie-Formen aufgeführt, bei denen sehr häufig auch Migräne auftritt. Diese sind die benigne Okzipitalepilepsie, die benigne Rolando-Epilepsie und die kortikoretikuläre Epilepsie mit Absencen.[26]

2008 berichtete eine französische Forschergruppe von dem Fall eines jungen Patienten, der sowohl unter Migräne als auch unter Epilepsie litt und im Zusammenhang mit beiden Erkrankungen Aurae erlebte. Der Patient gab an, dass seine Aurae mit primitiven visuellen Halluzinationen beginnen, die sich dann zu farbigen Figuren weiterentwickeln. An diesem Punkt gewinnt dann das klassische Epilepsie-Aura-Element Angst die Oberhand. Für die Wissenschaftler deutete dies bei diesem Patienten auf ein Kontinuum zwischen Migräne-Aura und epileptischem Anfall hin. Zugleich war es für sie ein starker stützender Beweis dafür, dass Migralepsie ein Auslösemechanismus für epileptische Anfälle ist und ähnlich auch zu einem Spektrum gehört, in dem Migräne und Epilepsie miteinander zusammenhängende Elemente sind.[27]

Eine Reihe neuerer Berichte hat die Debatte über die Beziehung zwischen Epilepsie und Migräne wieder angefacht. 2013 sollte am Medical Center der Columbia University in New York durch eine Studie unter der Leitung von Dr. Melodie Winawer herausgefunden werden, ob die Komorbidität von Migräne und Epilepsie genetisch bedingt ist. Wimnawer und ihre Kollegen analysierten Daten, die von Teilnehmern am Epilepsy Phenome/Genome Project erhoben worden waren. Bei diesem unter dem Begriff EPGP bekannten Projekt handelt es sich um eine genetische Studie an Epilepsie-Patienten und ihren Angehörigen aus siebenundzwanzig klinischen Zentren in den USA, Kanada, Argentinien, Australien und Neuseeland. Die Ergebnisse zeigten, dass Probanden mit Epilepsie, die drei oder mehr nahe Verwandte mit Anfallserkrankungen hatten, mit doppelt so hoher Wahrscheinlichkeit Migräne-Aurae erlebten wie Patienten aus Familien, in denen weniger Menschen Anfälle hatten. Dies legt nahe, dass es ein oder mehrere Gene gibt, die sowohl Epilepsie als auch Migräne verursachen.

Eine zweite Studie, deren Ergebnisse 2014 veröffentlicht wurden, entdeckte eine weitere Verbindung zwischen Migräne und Epilepsie.[28] Das Team unter der Leitung von Steven J. Schiff, Brush Chair Professor für Ingenieurwesen und Direktor des Penn State Center für Neural Engineering, wollte herausfinden, woran es liegt, dass epileptische Anfälle durch elektrische Hyperaktivität gekennzeichnet sind, wohingegen Migräne-Aurae sich durch eine Stilllegung der elektrischen Aktivität in einem Teil des Gehirns auszeichnen. Dies ließe eigentlich auf völlig unterschiedliche neurologische Ursachen schließen, und doch erzeugen beide Erkrankungen, wie wir gesehen haben, ganz ähnliche Halluzinationen.

Ich halte die Verbindung zwischen Migräne und Epilepsie für erwiesen. Allerdings führt uns die Epilepsie, insbesondere die auf die Temporallappen konzentrierte Variante, auf dem Huxleyschen Spektrum sehr viel weiter und lässt das Pleroma noch stärker in die konsensuelle Wirklichkeit einsickern. Auf diese Überschneidungswelt lenken wir nun unsere Nachforschungen.

KAPITEL VIER:

Temporallappen-Epilepsie

Neurologische Aspekte: Was ist Temporallappen-Epilepsie?

> Ich hatte Erlebnisse wie Yogismus ... Einmal sah ich die Aura eines Hundes ... Ich hatte Visionen der Einheit ... Die Zeit bedeutet mir inzwischen gar nichts mehr ... Ich schlüpfe durch ihre Maschen wie eine Sardine durch ein Heringsnetz. Ich hatte das Gefühl, in zwei oder mehr geteilt zu sein.[1]

Vorangestellt ist eine Reihe von Zitaten aus der Autobiographie der wenig bekannten, aber hoch geschätzten walisischen Dichterin und Schriftstellerin Margiad Evans. Darin schildert sie nach bestem Vermögen die Erfahrungen, die von Mai 1950 bis zu ihrem Tod im Jahr 1959 im tragisch frühen Alter von fünfzig Jahren ihr Leben bestimmten. In diesen neun Jahren verfiel sie regelmäßig unvermittelt in eine andere Existenzform und erkannte, dass ihr Körper lediglich „ein Vorhang oder, wie Blake sagte, ein Schattenhain"[2] ist. Der Auslöser dieser extremen Wahrnehmungen war der nächste Punkt auf dem Huxleyschen Spektrum: Temporallappen-Epilepsie (TLE).

Zuerst muss man verstehen, dass Epilepsie ein Symptom und keine Krankheit ist. Schon seit sie zum allerersten Mal auftrat und man sie für ein Anzeichen dämonischer Besessenheit hielt, ist sie von Aberglauben umwittert. Als medizinische Störung wurde sie zum ersten Mal von Hippokrates (460-370 v. u. Z.) beschrieben, der sogar feststellte, dass Schädigungen einer Kopfseite zu Anfällen führen können, von denen die entgegengesetzte Körperseite betroffen ist. Epilepsie wurde Paulus, Julius Cäsar, Napoleon und vielen anderen historischen Gestalten nachgesagt, tatsächlich aber kann jeder einen epileptischen Anfall bekommen. Es handelt sich dabei lediglich um eine Phase ungeordneter Hirnaktivität, die durch eine Kopfverletzung, einen elektrischen Schlag, Asphyxie aufgrund von Medikamenten oder Drogen oder sogar eine schwere Grippe verursacht werden kann. Diese Anfälle, die Muskelspasmen und Schüttelkrämpfe umfassen und zu Bewusstlosigkeit führen, sind nicht bloß epilepsieähnlich, sie *sind* die Epilepsie. Es besteht durchaus die Möglichkeit, dass Epilepsie in ihren breiteren Manifestationsformen eine psychosomatische Reaktion auf Bedrohung oder Gefahr ist. Dieser Hinweis nimmt die Epilepsie aus dem Bereich von Hirnschädigungen und neuralen Störungen heraus und macht sie zu einem Verhaltensmuster, das in jedem normalen Gehirn entstehen und in bestimmten Situationen sogar Überlebenswert haben könnte.

Etwa sechs bis sieben Prozent der Bevölkerung werden mindestens einmal im Leben einen Anfall erleiden, vier Prozent neigen zu wiederkehrenden Anfällen, und etwa ein Prozent hat aktive Epilepsie. Diese Zahlen sind überraschend hoch und zeigen, dass eine ansehnliche Minderheit neurotypischer Menschen irgendwann im Leben diese transzendentalen Effekte erleben könnte. Einblicke ins Pleroma, wie Margiad Evans sie beschreibt, werden allerdings offenbar insbesondere von einer Epilepsie hervorgerufen, die ihren Ursprung in einem Hirnareal hat, das als Temporal- oder Schläfenlappen bezeichnet wird.

Die Temporallappen sind der Teil des Gehirns, der sich mit Sinneseindrücken befasst und versucht, das Aufgenommene zu verstehen. Außerdem enthalten sie zwei sehr wichtige Hirnstrukturen, den Hippocampus und die Amygdala. Im Hippocampus werden Langzeitgedächtnis und räumliches Bewusstsein verarbeitet, und die Amygdala ist in ähnlicher Weise für Gedächtnis und Gefühle zuständig.

Es gibt zwei Arten von TLE. Die erste, wesentlich häufigere, hat ihren Ursprung im Hippocampus und der Amygdala, wohingegen die zweite, seltenere Art an der äußeren Oberfläche des Temporallappens entsteht. Erstere wird als Mesiale TLE (MTLE), letztere als Laterale TLE (LTLE) bezeichnet.

Beiden gemeinsam ist, dass vor dem Anfall eine Empfindung – fachsprachlich: eine Sensation – eintritt, die als „einfacher partieller Anfall" oder allgemeiner als Aura bezeichnet wird. In der Aura-Phase verlieren die Betroffenen nicht das Bewusstsein, sondern gleiten, wie Margiad Evans so elegant formulierte, aus der normalen Realität „wie eine Sardine durch ein Heringsnetz".[3]

In Zusammenhang mit dem TLE-Zustand macht Evans eine interessante Bemerkung zu extremer Religiosität. Sie argumentiert, derartige Wahrnehmungen des Numinosen und „profunden Ausflüge in die Unendlichkeit" führten tendenziell zu einem tiefen Glauben an das Mystische und Noetische, der sich aus dem stärksten Mittel überhaupt speist, nämlich der eigenen Erfahrung. Ihr Leben lang erhielt Evans Warnhinweise, wenn ein epileptischer Anfall unmittelbar bevorstand. In ihrer Autobiographie *A Ray of Darkness* beschreibt sie, wie sie gelegentlich „Momente der Trennung von meinem Bewusstsein" erlebte, „Momente, in denen ich im wahrsten Sinne des Wortes zugleich bei und ohne Bewusstsein war".[4] Auch in ihre Romane arbeitete sie Episoden ein, in denen ihre Figuren aura-ähnliche Sensationen erleben. So beschreibt eine Figur aus ihrem 1934 erschienen Roman *Turf or Stone*: „In meinem Kopf klingelt es, als läutete das Telefon, und dann wird mein Nacken steif … Als Kind dachte ich, das Klingeln sei als Warnung gedacht, und sagte dann jedes Mal laut: ‚Danke, danke … ich habe verstanden.'"[5]

Immer wieder beschreibt Evans in *A Ray of Darkness* das Gefühl, sie sei nicht eine, sondern zwei Personen. Mit der Zeit graute ihr vor dem Zustand, den sie als „Doppelkörperlichkeit"[6] bezeichnet. Später fragt sie: „Wenn ich zwei Personen wäre, wer wären diese dann?"[7] Offenbar ermöglichte ihre TLE ihr den Zugang zu einem verborgenen Teil ihrer Psyche. Lesen Sie die folgende Passage einmal unter dem Aspekt der gefühlten Präsenz eines anderen, der Religiosität und eines Klingelgeräusches:

> In der Ferne konnte ich das traurige Läuten einer Glocke hören, und ich war mir sicher, dass jemand neben mir stand. Fast konnte

ich aus dem Augenwinkel sein Gesicht erkennen. Eine betagte, senile Maske mit leeren Augen.[8]

Die Ähnlichkeiten sind frappierend. Diese Worte wurden von einer weiteren TLE-Erfahrenen geschrieben, der Schriftstellerin und ehemaligen Nonne Karen Armstrong. Sie sind ihrer faszinierenden und unglaublich ehrlichen Autobiographie *The Spiral Staircase* entnommen.

In ihrem Buch beschreibt Armstrong eine Reihe von ganz ähnlichen Vorfällen, wie sie auch Margiad Evans in *A Ray of Darkness* wiedergibt. Sie erklärt, dass sie seit dem Teenageralter unter einer Reihe mysteriöser Ohnmachten litt und wusste, wann die Ohnmachten bevorstanden, weil sie dann einen widerlichen Gestank wie von faulen Eiern roch. Nachdem sie jedoch das Kloster verlassen und ein Studium in Oxford begonnen hatte, erhielten ihre „Ohnmachten" eine finstere Wendung: Sie war fast die ganze Nacht wach gewesen und hatte alleine in ihrem Zimmer an der Fertigstellung eines Aufsatzes gearbeitet. Der wohlbekannte Gestank stieg ihr in die Nase, doch dieses Mal glitt sie nicht in die Bewusstlosigkeit. In jenem Moment traf sie auf den Klang wie von Glockenläuten und ihren halb verborgenen Partner.

Die Vorfälle, die sowohl Evans als auch Armstrong beschreiben, weisen starke Parallelen zu den von Michael Persinger erwähnten und bereits besprochenen Fallstudien auf. Sie werden sich erinnern, dass Persinger und sein Team einen Helm entworfen haben, der ein elektromagnetisches Feld erzeugt. Damit sollte herausgefunden werden, ob sich bei freiwilligen Probanden veränderte Bewusstseinszustände hervorrufen ließen. Der Helm wurde den Studienteilnehmern so aufgesetzt, dass das schwache elektromagnetische Feld neben den Temporallappen aufgebaut werden konnte. Viele Teilnehmer berichteten von Sensationen, die mit den von Evans und Armstrong beschriebenen identisch waren; und wie die beiden Schriftstellerinnen mit TLE hielten auch Persingers Studienteilnehmer ihre Erlebnisse für äußerst real. Für Armstrong ist es, als ob „ein tröstender Schleier der Illusion weggerissen worden ist und man die Welt ohne Form sieht, ohne Bedeutung, sinnlos, blind, trivial, boshaft und abgrundtief hässlich".[9]

Wie Evans sollte auch Armstrong viele Jahre später die wahre Ursache dieser „Offenbarungen" herausfinden. Nach ihrem Abschluss in Oxford zog sie nach London und nahm eine Stelle als Dozentin am Bedford College in Regent's Park an. Im Februar 1976 befand sie sich eines Abends wie üblich auf dem Nachhauseweg zu ihrer Wohnung in Finchley. Sie betrat die U-Bahn-Station Baker Street und wollte gerade durch die Fahrkarten-Sperre gehen, als sich der vertraute beißende Geruch einstellte:

> Doch kaum dass ich durch die Fahrkarten-Sperre gegangen war, überkam es mich: Der Geruch, der beißende Geschmack, das Flackern des Lichts und die Angst … meine Denkprozesse zerfielen, und die Neonröhren in der Station fingen mit einer Heftigkeit zu flackern an, die einen fast blind machte.[10]

Michael Persinger würde zwischen dem Vorfall in der U-Bahn-Station und den mystischen Aspekten seiner Forschung Parallelen erkennen, da bin ich mir sicher. Der auslösende Reiz war hier kein elektromagnetisches Feld, sondern flackerndes Licht. Ich würde allerdings behaupten, dass ihr Aura-Zustand durch die Kombination aus der flackernden Beleuchtung in der U-Bahn-Station und den elektromagnetischen Feldern, die durch die elektrischen Leitungen der Züge erzeugt werden, hervorgerufen wurde. In Verbindung mit Armstrongs neurologischer Anfälligkeit hat diese kuriose Verquickung der Umstände ihre „Pforten der Wahrnehmung" aufgestoßen, und ein paar Sekunden lang hat sie Elemente des Pleroma wahrgenommen.

Karen Armstrong wurde bewusstlos in der Station aufgefunden und ins Middlesex Hospital gebracht. Dort erfuhr sie, dass sie einen epileptischen Anfall gehabt hatte. Die darauffolgenden neurologischen Tests bestätigten, dass ihre Epilepsie auf die Temporallappen konzentriert war. Sie war wahrscheinlich durch eine leichte Schädigung des Gehirns aufgrund kurzzeitigen Sauerstoffmangels unter der Geburt hervorgerufen worden. Nun kannte sie den Grund für ihre seltsamen Halluzinationen und konnte Möglichkeiten zum Umgang damit finden.

Karen Armstrong und Margiad Evans sind nur zwei von zahlreichen Schriftstellern, Dichtern und anderen Kreativen, die viele Elemente der anfänglich so bezeichneten „interiktalen Persönlichkeit" aufweisen, womit die zwischen den Anfalls-Episoden manifeste Alltagspersönlichkeit bezeichnet wird. Dazu gehören Hyperreligiosität, Depression, Manie, übergroße Sittenstrenge, ein Zwang, die Dinge sehr ausführlich und in allen Einzelheiten aufzuschreiben (Hypergraphie) sowie das Empfinden einer Präsenz. Diese Effekte werden heute unter dem treffenderen Begriff *Waxman-Geschwind-Syndrom* zusammengefasst, das inzwischen eng mit der Temporallappen-Epilepsie verbunden wird.

Fotosensibilität und Epilepsie

Zu den Auslösefaktoren für Karen Armstrongs Abgleiten in einen Aura-Zustand, auf den ein voll ausgeprägter Anfall folgte, gehörte flackerndes Licht. Wie wir bereits im Zusammenhang mit Brion Gysins Arbeit gesehen haben, ist dies eine sehr häufige Anfallsursache. Nur ein Beispiel: Im Juni 2007 strahlte das britische Fernsehen ein Video mit dem Titel *Everyone's 2012* aus. Es war Bestandteil des Werbematerials für die Olympischen Spiele in London 2012 und zeigte Sportler bei verschiedenen Wettkämpfen an Londoner Schauplätzen vor einem Hintergrund grellbunter, aufflackernder Zickzacklinien. Seinen Höhepunkt erreichte das Video mit einem Wasserspringer, der von einem hohen Brett springt. In dem Moment, in dem er auf der Wasseroberfläche auftrifft, tritt eine Explosion rasch wechselnder gezackter Farbflächen ein.[11] Nach der Ausstrahlung gaben mindestens dreißig Menschen von überallher an, die aufblitzenden Bilder hätten bei ihnen einen epileptischen Anfall ausgelöst. Daraufhin wurde das Video sofort zurückgezogen.

Dies war nicht das erste Mal, dass eine britische Fernsehsendung Probleme verursachte. 1993 gab es einen Werbespot für einen Instant-Snack namens Pot Noodle. Er zeigte einen Nachrichtensprecher vor einem Hintergrund von in schnellem Wechsel aufblitzenden grafischen Mustern. Diese waren nicht farbig, sondern schwarz-weiß. Gleich bei der ersten Ausstrahlung löste der Werbespot drei epileptische Anfälle aus. Der größte derartige Effekt ereignete sich jedoch im Dezember 1997 in Japan, als nach der Ausstrahlung des Zeichentrickfilms Pokémon im japanischen Fernsehen sechshundertfünfundachtzig Menschen ins Krankenhaus eingeliefert werden mussten. Fünfhundertsechzig Betroffene hatten erwiesenermaßen einen epileptischen Anfall erlitten.

Nach Angaben der britischen gemeinnützigen Organisation Epilepsy Action sind in Großbritannien etwa dreiundzwanzigtausend Menschen anfällig für eine sogenannte fotosensible Epilepsie. Das Syndrom tritt bei Frauen doppelt so häufig auf wie bei Männern. In Bezug auf das zentrale Thema dieses Buches ist signifikant, dass auf flackerndes oder Stroboskop-Licht zwar mehrheitlich mit generalisierten Konvulsionen reagiert wird, eine kleinere signifikante Anzahl der Betroffenen aber visuelle Aurae erlebt. Bemerkenswert ist auch, dass sechsundsiebzig Prozent der Betroffenen im Falle der japanischen Pokémon-Sendung keine Epilepsie in der Vorgeschichte haben.

Die meisten fotosensiblen Epileptiker reagieren auf Bildfolgen, die mit drei bis dreißig Bildern pro Sekunde flackern. Die Flackerfrequenz wird in Hertz gemessen, einer Größe, die die Anzahl des Aufflackerns pro Sekunde angibt. Etwa fünfzehn Prozent der Patienten zeigen eine Sensibilität bei sechzig Hertz. Nachforschungen nach dem Vorfall 1997 in Japan ergaben, dass die Hauptursache für die Anfälle eine Serie roter Blitze war, die mit zwölf Hertz ausgestrahlt wurde.

Auf der Website epilepsy.com schildert ein TLE-Betroffener, was er bei einem Absence-Anfall empfindet:

> Ich habe die seltsamsten Gefühle; das meiste lässt sich nicht in Worte fassen. Zunächst erscheint die ganze Welt realer. Es ist, als würde alles kristallklar. Dann ist mir, als wäre ich da und doch nicht da, etwa so wie in einem Traum. Mir ist, als hätte ich den jetzigen Augenblick schon viele Male erlebt. Ich höre, was die Leute sagen, aber es ergibt keinen Sinn. Ich kann unterbinden, dass ich in der Episode spreche, denn ich rede dann nur dummes Zeug. Manchmal glaube ich, dass ich rede, aber später sagen mir die anderen,

dass ich gar nichts gesagt habe. Das Ganze dauert etwa eine oder zwei Minuten.

Dies hat starke Anklänge an die Beschreibungen der TLE-Aurae von Margiad Evans und Karen Armstrong. Es sind erschreckende Ausflüge in ein Universum, in dem nichts sicher ist. Es ist eine Welt, in der man anderen Wesenheiten begegnet, die man manchmal sieht und oft hört. Zugleich ist es ein Ort, an dem möglicherweise die Zukunft durch Präkognition wahrgenommen werden kann.

TLE-Aurae und Präkognition

Zu den frustrierendsten Elementen meiner Recherchen zu diesem Buch gehörte, mit welchem Eifer Wissenschaftler einerseits den Elementen des von mir so bezeichnenden Huxleyschen Spektrums nachgehen, andererseits aber faszinierende Fälle links liegen lassen und nicht einmal die nächstliegenden Schlüsse daraus ziehen. Anschaulich wird dies an dem Aufsatz „Prescience as an Aura of Temporal Lobe Epilepsy" von R. Mark Sadler und Susan Rahay vom QEII Health Sciences Centre in Halifax, Nova Scotia, der 2004 in der wissenschaftlichen Zeitschrift *Epilepsia* veröffentlicht wurde. Als ich diesen Aufsatz entdeckte, war meine Freude groß, denn ich ging davon aus, dass es sich um die Besprechung einer Handvoll Fälle und den Versuch einer Erklärung handelte, was genau vor sich geht, wenn TLE-Betroffene sagen, zu ihrer Aura-Phase gehöre auch Präkognition – die Wahrnehmung von Ereignissen, die erst noch eintreten müssen. Die Forscher erklärten ihre Terminologie mit Bedacht: „Präkognition" wird definiert als „vorherige Wahrnehmung von Wissen" und „Vorauswissen" als „Kenntnis von Ereignissen, bevor diese eintreten".

Die Forscher isolierten drei Patienten des QEII Health Sciences Centre, die Vorauswissen als Bestandteil ihrer TLE-Aura-Phase angegeben hatten. Jeder war ein faszinierendes Beispiel dafür, dass TLE offenbar die Fähigkeit begünstigt, die Zukunft vorherzusehen. Ich halte es für wichtig, hier zu erwähnen, dass zwei der drei Personen wirklich glauben, ihre Wahrnehmungen seien „vorherwissend“ im Sinne der Definition von Sadler und Rahey. Man kann nur annehmen, dass diese Überzeugungen auf Erfahrungen beruhen, die sie bestätigen. Wären solche Wahrnehmungen tatsächlich „illusorisch“, wie es die jeweiligen Definitionen („Präkognition“ und „Vorauswissen“) nahelegen, dann hätten die Patienten jedes Mal beobachtet, dass die von ihnen vorab wahrgenommenen künftigen Ereignisse nicht eintreten. Weiterhin zu glauben, man verfüge über präkognitive Fähigkeiten, wenn sämtliche Beweise auf das Gegenteil hindeuten, erscheint doch völlig irrational. Dennoch sind die Patienten davon überzeugt, und man kann daraus vernünftigerweise schließen, dass diese Überzeugungen auf beobachteten und bestätigten Tatsachen beruhen. Im Folgenden beschreibt „Patientin 1“ ihre Erlebnisse und gibt ein konkretes Beispiel:

> Es beginnt mit einem aufsteigenden Gefühl in meinen Magen und mit einem Eindruck von Déjà-vu, womit ich meine, dass es mir so vorkommt, als sei dies alles schon einmal geschehen. Zugleich habe ich ein anderes Gefühl, nämlich, dass ich weiß, was als Nächstes passiert. Zum Beispiel unterhielt ich mich einmal in meinem Laden mit einem Kunden und hatte dabei das sichere Empfinden, dass ich wusste, was er als Nächstes sagen würde. In anderen Fällen habe ich genau in dem Moment, in dem der Anfall anfängt, einen Kunden angeschaut, und mir war, als wüsste ich, welche CD er sich ansehen und aussuchen würde.

Wir haben also eine gustatorische Aura, auf die ein Déjà-vu-Gefühl folgt. Dies ist ein recht typischer Aura-Zustand und nicht ungewöhnlich. Danach hat Patientin 1 das Gefühl, sie wisse, was der Kunde als Nächstes tut. Anscheinend hat sie, wie es in dem Aufsatz heißt, etwa dreißig Sekunden nach diesen Wahrnehmungen einen „Kontaktverlust“ zu ihrer Umgebung und ist in den darauffolgenden fünf Minuten amnestisch. Ich vermute, dass ihr dreißig Sekunden ausreichen, um zu beobachten, ob der Kunde die Vorhersage erfüllt. Anscheinend jedoch haben sich die Wissenschaftler nicht die Mühe gemacht, sie zu fragen, ob das „illusionäre Gefühl“ sich tatsächlich bestätigt oder nicht. Meiner bescheidenen Meinung nach ist dies der wichtigste Teil der Forschung. Doch der Aufsatz schweigt sich darüber aus. Ob die Wissenschaftler der Patientin diese entscheidende Frage gestellt haben oder ob sie die Angaben von sich aus gemacht hat, wird einfach nicht erwähnt. Ich vermute, dass hier eine sehr schlichte Logik zur Anwendung kam. Präkognition und Vorauswissen lassen darauf schließen, dass die Zukunft eingesehen werden kann, bevor sie eintritt; doch gemäß unserem derzeitigen wissenschaftlichen Weltbild ist dies unmöglich. Einer solchen Frage nachzugehen, ist daher unwissenschaftlich und Zeitverschwendung. Zum Glück ist Max Planck im Jahr 1900 nicht einer ähnlichen Logik gefolgt, als er vor der ultravioletten Katastrophe stand. Ähnlich glaubte auch Einstein, zu guter Wissenschaft gehöre es dazu, hinsichtlich des rätselhaften Lichteffekts jeder erdenklichen Frage nachzugehen. Mit ihrer Entscheidung für diesen Ansatz ermöglichten Planck und Einstein die Geburt eines neuen wissenschaftlichen Weltbildes.

Der zweite Patient schildert ein ähnliches Beispiel für jahrelang anhaltendes Vorauswissen:

> Früher überkam mich eine Welle, und ich hatte das deutliche Gefühl zu wissen, was in meiner unmittelbaren Umgebung gleich passiert. Im Laufe der Jahre hat sich das Gefühl verändert; ich habe Déjà-vu-Erlebnisse, die zusammen mit dem Gefühl auftreten, dass ich weiß, welche Bewegungen mein Körper machen wird, noch bevor er sich tatsächlich bewegt. Es ist, als ob ich wüsste, dass mein Arm sich gleich bewegen wird, noch bevor er es tut.

Wenn man weiß, was gleich passieren wird, lässt dies darauf schließen, dass man über ein Vorauswissen künftiger Ereignisse verfügt, als ob man dieses Leben schon einmal gelebt hätte. Derartige Überzeugungen gehören offenbar zur TLE-Erfahrung dazu.

2003 erschien ein Artikel in der Fachzeitschrift *Psychopathology*. Verfasst wurde er von zwei Mitgliedern der psychologischen Fakultät der Medical School der Universität Kyoto, Toshiya Murai und Kenjiro

Kukao. In dem Artikel wird beschrieben, dass ein dreiundzwanzig Jahre alter männlicher TLE-Patient 1997 seinen Ärzten berichtete, er erlebe sein Leben im Alter zwischen einundzwanzig und fünfundzwanzig Jahren immer wieder. Seine Frustration über diesen Albtraum à la *Und ewig grüßt das Murmeltier* war so groß, dass er wiederholt versuchte, sich das Leben zu nehmen. Sie werden sich erinnern, dass Connors, die Hauptfigur in dem genannten Film, mehrere Selbstmordversuche unternimmt, um dieser „ewigen Wiederkehr" zu entkommen.

Wäre dies ein Einzelfall, könnte man ihn als interessantes, aber eben einmaliges Beispiel einer merkwürdigen Halluzination abtun. Doch er ist nicht einmalig. Drei Jahre zuvor, im Jahr 2000, war in einem anderen japanischen wissenschaftlichen Aufsatz von dem ähnlichen Fall einer jungen Frau berichtet worden, die infolge einer Meningitis an Temporallappen-Epilepsie litt. Sie gab an, starke präkognitive Déjà-vu-Sensationen zu haben, die sie davon überzeugten, dass „das Geschehen hier exakt dasselbe ist, was ich zuvor geträumt habe".[12] Diese Frau sagte, sie habe diese „Wahnvorstellungen" mehrmals täglich. Doch wieder wird die subjektive Einschätzung des Geschehens völlig ignoriert, weil die Verfasser sicher sind, dass es sich bei dem, was sie berichtet, um eine „Wahnvorstellung" handelt. Hätte man ihre Überzeugung an der Realität des Geschehens gemessen, hätte man ihr damit sicher beweisen können, dass sie sich ihre präkognitiven Fähigkeiten einbildete.

Die Erfahrung der Frau ist ein Beispiel für die „Déjà-vu-Traum-Theorie", wie der in der Schweiz lebende amerikanische Jungianische Analytiker Dr. Arthur Funkhouser sie bezeichnet.[13] Funkhouser behauptet, die meisten Déjà-vu-Sensationen seien Erinnerungen neuerer Träume, und diese Träume seien präkognitiv. Ist es möglich, dass Temporallappen-Epilepsie die Erinnerung dieser Träume begünstigt, was neurotypischen Menschen aufgrund der Huxleyschen Filtermechanismen des Gehirns für gewöhnlich verwehrt ist? Interessanterweise hat mit Alan Brown auch ein „konventioneller" Psychologe, der das Déjà-vu-Phänomen untersucht, vorgeschlagen, Träume könnten die Erklärung für Déjà-vu-Erlebnisse sein.[14] Wie Funkhouser vermutet auch Brown, dass das gegenwärtige Erlebnis mit einer ähnlichen Traumszene verwechselt wird, die vergessen worden ist. Inwiefern eine zuvor wahrgenommene ähnliche Traumsequenz keine Präkognition sein soll, erschließt sich mir zwar nicht ganz, doch das derzeitige wissenschaftliche Weltbild verlangt, dass Präkognition unmöglich ist. Andererseits war es im vorherigen Weltbild noch ein Ding der Unmöglichkeit, dass Lichtwellen ohne Zwischenmedium, durch das sie wogen könnten, von der Sonne zur Erde gelangen sollten. Als die Wissenschaft gezwungen war, sich den überwältigenden Indizien dafür zu stellen, dass es den lichtspendenden Äther nicht gibt, musste eine neue Lösung gefunden werden (Licht ist partikelförmig), und ein gewisser Albert Einstein formulierte ein neues Weltbild.

Die Wissenschaftler stellten fest, die „Paramnesie", unter der ihre Patientin litt, sei ein klassisches Symptom der Temporallappen-Epilepsie. Dies ist allerding ein weiteres Beispiel für eine „Etikettierung", bei der man einem Sachverhalt einen beeindruckenden Namen gibt, vorzugsweise lateinischen oder griechischen Ursprungs (in diesem Fall das griechische *para*, was „im Gegensatz zu" bedeutet und *mnesia* für „Gedächtnis"). Etwas zu benennen erweckt den Anschein, man „erkläre" es, wohingegen tatsächlich nichts weiter passiert, als dass das Ganze ein in gewissem Sinne abwertendes Etikett erhält, welches die Vorstellung bekräftigt, dass es sich dabei um eine falsche Illusion handelt.[15]

Der unter den Initialen S. N. geführte Patient glaubte, diese Lebensphase bereits fünf oder sechs Mal erlebt zu haben. Im Folgenden beschreibt S. N., was vor sich ging:

> Bis zum Alter von fünfundzwanzig Jahren war mein Leben nicht weiter bemerkenswert. Ich war angestellt, und am Wochenende fuhr ich oft und gerne mit Freunden zum Karaoke. An Einzelheiten kann ich mich nicht erinnern. Mit fünfundzwanzig heiratete ich ein Mädchen aus Hiroshima und lebte in gesicherten Verhältnissen. Nach meiner Heirat ist nichts Besonderes geschehen. Doch schon bald danach fiel mir auf, dass ich wieder einundzwanzig und unverheiratet war. ... Dann lebte ich wieder im Zeitraum zwischen einundzwanzig und fünfundzwanzig. Wieder hatte ich den-

selben Arbeitsplatz, und wieder heiratete ich mit fünfundzwanzig dasselbe Mädchen. Dieser unendliche Kreislauf hat sich bereits fünf oder sechs Mal wiederholt. Jetzt bin ich sicher, dass ich ewig weiterleben werde. Ich habe versucht, mir das Leben zu nehmen, um aus dieser endlosen Wiederholung zu entkommen.[16]

1985 berichtete Dr. Pethö Bertalan von der Gesellschaft zur Erforschung endogener Psychosen in Budapest von dem Fall einer fünfundzwanzigjährigen Frau, die ebenfalls glaubte, ihr Leben schon einmal gelebt zu haben. Dieser „Wahn" hielt zwölf Jahre an. Da die Frau keinerlei Anzeichen einer Schizophrenie zeigte, schlug Bertalan vor, es handele sich um ein völlig neues Syndrom. Er nannte es „Chronophrenie".[17] Die Frau, die unter dem Namen „Barbara" bekannt wurde, hatte eine interessante neurologische Vorgeschichte. Bertalan beschreibt sie folgendermaßen:

„Barbaras" tiefsitzende Überzeugung von einer „Reduplikation" widersetzte sich hohen Dosen Neuroleptika und sogar zehn Elektroschocktherapie-Sitzungen. Mehrere Krankenhausaufenthalte (der erste im Alter von fünfundzwanzig Jahren, der zweite nach dem Tod ihres Vaters) halfen ihr, sich so weit zu stabilisieren, dass sie ein Studium abschließen, heiraten, eine Tochter bekommen und einen anspruchsvollen Beruf ausüben konnte. Sie zeigte keine psychotischen Symptome mehr und konnte ein normales Leben führen (während sie nach wie vor überzeugt war, dass sie alles mehrfach erlebte).[18]

Barbara hielt sich außerdem für telepathisch begabt. Sie hörte eine „innere Stimme", die sich in ihr Leben einmischte. Am meisten beeindruckte Bertalan jedoch ihre Ansichten über die Durchlässigkeit ihrer persönlichen Zukunft, die sie nach eigener Auffassung bereits mehrfach erlebt hatte. Im Folgenden schildert er ein Gespräch:

Bei anderer Gelegenheit sprachen wir darüber, dass sie möglicherweise als Zuschauerin zu den Olympischen Spielen 1976 reisen würde. Zur Antwort auf meine Frage, ob ihr die Zukunft bereits geschehen sei, erwiderte sie: „Ja, aber die Frage ist, auf welcher Ebene; ich habe nicht eine Zukunft, sondern mehrere verschiedene erlebt. Es könnte passieren, dass ich zur Olympiade 76 fahre – ich habe eine Erinnerung daran. Aber ich habe auch eine Erinnerung, dass ich nicht zur Olympiade 76 fahre, so dass mir diese Erinnerung nicht mehr kommt."[19]

Barbara formulierte auch eine interessante Analogie, mit der sie ihre Einstellung zur Zeit beschrieb. Sie verglich die Verbindung zwischen der alten und der neuen Erinnerungswelt mit einem Akkordeon. „Was aus dem öffentlichen Bewusstsein verschwinden muss, schließt sich wie die beiden Seiten eines Akkordeons", sagte sie, „und wenn dann die beiden Seiten des Akkordeons wieder auseinandergehen, werden der Zeitraum, die Jahre oder die historische Epoche dazwischen wiederholt."[20]

Diese Beobachtung ist ungeheuer scharfsinnig. Die moderne Wissenschaft betrachtet Zeit und Raum als dasselbe. Zeit ist Raum, und Raum ist Zeit. Es war Albert Einstein, der – die Ideen seines Lehrers Hermann Minkowski weiterentwickelnd – als Erster vorschlug, Zeit und Raum sollten mit einem neuen Begriff als „Raumzeit" definiert werden. Raum wurde die vierte Dimension und vereinte sich mit Höhe, Tiefe und Breite zu den Dimensionen, in denen wir leben. Die Raumzeit würde sich, von einem Ort außerhalb der fünf Dimensionen, faktisch also von einer sechsten Dimension aus betrachtet, ähnlich darstellen wie es 2014 in dem Film *Interstellar* versucht worden ist. Aus dieser Perspektive könnte Raumzeit, wie von Bertalans Patientin beschrieben, als geschlossenes Akkordeon betrachtet werden. Könnte dies eine Teilerklärung der Präkognition sein? Zumindest könnte es einige Erlebnisse unseres nächsten Betroffenen, Myron Conan Dyal, erklären.

Myron Conan Dyal: Der Mann auf der Grenze

Myron Conan Dyal ist Künstler und lebt im kalifornischen Chatsworth. Außerdem ist er Temporallappen-Epilepsie-Betroffener, und dies schon fast sein Leben lang. Myron nahm vor vielen Jahren, kurz nach der Veröffentlichung meines ersten Buches in den USA, Kontakt mit mir auf. Für mich ist Myron ein klassisches Beispiel dafür, was es bedeutet, wenn man sein Bewusstsein in beiden Welten hat, in der konsensuellen Wirklichkeit und im Pleroma. Ich werde nun die Gelegenheit ergreifen und Beispiele anführen, die Myrons leider immer noch nicht veröffentlichter Autobiographie *The Boy Nobody Wanted* entnommen sind.

Myron wurde in Inglewood, Kalifornien, in eine gottesfürchtige christliche Familie hineingeboren. Mit vier Jahren fiel er in ein tiefes Koma und war einen Monat lang vollständig bewusstlos. Als er wieder zu sich kam, war sein Gedächtnis ausgelöscht. Es war, als wäre er wiedergeboren worden.

Die eigentliche Ursache für sein Koma wurde nie gefunden, man vermutete aber Epilepsie. Außer Zweifel stand jedoch, dass Myron von da an die stärksten hypnagogen und hypnopompen „Halluzinationen“ erlebte. Zwischen seiner Traumwelt und der Welt das „wachen Lebens“ befand sich nur ein sehr dünner Schleier. Myrons Begegnungen haben starke Anklänge an die Beispiele, die Michael J. Hallowell in seinem 2007 veröffentlichten Buch *Invizikids* anführt. In dieser faszinierenden Untersuchung von „Fantasie-Freunden“ argumentiert Hallowell, diese Wesenheiten seien keine Elemente kindlicher Fantasie, sondern verfügten über eine Unabhängigkeit, die auf Empfindungsvermögen und individuelle Motivation schließen ließe. Hallowell ist der Ansicht, dass dies ein stark vernachlässigter Forschungsbereich ist und behauptet, dass viel gewonnen werden könnte, wenn man die wahre Natur und Bedeutung dieser Wesenheiten verstünde. Er bezeichnet sie als „quasikörperliche Gefährten“ (quasi-corporal companions, kurz QCCs).[21] Myrons Kindheits-Begleiter in Hallowells Kategorie der quasikörperlichen Gefährten einzuordnen, erscheint einleuchtend. Wir werden später noch einmal auf dieses wichtige Phänomen zurückkommen und es detaillierter betrachten. Myron begegnete regelmäßig „rotäugigen Kreaturen“, wie er sie nennt. Diese manifestierten sich zunächst abends kurz vor dem Einschlafen – eine klassische Situation einer REM-Intrusion. Doch schon bald begegnete er ihnen auch tagsüber. Er beschreibt sie als „Wesen mit dunkler Kapuze“. Dieses Bild ist geradezu ein Jungianischer Archetyp: Seit Jahrhunderten ist in vielen Kulturen davon die Rede. Sie erinnern mich ferner an Begegnungen unter DMT-Einfluss, Nahtod-Erfahrungen und sogar Entführungen durch Außerirdische. Es ist interessant zu beobachten, dass eines dieser „Wesen“ offenbar besondere Anstrengungen unternimmt, mit ihm zu kommunizieren. Nach schamanischer Überzeugung ist dies ein „Geistführer“. Diese spezielle Wesenheit kommunizierte über eine Form der Telepathie mit ihm. Es ist kein Zufall, dass diese Kommunikation für gewöhnlich damit endete, dass Myron einen Anfall erlitt. Dies lässt darauf schließen, dass die „Begegnungen“ in unmittelbarem Zusammenhang mit seiner Aura-Phase standen und diese Wesenheiten direkt mit seinem Geist kommunizieren konnten, solange dieses Fenster zum Pleroma offenstand.

Im Zustand des Anfalls besuchte er seine „Kulthöhe“, wie er es nannte. Dabei handelt es sich offenbar um eine alternative Wirklichkeitsebene, verblüffend ähnlich jenen Orten, an die Menschen während einer Nahtod-Erfahrung, bei schamanischen Reisen und DMT-Trips gelangen. Zu den durchgehenden Motiven solcher Erfahrungen gehört das Fliegen auf dem Rücken eines riesigen geflügelten Geschöpfs, üblicherweise eines Vogels oder eines Schmetterlings. Myron beschreibt sein Erlebnis folgendermaßen:

> Ich befand mich in Rückenlage auf den schwarzen Schwingen einer gigantischen Krähe, die durch eine schöne Wolkenformation glitt. Der kühle Wind strich mir angenehm übers Gesicht, während wir majestätisch über den Gipfeln der schwarzen Berge schwebten, die uns auf allen Seiten umgaben. Die Täler und dunklen Schluchten unter uns waren von einem rötlichen Nebel bedeckt.

Eine der Wesenheiten hatte anscheinend eine bestimmte Rolle, nämlich den kleinen Myron zu beschützen. Zum Beispiel wollte er einmal, als er noch recht klein war, eine Straße überqueren, doch wie aus dem Nichts rief ihm eine Stimme zu: „Halt!" Aber damit nicht genug. Als Nächstes weiß er nur noch, dass er spürte, wie jemand ihn an der Schulter packte und zurückzog. Im selben Moment kam ein Auto um die Ecke geschossen, genau an der Stelle, an der er sich befunden hätte, wenn er weitergegangen wäre. Die Stimme und die anschließende körperliche Intervention hatten ihm das Leben gerettet.[22] Dies hat frappierende Parallelen zu dem Vorfall um Alan Rumney, von dem an früherer Stelle in diesem Buch die Rede war.

Offenbar hatte Myron als Kind auch außerkörperliche Erlebnisse, was darauf schließen lässt, dass sein Bewusstsein den Körper verlassen und Reisen ins Pleroma unternehmen konnte. Es gibt den Einwand, außerkörperliche Erfahrungen seien eine Form der Dissoziation und Ausdruck eines Bedürfnisses, aus unangenehmen Umständen, denen man in diesem Moment ausgesetzt ist, zu entkommen. Allerdings spielen sich Myrons außerkörperliche Erfahrungen immer dann ab, wenn er sich in einer neutralen oder sogar ruhigen Gemütsverfassung befindet. Zum Beispiel schildert er, wie er im Mai 1957 einmal nicht weit von zu Hause einen wunderschönen Nachmittag mit dem Spielen in Haufen aus frisch gemähtem Gras zugebracht hat. Er beschreibt, wie gut es roch und wie glücklich er war, als er schließlich ins Licht der untergehenden Sonne getaucht nach Hause ging. Anscheinend löst bei Myron Licht – insbesondere Sonnenlicht, das von Gegenständen in einem bestimmten Winkel zurückgeworfen wird – Anfälle aus. Myron schreibt, dass ihn auf einmal ein ganz seltsames Gefühl beschlich und dann plötzlich eine goldene Aura umgab. Als er aufschaute, sah er, dass „Wesen in Scharen" aus scheinbar meilenweiter Entfernung auf ihn zukamen. Dann traf ihn eine „Feuerkugel", wie er sagt, und durch den Aufschlag flog er durch die Luft. Die Feuerkugel verschwand mit einem Zischen, und er fand sich mitten in einer ausgedehnten Wüstenebene wieder, aus der sich in der Ferne eine Hügelkette erhob. Dann bemerkte er, dass eine Gruppe von Wesen um ihn herumstand. Sie trugen weiße Gewänder, die mit goldenen Kordeln in der Taille zusammengehalten wurden: Er nennt diese Wesen „die Ältesten". Einer verkündete ihm: „Willkommen in Zelcon", und nahm Myrons Hand. Noch währenddessen verblasste die Szene, und Myron merkte, wie er in einem Rinnstein wieder zu Bewusstsein kam.

Mich fasziniert der Hinweis auf eine „goldene Aura". DMT-Psychonauten bezeichnen sie als das „Chrysanthemum", und bei DMT-Trips stößt man regelmäßig darauf. Wie wir später noch erfahren werden, nahm auch Eben Alexander bei seiner Nahtod-Erfahrung dieses Phänomen wahr.

Ein paar Jahre lebte Myron vergleichsweise anfallsfrei und hatte keine erzählenswerten ungewöhnlichen Erlebnisse. Dies sollte sich jedoch 1962 ändern. Aufgrund mehrerer unglücklicher Vorfälle befand sich Myron in einer Phase tiefer Depression, bis er im Juni jenes Jahres schließlich am höchsten Punkt des Ridge Drive über einem Stausee stand und an Suizid dachte. Doch ein weiterer Anfall rettet ihn aus diesen negativen Gedanken: Er merkt, dass er wieder in seiner „anderen Welt" ist, und sieht einen riesigen Vogel auf sich zukommen. Der Vogel landet neben ihm, legt die Flügel an und schaut ihn an. Beim Blick in die Augen des Vogels ist ihm, als wären sie Portale in seine Zukunft. In diesen Augen sieht er „einen großen Raum voller Gemälde und Skulpturen sowie Bücher und Musik". In dem Raum erblickt er einen Mann, der an einem großen Schreibtisch sitzt und in ein schwarzes Buch schreibt. Da der Mann ihm den Rücken zukehrt, kann Myron sein Gesicht nicht sehen. Dann dreht sich der Mann um, als spüre er, dass er beobachtet wird. Myron schreibt:

> Irgendwie wusste ich intuitiv oder auf einer noch tieferen Ebene, dass dies ich war, zu einem späteren Zeitpunkt in meinem Leben und sein/mein Tagebuch mit seinen/meinen intimsten Gedanken füllte, mit Dingen, die er/ich nicht einmal im Entferntesten anderen mitteilen wollte, bis er/ich älter ist/bin, und selbst dann noch mit viel Bangen und Zögern. Das Haar war grau, das Gesicht gezeichnet von Erinnerungen, die zu schmerzlich waren, als dass sie

ausgesprochen werden könnten, fast noch zu viel, um sie dem Schreiben anzuvertrauen.[23]

Der junge Myron hoffte, die Kunstwerke in dem Raum seien seine eigenen; da er jedoch weder Ausbildung noch Begabung auf diesem Gebiet hatte, war er sich sicher, dass sie es nicht wären. Diese „Zukunftsvision" hat sich insofern als vollkommen richtig erwiesen, als Myron heute erfolgreicher Künstler ist, der sich auf Malerei und Skulptur spezialisiert hat. Die Frage ist, hat diese Vision ihn auf seinen Lebensweg gebracht oder handelte es sich um echte Präkognition? In einer persönlichen Mitteilung hat er mir bestätigt, dass der Raum, den er 1962 gesehen hat, sein heutiges Atelier ist, und er heute tatsächlich so aussieht wie der Mann, den er damals sah.

Im Februar 1975 brach sich das Pleroma auf denkbar erstaunliche Art in Myrons Leben wieder Bahn. Myron hatte damals Schwierigkeiten mit einem bestimmten Musikstück, das er für eine örtliche Theatergruppe für deren Inszenierung von Shakespeares *Der Sturm* komponieren sollte. Eines Morgens stand er früh auf und ging im Stadtpark von El Segundo spazieren, um den Kopf frei zu bekommen. Durch den frühmorgendlichen Dunst konnte er den alten Springbrunnen im spanischen Stil sehen. Einem Bedürfnis nach Erfrischung gehorchend, schöpfte er etwas Wasser aus dem Brunnen und spritzte es sich ins Gesicht. Dann wandte er den Blick den Bäumen in seiner Umgebung zu. Eine Bewegung unter den Wirbeln kalifornischen Meerdunstes, die sich um die Baumstämme wanden, zog seine Aufmerksamkeit auf sich. Sehr zu seinem Erstaunen trat aus den Wirbeln eine kleine Gestalt hervor. Sie trug ein blaues Jackett und eine silberne Taschenuhr. Es war ein weißes Kaninchen. Myron kniff die Augen zusammen, und als er sie wieder öffnete, sah er, dass das Kaninchen verschwunden, aber an seine Stelle ein kleines koboldartiges Wesen mit langem weißen Bart und langer Pfeife getreten war. Dann bemerkte er weitere solche Geschöpfe: „Kobolde, Elfen, weiße Einhörner, alles klassische Symbole des trügerischen Tricksters aus dem Märchen. Allmählich überforderte ihre Anzahl mein Sehvermögen; ich befürchtete eine Reizüberflutung."[24] Er stolperte rückwärts, fiel und stieß gegen den Brunnen. Als er sich von dem Sturz wieder erholte, merkte er, dass die Kreaturen verschwunden waren.

In dieser Halluzination war Myron nicht an einen anderen Ort gebracht worden: Die Bilder legten sich über den dreidimensionalen Raum des Stadtparks in El Segundo; sie befanden sich in seiner Version des „konsensuellen Raums". Das Urbild des weißen Kaninchens wurde von dem Migräne-Patienten Lewis Carroll erschaffen. Für mich legt dies nahe, dass Carroll die Archetypen benutzt hat, die aus seinem Unbewussten aufstiegen und durch seine Migräne-Aurae begünstigt wurden. Tatsächlich tauchen weiße Kaninchen auch in vielen Berichten über Entführungen durch Außerirdische und UFO-Sichtungen auf. Robert Anton Wilson hat über diese Verbindungen geschrieben und sogar behauptet, sie stellten einen eigenen Zweig der UFO-Forschung dar, den er als „Lepufologie" bezeichnet. Kaninchen und Hasen kommen beim sogenannten Phänomen der quasi-körperlichen Gefährten (das ich bereits erwähnt habe und in Kapitel sieben eingehender besprechen werde) regelmäßig vor. Sehr effektvoll wird das Motiv in dem Film *Donnie Darko* benutzt, in dem eine große, kaninchenähnliche Kreatur den „Daimon" symbolisiert, wie ich ihn im Hinblick auf den Geisteszustand des Titelhelden nennen würde.

Mir ist aufgefallen, dass Myrons Anfälle sehr häufig durch Sonnenlicht stimuliert werden, normalerweise durch die aufgehende oder untergehende Sonne. Tatsächlich hat das Licht der untergehenden Sonne eines seiner erstaunlichsten Erlebnisse ausgelöst. Er beobachtet den Sonnenuntergang an einer Stelle der Felsformation Stoney, die er „Vier-Sterne-Platz" nennt. Aus seinem äußersten Augenwinkel nimmt er eine Bewegung wahr. Daraufhin richtet er den Blick auf eine schwarze Gestalt im Unterholz und erkennt zu seinem Erstaunen, dass er einen Minotaurus sieht, ein Wesen aus der Mythologie, das halb Mensch, halb Stier ist. Er kämpft mit dieser Kreatur, tötet und zerstückelt sie. Anschließend kocht und verschlingt er das Wesen. Später wird er von derselben Stelle aus von einem Fährmann in den Hades gebracht und begegnet einer teufelsähnlichen Kreatur. Diese Erlebnisse erinnerten mich an den schamanischen Übergangsritus, bei dem ein Tier zerstückelt und gegessen wird. Über die Herkunft dieser Erlebnisse war sich Myron nie im Klaren. Er schreibt:

> Ich habe nie eindeutig feststellen können, ob meine Erlebnisse auf dem Berg durch einen Anfall ausgelöste Träume, psychisch bedingte Halluzinationen, der Einfluss der alten indianischen Kräfte, echte Reisen durch innere Welten oder was sie überhaupt waren. Immer hatten diese Episoden ein Element, das kein vollständig nachvollziehbares Bild ergab, und so bleibt der echte, endgültige Ursprung meiner Visionen so wenig fassbar wie die Traumlandschaft selbst.[25]

Nach dieser Reihe seltsamer luzider Träume, die er am Stoney Point erlebt, begegnet Myron schließlich der Wesenheit, die er unter dem Namen Charon kennt. Am 16. Oktober 1978 erscheint Charon vor ihm und trifft folgende merkwürdige Feststellung: „Die Essenz deiner Natur ist, dass eins und eins selten gleich zwei sind.“ Dann erklärt Charon, dass Myron über die Fähigkeit verfügt, in zwei Welten zu leben, in dieser und in der Welt, auf die er in seinem Anfallszustand trifft.

Zur Reise des Schamanen gehört auch die eigene Zerstückelung als Bestandteil der Initiation. Solche Überzeugungen sind im Laufe von Jahrtausenden entstanden und von zahllosen Eingeweihten wiedergegeben worden. In traditionellen Gesellschaften werden Schamanen üblicherweise wegen ihres scheinbar grotesken Verhaltens ausgewählt, und viele sind Epileptiker. Mircea Eliade sagt in *Schamanismus und archaische Ekstasetechnik*, seinem Grundlagenwerk zum Thema: „Der einzige Unterschied zwischen einem Schamanen und einem Epileptiker [ist], dass der Epileptiker die Trance nicht mit dem Willen hervorbringen kann.“[26] Der Schamane oder die Schamanin begibt sich in einen Zustand der Katalepsie, um seine oder ihre Reise ins Pleroma zu beginnen. Ein Neuling braucht natürlich eine gewisse Unterstützung, um sich auf eine „schamanische Reise“ zu begeben. Ausgangspunkt ist normalerweise ein grundloser Anfall; sobald der Anfänger in diesen Zustand gerät, trifft er auf „Geistführer“, und diese vermitteln ihm Techniken, durch die er oder sie sich willentlich in diesen Zustand versetzen kann. Natürlich kann Unterstützung auch durch den Konsum von Entheogenen wie Ayahauasca, Peyote, Meskalin oder DMT erlangt werden.

Myron brauchte nichts dergleichen, um die Schwelle zu überschreiten. Seine nicht diagnostizierte Epilepsie bewirkte dies für ihn, und sobald er sich in der „oberen Welt“ befand, war sein Geistführer in Gestalt von Charon bereit, ihm zu helfen. Nach den Lehren vieler indigener Völker muss der Eingeweihte jedoch, um überhaupt erst Schamane zu werden, eine Reise in die „Unterwelt“ unternehmen. War dies Myrons Besuch im Hades? Die Zerstückelungs-Episoden, die er beschreibt, stehen in völliger Übereinstimmung mit dem klassischen schamanischen Weg. Vergleichen Sie Myrons Erlebnisse mit Eliades folgender Beschreibung einer typischen schamanischen Initiation:

> Fast immer umfasst der – ziemlich reiche – Inhalt dieser Initiationserlebnisse eines oder mehrere von folgenden Themen: Zerstückelung des Körpers, danach Erneuerung der inneren Organe und der Eingeweide; Auffahrt zum Himmel und Unterredung mit den Göttern oder Geistern; Abstieg in die Unterwelt und Unterhaltungen mit den Geistern und den Seelen der verstorbenen Schamanen …[27]

Und hier nun Myrons Schilderung der Ereignisse auf einer seiner „Reisen“, bei der er schrecklichen Kreaturen begegnet, die ihn an riesige schwarze Wölfe erinnern. Sie greifen ihn als Rudel an:

> Dann wurde ich von ihnen überwältigt, aufgefressen. Die Haut hing mir in Fetzen vom Leib, meine Knochen brachen unter ihren starken Kiefern, mein Schädel wurde ausgehöhlt, meine Augen waren ihre Appetithappen, mein Herz ihre Vorspeise. Es war die Episode mit dem schwarzen Minotaurus, nur umgekehrt. Dieses Mal wurde ich gefressen. Sie rissen große Fleischbrocken aus mir heraus und schleuderten sie dann mit einer schnellen Bewegung

ihrer massigen Hundeschädel in die Nacht hinaus. Schließlich war ich nicht mehr.[28]

Dieses Motiv der Zerstückelung findet sich auch in Berichten von DMT- und Ayahuasca-Konsumenten und auch bei Personen, die behaupten, von UFOs entführt worden zu sein.

Auf diese Zerstückelung folgt die Auferstehung des Schamanen und eine Begegnung mit dem göttlichen Selbst, dem anderen, das verborgen ist. Genau dies widerfährt auch Myron. Kaum ist der Schrecken des Angriffs vorüber, erscheint ihm Charon in Gestalt eines großen alten Mannes mit weißem Bart und weißer Robe.

Seither ist Charon ein zentraler Bestandteil von Myrons Leben. Seine „Krankheit" wurde inzwischen als Temporallappen-Epilepsie diagnostiziert. Meiner Meinung nach handelt es sich bei Myrons Epilepsie um eine Sonderform, bekannt unter dem Begriff SLPE (schizophrenia-like psychosis of epilepsy, schizophrenieähnliche Epilepsie-Psychose), eine Form der Epilepsie, bei der das Pleroma nur einen Steinwurf entfernt ist und die Pforten der Wahrnehmung weit offen stehen.

Temporallappen-Epilepsie und Schizophrenie

Ende der 1970er Jahre führten Neurologen und Psychiater einen neuen Begriff zur Beschreibung eben des Typs der halluzinogenen Epilepsie ein, den wir in diesem Kapitel dargestellt haben. Wie in allen modernen Terminologien üblich, wurde dafür ein Akronym, ein aus den Anfangsbuchstaben mehrerer Wörter gebildetes Kurzwort, verwendet: SLPE. Sie wurde nie als eigenständige Diagnose anerkannt, da dies eine klinische Erkrankung implizieren würde, die der Schizophrenie ähnlich, aber nicht mit ihr identisch ist. Allerdings ist man allgemein der Auffassung, dass sie eine effektive Diagnose für Symptome ist, die bei Epileptikern und auch bei idiopathischen Formen der Schizophrenie auftreten. Das Wort „idiopathisch" klingt sehr präzise und maßgeblich, tatsächlich aber bezeichnet es ein Leiden oder eine Krankheit, für die es keine bekannte medizinische Ursache gibt. Faktisch geben die Experten damit zu, dass sie keine Ahnung haben, was die wirkliche Ursache der Erkrankung ist. Daher werden schizophrene Verhaltensweisen, die keine bekannte Ursache haben, als „idiopathisch" bezeichnet.

Allgemein gesagt, ist SLPE eine Form der Temporallappen-Epilepsie, die viele Merkmale der Schizophrenie aufweist. Eine Testreihe, über die im Jahr 2000 berichtet wurde, hat gezeigt, dass Patienten mit SLPE und Patienten mit einer diagnostizierten Schizophrenie ein fast identisches neurologisches Profil aufwiesen.[29] Daraus wurde geschlossen, dass es faktisch keinen Unterschied zwischen den beiden Erkrankungsformen gibt.

Für die Beziehung zwischen Epilepsie und Schizophrenie interessieren sich Neurologen und Psychiater schon seit vielen Jahren. Bereits 1910 stellte Emil Kraepelin fest, dass achtzehn Prozent seiner schizophrenen Patienten epileptische Phänomene wie Petit-Mal-Absencen und generalisierte Anfälle erlebten.[30] Neun Jahre später schrieb Kraepelin in seiner äußerst einflussreichen Abhandlung über Dementia praecox: „Da bei der Dementia praecox epileptiforme Anfälle vorkommen, kann das Leiden für Epilepsie gehalten werden."[31] Viele Jahre später, 1952, wurde festgestellt, dass der mediale Temporallappen das Hirnareal sein könnte, in dem die beiden Erkrankungen gemeinsamen Pathologien auftreten.[32]

Schon lange ist bekannt, dass es zwischen den Halluzinationen bei Temporallappen-Epilepsie und bei Schizophrenie starke Ähnlichkeiten gibt. Offenbar sind diese mit den limbischen Strukturen verbunden. 1991 veröffentlichten Simon Crowe und Miriam Kuttner die Ergebnisse ihrer Forschung zu dieser Verbindung. Sie berichteten, dass in ihrer Studie die TLE-Betroffenen mehr deutlich schizophrene Symptome, insbesondere Halluzinationen und groteskes Verhalten, zeigten als die Gruppe ohne TLE und die TLE-Betroffenen relativ weniger negative schizophrene Merkmale aufwiesen als die Gruppe der ausschließlich Schizophrenen.

Denis Hill, Anfang der 1950er Jahre Psychiater am Maudsley Hospital in London, erforschte die ungewöhnliche Häufigkeit epileptischer

Wellenformen in den Elektroenzephalogrammen (EEGs) von Schizophrenen.[33] Bis zu fünfundzwanzig Prozent der jüngeren Personen zeigten solche Linien; besonders deutlich waren sie bei Patienten, die unter katatonischer Schizophrenie litten. Hill interessierte sich besonders für die Ähnlichkeiten zwischen den chronischen paranoid-halluzinativen Zuständen der TLE-Betroffenen und der Schizophrenen. Er notierte speziell das Ausmaß akustischer Halluzinationen und die Wahrnehmung, eine andere Präsenz versuche, die Gedanken der Betroffenen zu beeinflussen und zu kontrollieren. Dies lässt darauf schließen, dass in diesem Grenzbereich zwischen TLE und Schizophrenie die von Michael Persinger gezielt herbeigeführte „gefühlte Präsenz“ durchbricht, ohne dass dazu ein „Gotteshelm“ erforderlich wäre.

1963 untersuchten der Psychiater Eliot Slater und zwei Kollegen neunundsechzig Patienten (sechsunddreißig Männer und dreiunddreißig Frauen) des Maudsley und des National Hospital in London. Alle waren erwiesenermaßen Epileptiker, die nachträglich eine schizophrenie-ähnliche Erkrankung entwickelt hatten. Mehr als zwei Drittel der ausgewählten Patientinnen und Patienten hatten eine auf die Temporallappen fokussierte Epilepsie. Diese Patienten wurden über einen Zeitraum von zehn Jahren beobachtet. Das Durchschnittsalter bei Eintritt der Schizophrenie betrug dreißig Jahre nach einer durchschnittlich vierzehnjährigen Vorerkrankung an Epilepsie. Zu beachten ist, dass die Bandbreite des Alters bei Eintritt der Schizophrenie zwischen zwölf und neunundfünfzig Jahren schwankte. Dies lässt darauf schließen, dass Schizophrenie frühestens im frühen Jugendalter auftritt. In fast jedem Fall waren die Wahnvorstellungen religiöser oder mystischer Natur. Dies deutet auf das Waxman-Geschwind-Syndrom hin. Die Halluzinationen wurden zu sechsundvierzig Prozent als auditiv und zu sechzehn Prozent als visuell mit komplexen, oft mystischen Motiven eingestuft. Die mystischen visuellen Halluzinationen gingen oft mit auditiven Halluzinationen einher. Alle waren identisch mit denen, über die bei Schizophrenie berichtet wird.[34]

Kann man daraus also vernünftigerweise schließen, dass TLE in Schizophrenie übergeht, ähnlich wie Migräne in Temporallappen-Epilepsie? Die Indizien legen dies offenbar nahe. Wären in diesem Falle die geheimnisvollen Ursachen dieser offenbar verwandten „Krankheiten" besser zu verstehen, wenn wir uns klarmachten, dass wir am falschen Ort suchen und eine breiter gefasste Erklärung vonnöten ist? Dies im Hinterkopf, begeben wir uns nun vom Überschneidungsbereich der SLPE zur vollständig ausgeprägten Schizophrenie, dem Zustand, in dem die Pforten der Wahrnehmung aufgestoßen werden und das Pleroma in seiner Gänze erlebt wird.

KAPITEL FÜNF:

Schizophrenie

Die weit geöffneten Pforten

Wir haben gesehen, dass Migräne die „Pforten der Wahrnehmung" einen Spaltbreit öffnet, allerdings nur in der Aura-Phase vor einer klassischen Migräne. Die Öffnung weitet sich für Menschen, die Temporallappen-Epilepsie erleben. Auch hier sind die Einblicke von kurzer Dauer und mit einer Aura-Phase verbunden. Es gibt jedoch eine weitere Personengruppe – diejenigen, die am äußersten Ende meines Huxleyschen Spektrums zu finden sind und die ganze Kraft des Universums empfangen, wie es wirklich ist: Ihre schwache Abwehr wird vom Pleroma gesprengt. Diese Menschen erleben das, was die moderne Neurologie überheblich als Schizophrenie bezeichnet.

Anfang der 1960er Jahre veröffentlichte die amerikanische Zeitschrift *Schizophrenia Bulletin* einen Aufruf an Menschen, die unter schizophrenen Episoden litten, ihre Erlebnisse aufzuschreiben und einzusenden. In einer Ausgabe aus dem Jahr 1984 wurden einige Einsendungen veröffentlicht.[1] Manche waren überraschend positiv. Zum Beispiel:

> Sollte ich überhaupt jemanden wissen lassen, dass es in der Schizophrenie Momente, wirklich nur Momente gibt, die „besonders" sind? Wenn ich den Eindruck habe, dass ich irgendwohin reise, wo ich normalerweise nicht hinkann? Wo mir ein Bewusstsein, eine andere Art des Sehens gestattet ist? Momente, von denen ich einfach nicht glauben kann, dass sie bloß Symptome der Verrücktheit und weiter nichts sein sollen.[2]

So etwas würde ein Laie von einem Schizophrenen nicht erwarten. Die von dieser sehr speziellen „Krankheit" Betroffenen hegen jedoch keinerlei Zweifel an ihrer widersprüchlichen Natur. An späterer Stelle der Ausgabe von 1984 versucht eine weitere Schreiberin, eine 37-jährige Künstlerin, die Reizüberflutung zu beschreiben, die sie in solchen „veränderten Zuständen" erlebt:

> Was ist so besonders? Also, die Zeiten, wenn die Farben strahlender erscheinen, fast verführerisch, und meine Aufmerksamkeit auf die Schatten, die Lichter, die komplexen Muster und Maserungen und die wie fettgedruckten Umrisse der Gegenstände in meiner Umgebung gelenkt wird. Es ist, als hätte alles mehr Existenz als ich selbst, als wäre ich um die Menschheitsecke gebogen und sähe nun eine andere Welt, in der mein Sehen, Hören und Fühlen verstärkt wird und alles Staunen ist.[3]

Ein paar Jahre zuvor versuchte eine andere Frau zu erklären, was in solchen Momenten vor sich gehen könnte. Sie glaubt, dass ihre „Pforten der Wahrnehmung" zu Beginn ihrer schizophreniebedingten Erlebnisse weit aufschwingen und sie dadurch plötzlich in die Lage versetzt wird, die „Wirklichkeit" in ihrer ganzen erschreckenden Kraft wahrzunehmen. Nach Jahren solcher Erlebnisse war sie zu einer tiefschürfenden Schlussfolgerung gelangt:

> Wir können alle eine große Anzahl von Reizen aufnehmen, die durch einen unserer Sinne auf uns einströmen. Wir könnten jedes Geräusch in Hörweite hören und jeden Gegenstand, jede Linie und Farbe in unserem Gesichtsfeld sehen und so weiter. Es liegt auf der Hand, dass wir nicht mehr in der Lage wären, unseren täglichen Aufgaben nachzukommen, wenn auch nur ein Hundertstel aller verfügbaren Reize auf einmal auf uns einströmte. Der Geist muss daher einen Filter haben, der ohne unser bewusstes Zutun funktioniert, die Reize sortiert und nur die in der momentanen Situation relevanten ins Bewusstsein vordringen lässt.[4]

In ähnlicher Form schuf der Physiker Raynor Johnson folgende wunderbare Analogie, um zu beschreiben, wie es ist, wenn die „Pforten“ vollständig geöffnet sind:

> Wir sind alle eher wie ein Gefangener in einem runden Turm, der die Landschaft davor durch fünf Mauerschlitze sehen darf. Es ist vermessen anzunehmen, wir könnten durch diese Schlitze die ganze Landschaft sehen – obwohl es meiner Meinung nach gute Indizien dafür gibt, dass der Gefangene ab und zu oben aus dem Turm herausschauen darf![5]

Der Aura-„Windhauch“, den Migräne- und TLE-Patienten erleben, ist nichts im Vergleich zum Orkan der Schizophrenie. Schizophrene befinden sich ständig mitten im Sturm. Die Pforten werden nicht geöffnet, sie werden weggeblasen und setzen das schizophrene Eidolon unmittelbar der ehrfurchtgebietenden Macht des Pleroma aus, wie es der Daimon wahrnimmt. Ohne jeden Schutz vor den Gewalten des Orkans sucht der Schizophrene Zuflucht bei Verhaltensweisen, die neurotypischen Menschen völlig irrational und wahnhaft vorkommen.

Die Geschichte der Schizophrenie als psychiatrischer Erkrankung begann Anfang des 20. Jahrhunderts, als der deutsche Psychiater Emil Kraepelin behauptete, die meisten Geisteskrankheiten ließen sich in eine von zwei Hauptstörungen einordnen: „manisch-depressives Irresein“ und Dementia praecox. Kraepelin glaubte, alle Formen psychischer Erkrankungen, die mit der Zeit Anzeichen einer Besserung erkennen ließen, sollten als „manisch-depressives Irresein“ definiert werden. Diese Erkrankungen können die Einweisung in ein Krankenhaus erfordern, aber mit systematischer Pflege und professioneller Hilfe ist die Prognose vielversprechend. Für die Dementia praecox teilte er einen solchen Optimismus nicht. Er betrachtete sie als eine fortschreitende Erkrankung, die in der Pubertät oder im frühen Erwachsenenalter einsetzt und unausweichlich immer weiter bergab führt. Wenn überhaupt Besserung eintrete, sei sie üblicherweise kurzfristig, danach schreite der Verfall bei den Patienten fort. Beachten Sie das Wort „Dementia“.

Man behauptete, die Schizophrenie – wie sie später von Eugen Bleuler definiert wurde – sei lediglich eine Form der Demenz, die bei jungen Menschen auftritt.

Die Schizophrenie ist eine überraschend häufige „Krankheit". Weltweit ist ständig etwa ein Prozent der Bevölkerung davon betroffen. Sie ist in allen Kulturen und Weltregionen verbreitet. Hinsichtlich ihrer Ursachen und ihrer Funktion lässt dies faszinierende Schlüsse zu.

Wenn die Schizophrenie genetisch weitergegeben wird, dann muss sie sich im Wege klassischer (darwinscher) Evolutionsprozesse entwickelt haben. Wenn dem so ist, warum wurde dann eine derart belastende und sozial problematische Störung nicht aus dem Genpool eliminiert? Wenn die darwinsche Selektion die Aufgabe hat, durch Anpassung an soziale und Umweltbedingungen für Effizienz zu sorgen, wie kommt es dann, dass die Schizophrenie nicht bereits vor Jahrtausenden verschwunden ist? Zum Beispiel weiß man, dass sie sich normalerweise zur Zeit der größten sexuellen Neigung manifestiert, also dann, wenn die Partnersuche am wichtigsten ist. Schizophrene sind als Einzelgänger bekannt und wären für alle, die gerade (offen oder unbewusst) den bestmöglichen Genträger für die nächste Generation suchen, definitiv kein ideales Ziel. Vernünftigerweise sollte man annehmen, dass solche Individuen aktiv ignoriert würden. Doch dies war erkennbar nicht der Fall.

Die Ausbreitung des Menschen über den Erdball hat annähernd hunderttausend Jahre gedauert. Dass Schizophrenie gleichmäßig über geographisch weit verstreute Populationen hinweg auftritt, lässt darauf schließen, dass die Krankheit damals im menschlichen Genpool vorhanden war. Das Schizophrenie-Gen hat es also geschafft, sich über zahllose Generationen hinweg durchzusetzen. Dies kann nur daran liegen, dass es Individuen mit schizophrenen Tendenzen gelungen ist, sich fortzupflanzen und dafür zu sorgen, dass das Gen an die nächste Generation weitergegeben wird – immer und immer wieder. Also muss diese scheinbar absolut schwächende Krankheit einen evolutionären Sinn haben. Doch welcher könnte dies sein?

Schizophrenie und Wahrnehmung

Der Experimentalpsychologe Charles McCreery, dessen gemeinsame Arbeit mit Celia Green wir bereits eingehend besprochen haben, hat vorgeschlagen, dass schizophrene Wahrnehmungen durch ein unter dem Begriff „Mikroschlaf“ bekanntes Phänomen hervorgerufen werden. Kurioserweise wird dieser Mikroschlaf durch Übererregung und nicht durch zu schwache Erregung verursacht.[6]

Um einschätzen zu können, warum dies so seltsam ist, müssen wir verstehen, wie Hirnzellen (Neuronen) kommunizieren. Wir haben bereits entdeckt, wie Botenstoffe die Botschaften, die von Neuron zu Neuron geschickt werden, chemisch modulieren. Innerhalb des einzelnen Neurons jedoch wird die Botschaft mithilfe elektrischer Impulse übertragen. Faktisch entstehen durch die Zusammenarbeit von Millionen Neuronen Wellen elektrischer Aktivität, die sich über das gesamte Gehirn ausbreiten. Diese „Hirnwellen“ können mithilfe von Geräten wie dem EEG gemessen werden. Es wurde entdeckt, dass es vier verschiedene Arten von Hirnwellen gibt. Sie werden jeweils mit einem bestimmten griechischen Buchstaben gekennzeichnet. Beta-Wellen haben – mit den Begriffen der Hertz-Skala gesprochen, mit denen solche Frequenzen beschrieben werden – eine Frequenz von dreizehn bis sechzig Hertz; sie sind bei Menschen anzutreffen, die bewusst hellwach sind. Die Frequenz steigt mit zunehmender Erregung oder Angst der Betroffenen. Alpha-Wellen mit einer Frequenz zwischen sieben und dreizehn Hertz treten bei Personen auf, die entspannt sind, aber wahrnehmen, was um sie herum vor sich geht. Theta-Wellen zwischen vier und sieben Hertz treten auf, wenn der Mensch schläft und träumt. Alles unter vier Hertz wird als Delta-Zustand bezeichnet und ist bei Menschen im Tiefschlaf und daher unbewussten Zustand anzutreffen.

Es wurde schon lange festgestellt, dass die Hirnaktivität im Traum und bei schizophrenen Zuständen – insbesondere, wenn damit psychotisches Verhalten verbunden ist – ähnlich ist. Wenn wir träumen, betreten wir eine sehr merkwürdige Welt, in der sich die Ereignisse und Umstände unserer Kontrolle entziehen. Es geschieht eher etwas mit uns als dass wir selber Herr des Geschehens wären. Außerdem haben Träume offenbar eine Atmosphäre des Bedeutungsvollen, die im Nicht-Traumzustand fehlt. Im Traum kommen uns darüber hinaus scheinbar unmögliche Situationen völlig selbstverständlich vor. Wir können plötzlich fliegen oder sind eine berühmte Persönlichkeit. In den meisten Fällen führen derart unmögliche Umstände nicht dazu, dass wir merken, dass wir träumen: Wir akzeptieren die Situation einfach. Alle diese Umstände werden von Schizophrenen innerhalb der konsensuellen Wirklichkeit erlebt.

McCreery behauptet, dass Schizophrene im psychotischen Zustand eigentlich schlafen. Faktisch dringen Wahrnehmungen aus dem Pleroma in die konsensuelle Wirklichkeit durch.

Wenn neurotypische Menschen träumen, befinden sie sich normalerweise in einem Zustand, der durch das sogenannte Rapid Eye Movement (REM, schnelle Augenbewegungen) gekennzeichnet ist. Dies spiegelt sich in einer Hirnaktivität im Bereich der Betawellen, welche wiederum einen vollständigen Wachzustand kennzeichnen. Studien haben allerdings gezeigt, dass Schizophrenie-Patienten im psychotischen Zustand die traumtypische REM-Aktivität nicht aufweisen.[7] McCreery behauptet, dies läge daran, dass Schizophrene sich während des Mikroschlafs in einem Zustand hoher und eben gerade nicht in einer Phase niedriger Erregung befinden, wie sie bei Neurotypischen mit dem Schlaf verbunden ist. Er zitiert die Arbeit von Ian Oswald, der Schlaf als „provozierte Reaktion“ bezeichnete, wie durch Soldaten, die in der Wartezeit vor dem Einsatz in der Schlacht einschliefen, beispielhaft verdeutlicht werde. Regelmäßig wird dokumentiert, dass Menschen in Zeiten extremer Belastung außerkörperliche Zustände erleben. Die herkömmliche Erklärung dafür lautet, diese Zustände stellten eine Depersonalisation, eine Entpersönlichung, dar, bei der die Betroffenen versuchen, einer gefährlichen, schmerzhaften oder unangenehmen Situation mental zu entkommen. Bis zu einem gewissen Grad ergibt dies Sinn, vermag aber absolut nicht die regelmäßig dokumentierten wahrheitsgemäßen Aspekte solcher Erlebnisse zu erklären und passt nicht zu Beispielen während der Geburt, wenn die werdende Mutter allen Ansporn hat, buchstäblich im Körper zu bleiben.

In einer Experimentreihe konnte Oswald Einschlafen hervorrufen, indem er den Studienteilnehmern in zehnsekündigen Abständen an Hand- oder Fußgelenk schmerzhafte Elektroschocks versetzte.[8] Entsprechend schlägt McCreery vor, die Beziehung zwischen Schlaf und hoher Erregung – faktisch der Manie – sollte nicht, wie normalerweise, als linear, sondern vielmehr als zirkulär betrachtet werden.

Stellen Sie sich dies wie auf einem Ziffernblatt vor. Bei 12 Uhr finden wir den normalen Wachzustand. Zunehmende Erregung wird durch eine dem Bogen des Ziffernblattes folgende Bewegung vom 12-Uhr-Punkt abwärts über den 3-Uhr-Punkt bis zum 6-Uhr-Punkt bei vollständig erregtem Bewusstseinszustand dargestellt. Umgekehrt lässt sich zunehmende Schläfrigkeit durch eine Bewegung entgegen dem Uhrzeigersinn vom normalen Wachzustand bei 12 Uhr über schläfrig bei etwa 9 Uhr und vollständig eingeschlafen bei 6 Uhr anzeigen. Daran zeigt sich, dass sich sowohl steigende als auch sinkende geistige Erregung am selben Punkt treffen, an dem mithin Schlaf und hohe Erregung zum gleichen Zustand führen.

McCreery nennt als Beispiel für die enge Beziehung zwischen hoher und niedriger Erregung die Katatonie, einen Zustand, der bei Schizophrenie regelmäßig beobachtet wird. Zur Katatonie gehört, dass der Schizophrene über längere Zeit in einem reglosen Zustand verharrt. Sehr zur Überraschung der Wissenschaftler konnten die Betroffenen durch Verabreichung von Amobarbital, einem Sedativum, aus diesem Zustand herausgeholt werden. Wenn die Katatonie ein Zustand niedriger Erregung ist, ergibt dies keinen Sinn: Gibt man einem katatonischen Menschen ein Sedativum, sollte dies den Erregungszustand weiter verringern und den Patienten nicht aufwecken. McCreery zitiert die Arbeit von Stevens und Darbyshire, die aus ihrer Forschung schlossen: „Der psychische Zustand bei der katatonischen Schizophrenie kann als ein Zustand hoher Erregung beschrieben werden."[9]

Es wurde entdeckt, dass zu den EEG-Markern der Schizophrenie ein Mangel an Alpha-Rhythmen im Gehirn gehört. Alpha-Rhythmen sind große, langsame Wellen elektrischer Aktivität, die von einem EEG aufgezeichnet werden und mit einem Zustand völliger Ruhe einhergehen. Sie verschwinden, sobald der Proband an irgendetwas denkt oder Schmerz empfindet. Die Wellen sind normalerweise in den Okzipitallappen zentriert. Besonders aktiv sind sie während des REM-Schlafs. Beta-Wellen lassen im Gegensatz dazu auf einen vollständigen Wachzustand schließen. Einige Studien haben gezeigt, dass Delta-Rhythmen bei vollständig wachen Schizophrenen überdurchschnittliche Aktivität aufweisen. Dies sind extrem langsame Wellen mit einer Frequenz von weniger als vier Ausschlägen pro Minute. Bei neurotypischen Menschen sind sie mit sehr tiefen Schlafphasen verbunden, in denen die REM-Aktivität vollständig aufhört. McCreery betrachtet dies als starkes Indiz dafür, dass Schizophrene zwar scheinbar wach sind, sich in Wirklichkeit jedoch in einem Tiefschlafzustand befinden.

Dem würde ich gerne hinzufügen, dass meiner Meinung nach gerade in einem solchen Zustand hoher Erregung die Pforten der Wahrnehmung bei Schizophrenen aufgestoßen werden. Die Delta-Aktivität ermöglicht, dass das Pleroma ins Wachleben durchsickert und zu massiver kognitiver Verwirrung führt. Wie wir bereits entdeckt haben, haben McCreery und seine Kollegin Celia Green einen Mechanismus vorgeschlagen, durch den eine Realität eine andere überlagern kann, und damit eine Erklärung für viele veränderte Bewusstseinszustände wie etwa die außerkörperliche und die Nahtod-Erfahrung angeboten.

McCreerys Modell bietet anscheinend eine Erklärung dafür, inwiefern die „Halluzinationen" der Schizophrenen offenbar normaler Bestandteil ihres Wachlebens sind. Schizophrene befinden sich ständig in einem Halbschlaf-Zustand und können jeden Augenblick in einen sehr tiefen Schlafzustand sinken, wodurch die Bilder, die normalerweise mit dem Träumen assoziiert werden, durchbrechen und sich in der Alltagswelt manifestieren.

Ein zentrales Merkmal der Schizophrenie ist selbstverständlich ein Thema, das wir im Hinblick auf verschiedene andere Elemente des Huxleyschen Spektrums bereits gestreift haben, nämlich das Hören von Stimmen. Im Bild der allgemeinen Öffentlichkeit von der Schizophrenie ist dies wahrscheinlich der beherrschende Faktor. Die Stimmen wirken auf die Betroffenen üblicherweise nicht unterstützend und stiften sie in manchen Fällen zu schrecklichen Taten an. Es ist, als sei der Reduktionsmotor der Schizophrenen zu stark gedrosselt und als sickerten alle möglichen negativen Impulse durch. Es tritt ein völliger Kontrollverlust ein, und der oder die Betroffene wird von den einströmenden Sinnesreizen schlichtweg überwältigt.

Was im Hinblick auf eindeutig destruktive Stimmen im schizophrenen Zustand geschieht, ist zugegebenermaßen bezüglich des Huxleyschen Spektrums ein großes Problem. Wenn diese „Stimmen" einfach nur die des „Daimon" sind, warum fügen sie dann zuweilen einem bereits verwirrten und wehrlosen Eidolon offenbar noch weiteren Schaden zu? Eine Teilantwort könnte lauten, dass die Wellenlänge des empfangenen Signals wesentlich breiter sein könnte, so dass andere Elemente des Pleroma sich irgendwie einschalten können. Welches diese sind, ist Spekulation, aber die Geschichte steckt voller Beispiele für dämonische Besessenheit und Angriffe von anderen negativen Kräften. Ob dies nun die Erklärung dafür ist oder nicht, dies ist auf jeden Fall ein Gebiet für wichtige weitere Forschungen, denen unbedingt nachgegangen werden sollte.

Doch wie wir gesehen haben, sind diese Stimmen auch bei der Schizophrenie mehrheitlich unterstützend oder schlimmstenfalls gleichgültig. Aber selbst dann ist anzuerkennen, dass Schizophrenie im Allgemeinen alles andere als eine angenehme Erfahrung ist. Tatsächlich könnte eine Assoziation von Kaepelin und Bleuler, den ersten Erforschern dieser Krankheit, in dieser Hinsicht von enormer Bedeutung sein. Sie hat damit zu tun, dass die Schizophrenie eine weitere – zumindest für diejenigen, die sie miterleben müssen – sehr aufwühlende und beunruhigende Krankheit widerspiegelt: Die Erkrankung, die wir als Demenz oder mit dem Namen, unter dem sie jetzt bekannt ist, als Alzheimer bezeichnen.

Schizophrenie und Alzheimer: Eine verborgene Beziehung?

Am 9. Dezember 2014 wurde in der angesehenen Fachzeitschrift *Proceedings of the National Academy of Sciences* (PNAS) ein Aufsatz veröffentlicht.[10] Er verband eine Erkrankung, die früh im Leben auftritt, mit einer spät auftretenden. An der Universität Oxford untersuchte eine Forschergruppe unter der Leitung von Gewnaëlle Douaud mithilfe von Magnetresonanztomographie (MRT-Scans) das Gehirn von vierhundertvierundachtzig Personen zwischen acht und vierundachtzig Jahren. Die Wissenschaftler wollten herausfinden, wie sich das menschliche Gehirn im Laufe der Zeit verändert. Allem Anschein nach bauen die Areale, die sich am spätesten entwickeln, auch am ehesten wieder ab. Mit anderen Worten, mit zunehmendem Lebensalter bewegt sich das Gehirn anscheinend in der Zeit rückwärts. Zum Beispiel entwickelt sich die hochkomplexe Verarbeitung von visuellen, akustischen und sensorischen Informationen vollständig erst im späten Heranwachsenden- oder frühen Erwachsenenalter. Mit zunehmendem Alter sind dies jedoch die ersten Fähigkeiten, die nachlassen. Sie sind ganz besonders anfällig für die durch Schizophrenie und Alzheimer bewirkten Schäden.

Im Hinblick auf die zentrale These dieses Buches könnte dies von enormer Bedeutung sein. Seit vielen Jahren bemerken Neurologen, Psychiater und Psychologen die vielen Ähnlichkeiten zwischen Schizophrenie und Demenz. Wie wir bereits gesehen haben, wurde die Schizophrenie ursprünglich als Dementia praecox bezeichnet, also mit dem lateinischen Begriff für „vorzeitiges Irresein". Kraepelin stellte fest, dass diese früh einsetzende Form der Demenz sich bald nach dem zwölften Lebensjahr, für gewöhnlich in der Pubertät, manifestiert.

Douaud und ihr Team entdeckten, dass es sich bei den Bereichen, die eine verzögerte Entwicklung sowie den frühesten Verfall aufweisen, um den lateralen Teil des primären Motorcortex sowie einen kleinen Abschnitt des Gyrus lingualis handelt. Diese Areale sind bekanntlich von Schizophrenie und Alzheimer am stärksten betroffen, insbesondere am Grund der Hirnfalten in jenen Bereichen. Genau hier wurden, wie wir später noch entdecken werden, bei Alzheimer-Patienten höhere Konzentrationen eines Proteins mit der Bezeichnung β-Amyloid (Beta-Amyloid) gefunden.

Faktisch lässt dies eine unter dem Begriff „Retrogenese“ bekannte, lange vernachlässigte wissenschaftliche Idee wiederaufleben, die in den 1880er-Jahren verbreitet war. Einfach ausgedrückt, behauptet diese Theorie, dass geistige Fähigkeiten mit zunehmenden Alter auf dieselbe Weise nachlassen wie sie sich im Laufe des Lebens und der Evolution entwickelt haben. Von Bedeutung mag sein, dass Schimpansen und unsere übrigen engen Verwandten unter den Primaten nicht über das in der Studie identifizierte neuronale Zentrum verfügen. Dies verleiht ihnen eine scheinbare Immunität gegenüber natürlich auftretender Schizophrenie und Alzheimer. Umgekehrt lässt es darauf schließen, dass uns diese beiden Erkrankungen zu Menschen machen. Hinsichtlich dieses faszinierenden Konzepts werden wir uns später noch mit einigen umstrittenen Beobachtungen befassen.

Geburt und Tod sind die beiden Zustände, die unser Leben umschließen. Der eine wirft uns unter Geschrei aus dem Pleroma in die konsensuelle Wirklichkeit, der andere geleitet uns am Ende des Lebens wieder dorthin zurück. Wenn wir Glück haben und vermeiden können, bei einem Unfall, durch Krankheit oder von der Hand unserer Mitmenschen zu sterben, werden wir unsere sterbliche Hülle schließlich mithilfe der Alzheimer-Krankheit abstreifen. Da unsere Medizintechnik die wichtigsten, früher tödlichen Krankheiten zunehmend besser in den Griff bekommt und wir dadurch länger leben können, werden immer mehr Menschen dieser Erkrankung erliegen. Sie hängt unmittelbar mit dem alternden Gehirn zusammen und erreicht epidemische Ausmaße, insbesondere in der entwickelten Welt. Berechnungen zufolge entwickelt in den Vereinigten Staaten alle siebenundsechzig Sekunden ein Mensch diese Krankheit. Weltweit sind etwa 35,6 Millionen Menschen davon betroffen, und man erwartet, dass sich diese Zahl bis zum Jahr 2050 verdreifacht. Alzheimer spiegelt eine verwandte Epidemie, auf die wir später zu sprechen kommen werden.

Warum fungiert eine Erkrankung, die uns von allen anderen Tieren unterscheidet, als letzter Ausweg, um dafür zu sorgen, dass wir beiseitetreten und der jüngeren Generation den Weg freimachen? Nehmen wir uns nun etwas Zeit für eine nähere Betrachtung dieses Leidens, mit dem viele Menschen sich eines Tages werden auseinandersetzen müssen.

KAPITEL SECHS:

Alzheimer

Einführung: Das Erlebnis meiner Mutter

Vor etwa zehn Jahren erhielt ich einen Anruf von meiner betagten Mutter. Sie war damals Anfang achtzig. Zur Hintergrundinformation ist zu sagen, dass sie fünfzehn Jahre zuvor ihr linkes Auge verloren hatte, nachdem ein malignes Melanom diagnostiziert worden war. Mit dieser Behinderung war sie sehr gut zurechtgekommen. Sie hatte die Tiefenwahrnehmung verloren, sah ansonsten aber sehr gut. Leider hatte sie wenige Monate vor dem Anruf entdeckt, dass sie im verbleibenden Auge ein Glaukom hatte. Das waren keine guten Nachrichten, denn nach dem Tod meines Vaters Ende der 1980er Jahre lebte sie allein. Sie hatte allerdings die Freundschaft zur Schwester meines Vaters neu aufleben lassen, und meine Tante hielt sich regelmäßig bei meiner Mutter in Bromborough Pool Village auf der Halbinsel Wirral im Nordwesten Englands auf.

Bei dem Telefonanruf schilderte meine Mutter einen Spaziergang mit meiner Tante ins Dorf. Meine Tante blieb einen Moment stehen, um Luft zu schnappen, und meine Mutter tat es ihr gleich. Dabei fiel ihr am Himmel über der mittlerweile verlassenen Fabrikanlage „Prices" etwas Seltsames auf. Sie beschrieb es mir als Rauchkreis mit einem massiveren, scheibenförmigen Objekt in der Mitte. Dieses hatte zwei farbige Blinklichter. Staunend beobachtete sie, wie der Rauchring anfing sich zu drehen und das Ganze dann einen Moment später einfach verschwand. Sie hatte den Eindruck, was immer es gewesen sei, sei ein paar Sekunden hier gewesen und dann dorthin zurückgekehrt, wo es hergekommen war. Leider sah meine Tante noch schlechter und hatte nichts bemerkt.

Meine Mutter wollte unbedingt hören, was ich zu dem meinte, was sie gesehen hatte. Von UFOs wusste sie zwar aufgrund meines eigenen Interesses an dem Thema, aber sie hatte nie etwas darüber gelesen. Ich stimmte ihr zu, dass das, was sie gesehen hatte, merkwürdig war, meinte aber auch, es könne an ihrem nachlassenden Sehvermögen gelegen haben und möglicherweise eine „Mouche volante", eine kleine Glaskörpertrübung in ihrem Auge, gewesen sein.

Ein paar Tage später rief sie frühmorgens erneut an. War sie bezüglich ihrer „Sichtung" völlig ruhig und sachlich gewesen, so war sie dieses Mal in völlig anderer Verfassung. Sie war erkennbar aufgewühlt und nicht wenig erschrocken. Seit dem Tod meines Vaters lebte sie allein und kam sehr gut zurecht. Es war eindeutig etwas vorgefallen, das ihr Sicherheitsgefühl beeinträchtigte. Nachdem es mir gelungen war, sie etwas zu beruhigen, erklärte sie, sie sei in den frühen Morgenstunden aufgewacht. Ihr Schlafzimmer wurde von einer Straßenlaterne vor ihrem Fenster erhellt. Etwas hatte sie gestört. Sie sah sich im Zimmer um und bemerkte, dass die Schlafzimmertür leicht angelehnt war. Dies kam ihr seltsam vor, weil sie sie normalerweise schließt. Beim Blick zur Tür bemerkte sie eine Bewegung. Lange dünne Finger legten sich um das Türblatt. Ihnen folgte ein großer Kopf, der sich ins Zimmer schob. Die Kreatur sah sich um und entdeckte sie im Bett. Dies beunruhigte das Wesen offenbar, und es wich hinter die Tür zurück. Meine Mutter war starr vor Schreck, wie sie mir sagte. Sie konnte sich nicht rühren. In diesem Zustand verharrte sie recht lange, doch schließlich sank sie wieder in den Schlaf.

Nach dem Aufwachen war ihr die nächtliche Erscheinung noch sehr gegenwärtig. Sie eilte nach unten und rief mich an. Ich fragte sie, wie ihr nächtlicher Besucher ausgesehen habe. Sie sagte, das Wesen habe etwa die Größe eines Kleinkindes mit einem riesigen Knollenkopf gehabt. Es hatte sehr lange Finger und spindeldürre Arme. Was sie aber wirklich durcheinanderbrachte, waren seine riesigen, insektenhaften Augen. Außerdem fügte sie hinzu, dass es anscheinend keine Nase, sondern nur zwei schlitzförmige Nasenlöcher gehabt habe. Sie fragte mich, was in aller Welt das gewesen sei.

Ich versuchte, sie zu beruhigen, indem ich ihr erklärte, es handele sich lediglich um einen sehr lebhaften Traum. Dies schien zu wirken. Da sie allein lebte, wollte ich ihr auf keinen Fall noch mehr Grund zur Sorge geben. Zum Glück ist die „Wesenheit“ nie mehr wiedergekommen, zumindest nicht in dieser Gestalt. Aber ich war äußerst fasziniert.

Wie bereits gesagt, kennt meine Mutter keinerlei UFO-Geschichten. Dass sie in allen Einzelheiten einen klassischen „Grauen“ beschrieb, versetzte mich in Angst und Schrecken. Sie war immer ein recht bodenständiger Mensch gewesen. Sie glaubte nicht an Geister oder Außerirdische. Ja, als ich noch jünger war, hatte sie sich immer dezent über mein Interesse an „solchem Unsinn“ lustig gemacht. Woher hatte ihr Unbewusstes also ein derartiges Bild erzeugt? Wichtiger noch, stand dies in irgendeinem Zusammenhang mit dem UFO-Zwischenfall wenige Tage zuvor? Ich wollte unbedingt vermeiden, dass sie diese Dinge miteinander in Verbindung brachte, und habe deshalb nie wieder mit ihr über das Thema gesprochen.

Vor drei Jahren habe ich eine Beschreibung dieses Vorfalls auf meiner Facebook-Pinnwand gepostet. Kurz danach erhielt ich eine Antwort von einer Freundin namens Morrigan Howkins. Sie erklärte, am selben Tag, an dem meine Mutter das UFO gesehen hatte, habe sie gut anderthalb Kilometer weiter dasselbe Objekt aus der entgegengesetzten Richtung gesehen. Sie saß gerade mit einer Freundin im Taxi, und sowohl der Taxifahrer als auch die Freundin hatten es ebenfalls gesehen.

Was meine Mutter gesehen hatte, veränderte sich für mich dadurch von einer Halluzination zu etwas weitaus Faszinierenderem. Entweder war die „Halluzination“ kollektiv und durch eine Massenhysterie ausgelöst worden, oder es handelte sich um ein echtes Objekt am Himmel. Da Morrigan, ihre Freundin und der Taxifahrer meiner Mutter nie begegnet sind – und zum fraglichen Zeitpunkt etwa anderthalb Kilometer entfernt waren – halte ich eine kollektive, durch eine ansteckende Massenhysterie hervorgerufene Wahnvorstellung keinesfalls für eine passende Erklärung.

Wenn die UFO-Sichtung ein äußeres Ereignis war, was sagt uns dies dann über die anschließende „Erscheinung"? Hingen die beiden Ereignisse zusammen oder war es schlichter Zufall? Die weiteren Entwicklungen nach der Sichtung und der nächtlichen Begegnung machen das Ganze sogar noch faszinierender.

Bald nach der Begegnung meiner Mutter mit der „Wesenheit" in ihrem Schlafzimmer berichtete sie von seltsamen Dingen, die ihr zu Hause oder beim Einkaufen passierten. Sie erzählte mir, in ihrem Haus sei ein „älterer Herr". Sie sah ihn regelmäßig, und stets lächelte er sie an. Ich fragte sie, ob es vielleicht ein Nachbar sei, der spontan nach ihr schaue. Sie erwiderte, dies sei nicht der Fall. Das Überraschende war für mich, dass sie sich wegen dieser Erscheinung keinerlei Sorgen machte. Das war mysteriös; doch was dann geschah, half mir, das Rätsel zu lösen. Eines Tages erwähnte sie, wiederum beiläufig, die „kleinen Kinder" seien wieder im Haus gewesen. Ich fragte, wer diese Kinder seien. Sie antwortete, es seien dieselben, die auf der Straße immer an ihr vorbeistreiften, wenn sie einkaufen ginge. Sie erklärte, sie seien sehr freundlich, plapperten miteinander und sängen manchmal Lieder. Ich fragte sie, wie die Kinder ins Haus kämen, und sie erwiderte: „Die sind immer da."

Da wurde mir klar, was vor sich ging. Bei meinen Recherchen zu visuellen Halluzinationen war ich auf das sogenannte Charles-Bonnet-Syndrom (CBS) gestoßen. Dabei geben ältere Menschen mit nachlassendem Sehvermögen an, sie sähen kleine Leute, nicht existente Tiere und andere groteske Dinge. Diese werden im konsensuellen Raum wahrgenommen, sind scheinbar selbstmotiviert und haben eigene Pläne. Wir werden später noch einmal darauf zurückkommen. Sorge bereitete mir aber, dass meine Mutter Anzeichen zunehmender Verwirrung und vermehrten Gedächtnisverlustes zeigte, verbunden mit irrationalen Verhaltensgewohnheiten. Da CBS auch mit dem frühen Stadium von Demenzen und insbesondere Alzheimer verbunden wird, war es mir wichtig, eine formelle Diagnose zu erhalten. Ein paar Tage später ging ich mit ihr zur Ärztin. Zu meiner Überraschung hatte diese noch nie von CBS gehört, ging aber auf meinen Vorschlag ein, meine Mutter auf Alzheimer zu untersuchen. Im Laufe der kommenden Monate verschlechterte sich der Zustand meiner Mutter deutlich, und es wurde formell eine Lewy-Körperchen-Demenz (auch Lewy-Body-Demenz, LBD) diagnostiziert. Die „Begegnung mit Außerirdischen" und die darauffolgenden visuellen Wahrnehmungen kleiner Kinder waren Symptome der sich entwickelnden Erkrankung meiner Mutter.

Meine Mutter ist bei weitem nicht die einzige, die dieses rätselhafte „Syndrom" aufweist – rätselhaft insofern, als Psychiatrie und Neurologie die Auswirkungen der „Krankheit" sehr gut beschreiben können, bei der Erklärung aber, warum solche Bilder spontan auftreten und inwiefern sie offenbar über eine gewisse Unabhängigkeit vom Beobachter verfügen, wesentlich weniger effektiv sind. Meine Mutter hat den „Grauen" in ihrem Schlafzimmer nicht „erschaffen". Er oder eine äußere Kraft mit eigenen Beweggründen hat beschlossen, in diesem Stadium in ihr Leben zu treten. Ist also die Erklärung, dass CBS-Bilder lediglich „Halluzinationen" sind, in irgendeiner Form angebracht oder, wichtiger noch, überzeugend?

Das Charles-Bonnet-Syndrom

Das Charles-Bonnet-Syndrom (CBS) ist nach dem Arzt benannt, der es als Erster beschrieben hat, nach Charles Bonnet (1720-1772). Bonnet war ein faszinierender Mensch. Er war der Erste, der die „Parthenogenese" beobachtete, bei der eine unbefruchtete Eizelle einen Embryo hervorbringen kann. Sein bescheidener Ruhm rührt jedoch von dem nach ihm benannten „Syndrom". Sein Großvater, Charles Lullin, litt an einer Linsentrübung und unterzog sich im Alter von zweiundsiebzig Jahren einer Operation, um diese zu beheben. Damals war das sehr riskant. Doch Lullin überlebte. Elf Jahre später geschah etwas Seltsames: Er entwickelte sehr starke Halluzinationen. Auf den Wandteppichen in seinem Haus sah er Menschen und Tiere, die sich bewegten. Außerdem erlebte er Makropsien und Mikropsien (wobei Gegenstände größer oder kleiner erscheinen, als sie tatsächlich sind), und es tauchten Gegenstände in seinem Gesichtsfeld auf und verschwanden wieder.

Bonnet war von alledem fasziniert und hielt fest, was sein Großvater ihm erzählte.

Doch es lässt sich eine noch faszinierendere Verbindung herstellen: Meine Mutter hatte seit dem Jugendalter Migräne und Migräne mit Aura. Es gibt eine Form der Migräne, die unter der Bezeichnung „Migräne mit Hirnstamm-Aura" oder auch Basilaris-Migräne oder Bickerstaff-Syndrom bekannt ist.[1] Man weiß, dass das Leiden bei Frauen zuerst im jugendlichen Alter auftritt und dann bis in mittlere Jahre anhält. Genau zu diesem Zeitpunkt hat es auch meine Mutter erstmals ereilt. Die mit den Aura-Phasen der Basilaris-Migräne verbundenen Halluzinationen werden im Hirnstamm und den Okzipitallappen erzeugt. Der Hirnstamm zählt zu den primitivsten Gehirnteilen. Der Okzipitallappen wiederum ist der Sitz des primären visuellen Cortex und neurochemisch sowie neuroelektrisch eng mit der Retina, also der Netzhaut, verbunden. Schädigungen der Okzipitallappen führen bekanntlich zu Sehproblemen und Halluzinationen. Bezeichnenderweise weiß man ebenfalls, dass epileptische Anfälle im Okzipitallappen durch flackerndes Licht, Stroboskope oder Blitzlichtfotografie ausgelöst werden. Man spricht hier von fotosensibler Epilepsie.

Ist nur wahr, was alle sehen?

Der Neurowissenschaftler V. S. Ramachandran und der Psychiater Oliver Sacks waren von den Auswirkungen des CBS fasziniert. Sacks gibt in seinem Buch *Drachen, Doppelgänger und Dämonen* die Angaben einer älteren Frau wieder, die gesehen haben will, wie zwei Miniatur-Polizisten einen Miniatur-Verbrecher in einem gleichermaßen winzigen Polizeitransporter abführten. Für mich und auch für alle, die solche Halluzinationen erleben, stellt sich nun eine wichtige Frage, welche die herkömmliche Erklärung für „Halluzinationen" nicht zu beantworten vermag, und die lautet: Warum erschafft das Gehirn derart groteske, aber lebhafte Bilder?

Eine Patientin von Ramachandran sah Kinder in ihrem linken Gesichtsfeld – was an sich schon seltsam genug ist, noch merkwürdiger aber war, dass sie auch angab, ihr Lachen zu hören. Genauso hat auch meine Mutter ihre Begegnungen mit „den Kindern“ beschrieben. Jedes Mal, wenn sich die Patientin in Richtung des Kinderlachens umdrehte, waren die Kinder verschwunden. Ramachandran baut eine Argumentation auf, mit der er diese Effekte als visuelle Halluzinationen erklärt, doch hier liegt eine akustische Halluzination vor, welche die visuellen Bilder begleitet. Wenn CBS schlicht bedeutet, dass das Gehirn visuelle Bilder erfindet, um den Verlust des Sehvermögens auszugleichen, warum ist dann der auditive Cortex ebenfalls beteiligt und erzeugt Geräusche, die das „Gesehene“ verstärken? Die visuellen Pfade des Gehirns sind völlig andere als die auditiven.

Dass in diesen Halluzinationen regelmäßig Kinder vorkommen, ist faszinierend. Ich vermute, dass in Wirklichkeit „kleine Leute“ gesehen werden, nicht eigentlich Kinder. Von diesen Wesenheiten wird seit jeher berichtet: Vom „kleinen Volk“, von „Feen, Elfen und Zwergen“ oder „Naturgeistern“. Interessanterweise wagt Ramachandran einen ähnlichen Schluss, obwohl er ihn mit der Wahrnehmung von Geistern und UFO-Sichtungen verbindet statt mit Elfen und Zwergen. Wie bereits erwähnt, war eine UFO-Sichtung der erste Hinweis auf das leider nicht erkannte CBS meiner Mutter. Darauf folgte der Geist eines älteren Mannes in ihrem Haus. Außerdem sah sie auch die Kinder und einen klassischen „Grauen“. Von Bedeutung ist hier wahrscheinlich, dass sie in der Folgezeit Alzheimer entwickelte und ihr Leben lang Migräne-Patientin war. Wie viele Kästchen müssen angekreuzt werden? Natürlich sind alle ihre Erlebnisse subjektiv wiedergegeben. Meine Frage lautet aber: Wie hätte man sonst von ihren Erlebnissen berichten können? Halluzinationen sind schon ihrer Definition nach persönliche, innere Erlebnisse.

In einem weiteren, besonders interessanten Fall berichtet ein älterer Herr in seinem örtlichen Krankenhaus, er nehme seit zehn Tagen in seinem rechten Gesichtsfeld eine Reihe komplexer Halluzinationen wahr. Diese Halluzinationen dauerten für gewöhnlich ein paar Sekunden. Sie bestanden jeweils aus einer Katze oder einem kleinen Hund und waren absolut realistisch. Jedes Tier stand still und schaute ihn an. Wenn er die Augen schnell bewegte, verschwand es, stellte er fest, langsame Augenbewegungen hatten hingegen keinen Einfluss.

Mir fällt bei diesen Effekten die Ähnlichkeit zu hypnagogen oder hypnopompen Bildern auf, und ich vermute, dass es eine Verbindung zwischen beiden geben könnte, vielleicht begünstigt durch eine Form der REM-Intrusion. Besonders interessant an diesen Beiträgen ist, dass beide Verfasser unabhängig voneinander anerkennen, dass die Halluzinationen scheinbar eine äußere, autonome Existenz haben. Mit anderen Worten, die Halluzinationen sind offenbar unabhängig vom Beobachter. Wissenschaftliche Forscher betonen normalerweise, dass Menschen, die solche Halluzinationen wahrnehmen, zu keinem Zeitpunkt glauben, die Wesen, die sie sehen, seien tatsächlich real. Ich frage mich, wie dies sein kann. Wenn die Halluzination über eine scheinbar dreidimensionale Körperlichkeit verfügt, sich im dreidimensionalen Raum befindet und eigenmotiviertes Verhalten zeigt, warum schließt dann der Beobachter daraus nicht, dass es sich um ein echtes Element der konsensuellen Realität handelt? Schließlich würde dies alles unter „normalen" Wahrnehmungsbedingungen als Beweis dafür anerkannt, dass das Gesehene tatsächlich real ist. Ich kann daraus nur schließen, dass die Nicht-Realität einer Wahrnehmung bekräftigt wird, wenn bekannt ist, dass andere sie nicht wahrnehmen. Dies verankert das Erlebnis natürlich fest in der allgemeinen Definition einer Halluzination als einer Wahrnehmung von etwas, das in der äußeren (phänomenalen) Welt nicht existiert. Einfach gesagt, wenn niemand anderer es sieht, zählt es als Halluzination.

Neurologische Erklärungen des Charles-Bonnet-Syndroms

Es fasziniert mich, wie die konventionelle Wissenschaft dieses unglaubliche Phänomen erklärt. Bei einer Suche im Internet stieß ich auf einen ursprünglich im April 1998 in der Zeitschrift *Health and Ageing* erschienenen Artikel. Er ist ein Versuch seiner Verfasser (Dr. Stephen J. Doyle, Augenarzt am Manchester Royal Eye Hospital und der Journalistin Maggie Harrison) zu beschreiben, was mit Laien geschieht, die plötzlich feststellen, dass die „Pforten der Wahrnehmung" sich öffnen und alle möglichen merkwürdigen und wunderbaren Wesen in ihren konsensuellen Raum gelangen. Sie schreiben:

> Warum diese Halluzinationen auftreten, ist nicht bekannt, doch die bisher beste Erklärung ist das Modell vom „dualen Input“. Nach diesem Denkmodell tragen sowohl der äußere sensorische Input als auch der innere Input aus dem Gedächtnis zur Bildentstehung bei, und es ist ein nachhaltiger Input durch die Sinne erforderlich, um die Entstehung vorgeformter Bilder aus dem Hirninneren zu verhindern. Fällt der sensorische Input unter eine bestimmte Schwelle, kann es zur Freisetzung zuvor gespeicherter Wahrnehmungen ins Bewusstsein kommen.[2]

Beachten Sie, dass die Verfasser hier wieder auf das Modell vom dualen Input zurückgreifen, also eben jene Theorie, die von Green und McCreery sehr gründlich verworfen wurde. Aber ist diese „Erklärung“ des CBS, wonach „innere Input(s) aus dem Gedächtnis“ zu den wahrgenommen Bildern beitragen, tatsächlich wasserdicht? Zu den großen Rätseln des CBS gehört, dass die Betroffenen Bilder von Orten oder Menschen „sehen“, an denen sie noch nie waren beziehungsweise denen sie nie begegnet sind. Dies sind eindeutig keine Erinnerungen. Zum Beispiel sah Oliver Sacks Patientin Rosalie „auf und ab gehende Menschen in österlicher Kleidung“ und erlebte später einen Vorfall, bei dem die Wand ihres Schlafzimmers zu einem riesigen Tor wurde, durch das Scharen aufwändig gekleideter Menschen in ihre Realität drängten.[3] Auf Rosalie wirkten diese Menschen absolut real.[4]

Es gibt eine weitere Form des CBS mit einer meiner Vermutung nach hypnagogen oder hypnopompen Bilderwelt, die an der Grenze zwischen Wachen und Schlafen auftritt. Diese Bilder stellen Szenerien und Ereignisse dar, die sehr alltäglich erscheinen und deshalb den Eindruck der Realität erwecken.

Ivy L., eine weitere CBS-Patientin von Oliver Sacks, die außerdem an Makuladegeneration litt, gab an, wenn sie in einem Auto mitfahre, könne sie die Augen schließen und dann vor ihrem geistigen Auge ein

Faksimile der vorüberziehenden Umgebung sehen, wie sie sein könnte, wenn sie die Augen offen hätte. Merkwürdigerweise kamen in den Halluzinationen nie Menschen oder andere Fahrzeuge vor.[5]

Bitte machen Sie sich bewusst, dass diese Bilder von den Beobachtern in keiner Weise willentlich hervorgerufen werden, sie sind scheinbar selbstständig und enthalten Szenen mit eigener innerer Konsequenz und einer Atmosphäre völliger Normalität. Ivy schließt die Augen, und die Bilder tauchen auf. Dennoch hält sie sie nach wie vor für Illusionen.

Anders eine weitere Patientin von Sacks, die er als „Janet B." bezeichnet. Janet war eine begeisterte Leserin und wegen ihrer nachlassenden Sehkraft auf Hörbücher umgestiegen. Hin und wieder stellte sie fest, dass sie der Geschichte nicht alleine zuhörte. Dann gesellte sich eine Gruppe unbekannter Personen zu ihr, die sehr aufmerksam zuhörte, was laut vorgelesen wurde. Diese Leute beantworteten nie die Fragen, die Janet ihnen stellte, und schienen ihre Anwesenheit gar nicht zu bemerken. Zunächst hielt Janet ihre Begleiter für Halluzinationen. Mit fortschreitender Demenz bestand sie jedoch darauf, dass sie real seien.[6]

Hier haben wir eine Frau, die zunächst glaubt, was sie wahrnimmt, sei eine Halluzination, doch mit der Zeit, die ihr auch Gelegenheit gibt, die Situation genauer einzuschätzen, kommt sie zu dem Schluss, dass die Halluzinationen in Wirklichkeit echt sind. Nur zu gerne stimmt Sacks seinen Patienten zu, wenn sie anerkennen, dass die Halluzinationen im Kopf erschaffen und nicht real sind. Wenn aber dieselbe Patientin nach gründlicher Erwägung ihre Position revidiert, dann heißt es, sie befände sich in einem Wahnzustand. Meiner Meinung nach lassen die Bilder, die Janet B. wahrgenommen hat, darauf schließen, dass sie per „Remote Viewing" (Fernwahrnehmung) eine Szene in einem Literaturkreis gesehen haben könnte. Insgesamt legt ihre Schilderung nahe, dass sie die unsichtbare „Beobachterin" eines realen Ereignisses ist, das anderswo stattfindet. Es fasziniert mich, warum eine vom Gehirn generierte Halluzination ein Bild erzeugen sollte, in dem die darin vorhandenen Menschen die Beobachterin nicht wahrnehmen.

Sacks anerkennt, dass CBS-Halluzinationen äußerst lebendige Farben und Details enthalten. Ganz genauso beschreiben auch DMT-Konsumenten die Welt, die sie betreten, wenn sie das Halluzinogen einnehmen. Als Nächstes beschreibt er die häufigeren CBS-Halluzinationen, die physikalische Formen wie Quadrate, Schachbrettmuster, Rauten, Vierecke oder aber auch Wabenmuster, Phosphene oder Farbwolken umfassen.[7]

Sie werden sich erinnern, dass dies genau die Bilder sind, die als *Klüversche Formkonstanten* bezeichnet werden, und wie das Auftreten von Phosphenen ermöglichen auch sie eine direkte Verbindung zu Migräne-Aurae. Solche Ähnlichkeiten lassen doch sicher auf eine gemeinsame Ursache schließen?

Ein großes Rätsel, das überdies nahelegt, dass CBS eben nicht bloß ein bestimmter Satz subjektiver Halluzinationen ist, stellt für mich die einfache Tatsache dar, dass bestimmte wiederkehrende Motive in vielen Berichten über CBS zu finden sind. Meine Mutter verfügte zum Beispiel über keinerlei Kenntnisse über CBS und berichtete mir dennoch regelmäßig von den „Kindern". In seinem Buch *Drachen, Doppelgänger und Dämonen* beschreibt Oliver Sacks einen seiner Patienten, den er Marlon nennt und der, wie meine Mutter, Kinder und kleine Leute sah.[8] Mit Fortschreiten seines CBS glaubte Marlon jedoch allmählich, die Wesen, die er im Zustand der Halluzination sah, seien echt. Sacks ist immer sehr daran gelegen zu betonen, dass CBS-Erlebnisse sich dadurch von anderen Halluzinationen unterscheiden lassen, dass die Betroffenen wissen, dass das, was sie sehen, nicht real ist. Er versucht dies mit der Behauptung zu erklären, dass die menschliche Fähigkeit, Wirklichkeit von Illusion zu unterscheiden, nachts verloren geht. Im Hinblick auf Marlon bemerkt er: „Im späteren Tagesverlauf brechen seine Erkenntnisse ab."

Dürfte ich hier eine alternative Erklärung vorschlagen? Menschen mit CBS nähern sich dem Ende ihres Lebens. Sie begeben sich wieder in einen Bewusstseinszustand, den sie als Säuglinge und Kleinkinder hatten. Ihre „Pforten der Wahrnehmung" öffnen sich wieder, und sie erhalten Zugang zu Elementen des Pleroma. Frühe Kindheit und hohes

Alter sind die beiden Schwellen, an denen das Bewusstsein aus dem Pleroma hervortritt oder wieder ins Pleroma eingeht. Dasselbe geschieht in jedem Alter in Todesnähe.

Möglicherweise signifikant ist im Falle meiner Mutter, dass ihre Diagnose „Lewy-Körperchen-Demenz" lautete. Lewy-Körperchen bestehen aus Proteinen und lagern sich im Hirnstamm, in den Basalganglien und manchmal im visuellen Assoziationscortex ab. Dies lässt darauf schließen, dass sie Halluzinationen begünstigen könnten. Sacks verbindet diesen Zustand mit Parkinson, aber er steht zweifellos auch in Bezug zur herkömmlichen Demenz. Für ihn besteht der wichtigste Unterschied zwischen Lewy-Körperchen- und den als CBS definierten Halluzinationen darin, dass Erstere im Gegensatz zu den rein visuellen Halluzinationen bei CBS komplex und multisensorisch sind, also auch Klänge und Gerüche umfassen. Tatsächlich sind sie so lebhaft, dass sie, mit Sacks Worten gesprochen, zu der „Wahnvorstellung" führen, sie seien real.

Die Lewy-Körperchen-Demenz gehört zu einer Gruppe von Erkrankungen, die als sporadische Senile Demenz vom Alzheimer-Typ (SDAT) bezeichnet werden. Der größte Unterschied zwischen klassischem Alzheimer und der der Lewy-Körperchen-Demenz besteht darin, dass Menschen, die unter einer Demenz mit Lewy-Körperchen leiden, regelmäßig CBS erleben, an der klassischen Form von Alzheimer Erkrankte jedoch nicht. Allerdings sind diese beiden Erkrankungen eng verwandt und werden oft falsch diagnostiziert. Meiner Meinung nach öffnet eine Lewy-Körperchen-Demenz die „Pforten der Wahrnehmung" ein wenig weiter als Alzheimer, doch letztendlich erbringen beide dieselben Resultate: Ein allmähliches Verlassen dieser Realität und den Eintritt in eine andere. Diesem kleinen Spektrum altersbedingter Erkrankungen werden wir unsere Aufmerksamkeit nun etwas eingehender zuwenden.

Alzheimer und verwandte Schwellenzustände

Man hat errechnet, dass alle einundsiebzig Sekunden irgendwo auf der Welt bei jemandem SDAT diagnostiziert wird. SDAT hängt nachweislich mit Funktionseinschränkungen der Mikrotubuli zusammen und zeichnet sich durch das Auftreten spezifischer zytoskelettaler Anomalitäten aus, darunter neurofibrillären Bündeln und senilen Plaques. Die von Alzheimer betroffenen Areale sind der Hippocampus, das limbische System und der Cortex (die Hirnrinde). Die im Hinblick auf unsere Untersuchungen wichtigste Entdeckung bei der senilen Demenz vom Alzheimer-Typ ist jedoch, dass sie unmittelbar durch die Zerstörung der Mikrotubuli verursacht wird.

Wie Sie sich erinnern werden, glaubten Roger Penrose und Stuart Hameroff, dass die Mikrotubuli – dünne molekulare Röhrchen – ausschlaggebend sind für die Verarbeitung von Bewusstsein. Sie transportieren Proteine in den Verästelungen der Nervenzellen im Gehirn und bilden das Zellgerüst. Sie sind Bestandteil des Zellskeletts und können bis zu fünfzig Mikrometer lang werde. Allerdings sind sie sehr schmal. Ihr äußerer Durchmesser beträgt etwa vierundzwanzig, der innere zwölf Nanometer. Penrose und Hameroff haben vorgeschlagen, dass Bewusstsein durch diese Strukturen geschaffen wird; daher beeinträchtigt jede Schädigung die Fähigkeit des Gehirns, dessen Signale zu empfangen. Ich weiß, dass ich die folgende Analogie schon mehrfach gebraucht habe, aber sie bringt es einfach auf den Punkt: Genau wie in einem Radioempfänger nicht die Musiker, die Sprecher und das Studio enthalten sind, verhält es sich auch mit dem Gehirn, in dem das Bewusstsein nicht *enthalten* sein muss. Wird das Radio beschädigt oder zerstört, wird die Sendung möglicherweise verwirrt, zusammenhanglos; stellt es seine Funktion komplett ein, verliert es das Signal. Für den Zuhörer ist das Radio tot. Aber um es noch einmal zu sagen, das Sendestudio besteht nach wie vor.

Faktisch sind die Mikrotubuli der Radioempfänger. Werden sie geschädigt, wird das Signal in ähnlicher Weise verwirrt und stirbt mit sich verschlimmernder Schädigung scheinbar ab. Bewusstsein kann nicht mehr durchdringen, und das Gehirn kehrt nach und nach zu seinen autonomen Funktionen zurück. Wie wir wissen, braucht ein Körper kein seiner selbst bewusstes Bewusstsein, um funktionieren zu können. Menschen in einem dauerhaften Wachkoma leben weiter, unter Umständen jahrelang, sofern sie mit Nahrung und Wasser versorgt werden.

Die SDAT-Forschung deutet immer mehr darauf hin, dass Penrose und Hameroff recht haben. In einem gesunden Gehirn werden die Mikrotubuli durch ein Eiweiß, das sogenannte Tau-Protein (nach dem griechischen Buchstaben Tau), gehört zur Gruppe der Mikrotubuli-assoziierten Proteine, gesund erhalten. In einem normalen Gehirn steht das Tau-Protein in Wechselwirkung mit den Tubulinen, um die Mikrotubuli zu stabilisieren; wird Ersatz benötigt, regt es außerdem die Tubuline dazu an, sich zu neuen mikrotubulären Strukturen zu verbinden. Wird das Gehirn von Alzheimer befallen, stellt das Tau seine Funktion ein und aggregiert zu sogenannten Amyloid-Fibrillen. Faktisch handelt es sich dabei um Tau-Protein-Bündel. Alleine sind Tau-Proteine leicht löslich. Haben sie sich jedoch erst einmal zu einer Fibrille verdichtet, widersetzen sie sich einem Abbau wesentlich stärker. Die Fibrillen lagern sich aneinander an und stören dadurch die Übertragung von Signalen von Nervenzelle zu Nervenzelle im Gehirn. Sie verstopfen buchstäblich das Gehirn.

Eine weitere Experimentreihe stützt ebenfalls indirekt das Mikrotubuli-Modell von Penrose und Hameroff. Wissenschaftlern ist es gelungen, bei Nagern durch die Verabreichung von Colchicin ähnliche Symptome hervorzurufen wie man sie bei Patienten mit SDAT beobachtet hat.[9] Gelangt Colchicin ins Gehirn, so bindet es an Tubulin und bewirkt eine ähnlich umfassende Destabilisierung der Mikrotubuli wie durch Amyloid-Fibrillen. Dies führt ebenso zu einem massiven Zellsterben.[10]

Zu den bedeutendsten neueren Entdeckungen gehört im Hinblick auf die übergreifende These dieses Buches, dass im lateralen Teil des primären Motorcortex und einem kleinen Teil des Gyrus lingualis hohe Werte von β-Amyloid (Beta-Amyloid) gefunden wurden.[11] Dabei handelt es sich um exakt dasselbe Areal, in dem sowohl bei Schizophrenen als auch bei Alzheimer-Patienten Zellsterben festgestellt wurde. Dies deutet auf eine signifikante Verbindung zwischen den beiden Krankheiten hin, von denen sich eine recht früh im Leben, die andere am Lebensende manifestiert.[12]

Alzheimer und Déjà-vu

Wenn die Alzheimer-Krankheit am Ende des Lebens die Öffnung der „Pforten der Wahrnehmung“ fördert, dann muss es Indizien für präkognitive Sensationen, Telepathie und Episoden veränderter Bewusstseinszustände geben. Wie wir bereits entdeckt haben, begünstigt Alzheimer tatsächlich veränderte Bewusstseinszustände, einschließlich der merkwürdigen Halluzinationen, die als CBS etikettiert werden.

Zu den Phänomenen, die nahelegen, dass kurzfristige Präkognition möglich ist, gehört Déjà-vu. Wie wir bereits gesehen haben, berichten Migräne-, Temporallappen-Epilepsie- und Schizophrenie-Patienten regelmäßig von derartigen Erfahrungen. Déjà-vu-Erlebnisse gelten unter Medizinern sogar als ein Symptom aller drei Erkrankungen. Es sollte uns daher nicht verwundern, wenn wir nun entdecken, dass Déjà-vu auch mit Alzheimer verbunden wird.

Im Juli 2006 erschien ein Artikel in der *New York Times*. Unter dem auffallenden Titel „Déjà-vu, immer wieder“ wurde darin von dem Fall einer siebenundsiebzigjährigen Frau namens Pat Shapiro berichtet, die mit ihrem Mann Don in Dover, Massachusetts, lebt. Als Pat im Dezember 2005 einmal mit ihrer Tochter Susan vor einem Laden im Auto saß, wurde ihre Aufmerksamkeit plötzlich von einer Frau mit Baby angezogen, die ganz in der Nähe in ein Auto stieg. Pat sagte zu ihrer Tochter: „Die habe ich auch schon gesehen, als ich letztes Mal da war. Da hat das Baby genau dasselbe gemacht.“ Pat fiel eine weitere Frau mit einem Schal auf, die rauchte und in ihr Mobiltelefon plauderte; und wieder wusste sie, dass sie exakt dieselbe Szene zu einem nicht näher bestimmten Zeitpunkt in ihrer Vergangenheit schon einmal gesehen hatte. Als sie nach Hause kamen, gestand Pat Susan ein, dass sie dieses seltsame Gefühl regelmäßig hatte.

Die anerkannte wissenschaftliche Definition für Déjà-vu wurde 1983 von dem Psychiater Vernon Neppe aus Seattle formuliert und lautet: „Jeder subjektiv unangemessene Eindruck, das gegenwärtige Erleben bereits aus einer nicht näher definierten Vergangenheit zu kennen.“ Hier muss jedoch darauf hingewiesen werden, dass Pat in Wirklichkeit ein verwandtes Phänomen aus dem Déjà-vu-Spektrum, nämlich ein Déjà-vécu, ein schon einmal erlebtes Erlebnis, hatte. Dieser Begriff wurden erstmals von dem in der Schweiz lebenden Arzt und Therapeuten Dr. Arthur Funkhouser geprägt. Wörtlich übersetzt bedeutet Déjà-vu „schon einmal gesehen", und obwohl Pat die Umstände noch einmal „gesehen hatte", „erlebte" sie diese auch nach.

Im Dezember 2000 arbeitete Chris Moulin – heute an der Universität Leeds – an einer Gedächtnisklinik in Bath. Ein Hausarzt überwies ihm einen achtzigjährigen pensionierten Ingenieur, der in letzter Zeit starke, anhaltende Déjà-vu-Sensationen entwickelt hatte. Moulin suchte den Mann, der als A. K. P. bezeichnet wurde, zu Hause auf. A. K. P.s Frau war inzwischen sehr frustriert darüber, dass ihr Mann beim Fernsehen jedes Mal mit absoluter Sicherheit zu wissen behauptete, was als Nächstes geschehen würde.[13]

In der wissenschaftlichen Literatur finden sich regelmäßig Vermerke über eine Zunahme an Déjà-vu-Sensationen bei älteren Menschen mit Gedächtnisproblemen. Zum Beispiel wurde 1981 ein Aufsatz über eine siebenundachtzigjährige Frau veröffentlicht, die angab, sie erlebe ständig ihre Vergangenheit wieder; die meisten Alltagserlebnisse habe sie schon einmal erlebt. Ähnlich veröffentlichte der Harvard-Psychologe Daniel Schacter in den 1990ern einen Aufsatz, in dem er die dauernden Déjà-vu-Sensationen eines Mannes Mitte sechzig beschrieb.

Moulin bat darum, die Klinik in Bath möge ihm die Unterlagen aller Fälle schicken, die dem von A. K. P. ähneln könnten. Anfang 2001 erfuhr er Einzelheiten über eine siebzigjährige Frau, die im Weiteren als M. A. bezeichnet werden soll. Ihre Déjà-vu-Sensationen waren so stark, dass sie sogar aufgehört hatte, Tennis zu spielen, weil sie den Ausgang jedes Ballwechsels kannte.

Signifikant an diesen spät einsetzenden „persistenten Déjà-vécu-Erlebnissen", wie Moulin sie bezeichnet, ist außerdem, dass die Betroffenen aufrichtig zu wissen glauben, was als Nächstes geschieht. Dies ist anders als bei den meisten Déjà-vu-Erlebnissen. Bei diesen handelt es sich schlicht um ein vages Wiedererkennen und weiter nichts. Die Fälle von persistentem Déjà-vécu haben jedoch überhaupt nichts Vages. Sie werden von den Betroffenen vielmehr als echte und starke Präkognitionen erlebt. Wie üblich, ist die Wissenschaft sehr gut darin, solchen Zuständen klingende Namen zu geben – und wie von Zauberhand wird die Nomenklatur dann zur Erklärung. Wenn Sie also aufrichtig glauben, dass Sie kurzfristige Präkognitionen erleben, dann „leiden“ Sie an einer neurologischen Erkrankung namens „Anosagnosie“ und werden dadurch zur Anosagnostikerin. Aber welche Indizien gibt es, dass es sich dabei um einen Zustand handelt, der seine Wurzeln in der Neurochemie oder der Hirnphysiologie hat? Keine. Der Begriff ist einfach ein Etikett für Menschen, die „ihre Erkrankung nicht beachten oder leugnen“. Das heißt, es ist ihnen nicht bewusst, dass sie sich ihrer Erkrankung nicht bewusst sind – das könnte zur Endlosschleife werden.

Meiner Meinung nach hängt die wahre Ursache dieses Zustandes mit dem zusammen, was im Gehirn einiger älterer Menschen vor sich geht. Sie befinden sich in einem frühen Alzheimer-Stadium, was wohl, wie wir später noch entdecken werden, die Kommunikation mit alternativen Informationsbereichen, nämlich außersinnlicher Information, begünstigt. Hirnscans, die daraufhin bei A. K. P. und M. A. angefertigt wurden, zeigten ein anomales Ausmaß abgestorbener Zellen in den Temporallappen. Hier haben wir also eine weitere Verbindung innerhalb des Huxleyschen Spektrums. Wir wissen, dass Patienten mit Temporallappen-Epilepsie regelmäßig von Déjà-vu-Sensationen im Rahmen ihrer Aura-Phasen berichten, und es gibt sehr starke Indizien dafür, dass die Schläfenlappen an ähnlichen Déjà-Sensationen bei Migräne-Patienten beteiligt sind. Tatsächlich erklärten Moulin und seine Kollegen Akira O‘Connor und Gillian Cohen in einem späteren Aufsatz, die Erlebnisse des Patienten A. K. P. rührten von „Zelltod in seinem Gehirn als Teil seines demenziellen Prozesses her“.[14]

Mittlerweile hat Moulin zahlreiche Fälle von Déjà-vécu bei Älteren erforscht. Er glaubt, dass das Phänomen sehr häufig auftritt, die meisten Menschen sich aber scheuen, es Ärzten gegenüber zu erwähnen, für den Fall, dass sie dann für verrückt gehalten würden.

Was können wir mit diesen „präkognitiven“ Fähigkeiten anfangen? Sind sie lediglich von einem demenziell veränderten Geist erschaffene

Wahnvorstellungen oder Hinweise auf die wahre Natur der Wirklichkeit, die uns sonst fehlen? Nehmen wir zum Beispiel einmal einen Moment lang an, diese Menschen nähmen tatsächlich die Zukunft wahr. Wenn dies stimmt, welche potenziellen Mechanismen könnte dies dann erklären? Es gibt da durchaus einen, und der lautet, dass sie diese Umstände aus einer früheren Zeit in ihrer Vergangenheit „erinnern". Sie erleben eine bestimmte Abfolge von Umständen „noch einmal" und erkennen dabei bestimmte Dinge wieder, die wiederum die entsprechenden Erinnerungen wachrufen. Eigentlich geht Moulin bei der Wahl seiner Terminologie sehr scharfsinnig vor, auch wenn sie, wie ich vermute, eine Bedeutung in sich trägt, die so nicht beabsichtigt war. In seinem Aufsatz bezeichnet er Präkognitionen im Zusammenhang mit Alzheimer als „persistentes Déjà-vécu", also schon einmal erlebt, statt Déjà-vu, schon einmal gesehen. Indizienbeweise für eine derartige Auffassung könnten sich in dem faszinierenden Konzept der „Retrogenese" finden, das mit Alzheimer in Zusammenhang steht.

Retrogenese

2008 brachte Regisseur David Fincher einen Film mit dem Titel *Der seltsame Fall des Benjamin Button* mit Brad Pitt in der Hauptrolle heraus, frei nach einer 1922 erschienenen Kurzgeschichte von F. Scott Fitzgerald. In der Geschichte wird „Benjamin" 1918 mit der äußeren Erscheinung und den körperlichen Gebrechen eines älteren Mannes geboren. Im Laufe der Zeit wird Benjamin immer jünger, und es zeigt sich, dass er sein Leben rückwärts lebt. In den letzten Teilen des Films wird er wieder zum Kind und schließlich zum Baby. Sehr zum Erstaunen seiner Betreuer zeigt der immer jünger werdende Benjamin Anzeichen von Alzheimer und stirbt als vierundachtzigjähriger Säugling. Zeitumkehr ist in Filmen und Romanen seit Jahren ein beliebtes Thema. Philip K. Dick verwendete sie als zentrales Motiv seines Romans *Die Zeit auf Gegenkurs*, ebenso Brian Aldiss in *Kryptozoikum*. Interessanterweise erschienen beide in der Originalfassung im Jahr 1967, was zeigt, dass Ideen manchmal spontan zur gleichen Zeit entstehen.

Allerdings sind in den Romanen von Aldiss und Dick alle Menschen von der Zeitumkehr betroffen, daher ist der Kontrast nicht ganz so markant wie in der Kurzgeschichte von F. Scott Fitzgerald und dem Film von Fincher.

In dem Roman von Aldiss wird entdeckt, dass die Zeit, obwohl wir sie als vorwärts laufend wahrnehmen, in Wirklichkeit rückwärts läuft. Unser Geist erzeugt die Illusion eines Verlaufs von der Vergangenheit zur Zukunft, wohingegen in Wirklichkeit die Zukunft zur Vergangenheit wird. Natürlich handelt es sich bei diesen Geschichten bloß um geschickt erdachte Unterhaltungsfiktion. Alzheimer und andere Formen der Demenz könnten allerdings ein Indiz dafür sein, dass das Leben auf eine ganz spezielle Weise ein Kreis ist.

In einem 1984 veröffentlichten Aufsatz ließ der Forscher Barry Reisberg den Begriff „Retrogenese" in konkretem Bezug zu Alzheimer wiederaufleben. Damit meinte er, Alzheimer sei eine Umkehr der Entwicklungsprozesse, die in der frühen Kindheit und der Kindheit stattfinden. Faktisch bewegt sich der Alzheimer-Patient in der Zeit rückwärts und nähert sich der Geburt aus einer anderen Richtung wieder an.[15] Reisberg stellte eine fast perfekte Umkehr oder Spiegelung in der Entwicklung eines Kleinkinds und dem Verfall eines Demenzpatienten fest, insbesondere auf den Gebieten Kognition, Koordination, Sprache, Ernährung und Verhalten. In Reaktion auf Reisbergs Retrogenese-Hypothese wurde ein neuer Pflegeprozess für Alzheimer-Patienten entwickelt, bei dem die Pflegenden gegenüber ihren Patienten eine Mutter-Kind-Beziehung aufbauen, was sich als sehr erfolgreich erwiesen hat. Insgesamt ist die Dynamik dennoch eine Umkehr, da es für die Patienten keine Hoffnung auf Besserung gibt, nur einen fortwährenden Verfall, auf den der Tod folgt. Gerade dieser Aspekt wurde in dem Film von Fincher sehr bewegend dargestellt.

Von Interesse ist hier, dass sehr kleine Kinder keine Ich-Vorstellung haben. Ihre Welt ist einfach eine Erweiterung ihrer selbst. Sie sind „eins" mit dem Universum. Die Retrogenese nimmt an, dass dieses „Einssein" auch in den letzten Stadien der Alzheimer-Krankheit gegeben ist. Die Patienten haben kein Selbstempfinden, und ihre Sinne sind für alles offen. Ich möchte behaupten, dass dies faktisch ein weiteres „Öffnen der Pforten der Wahrnehmung" ist – dass der Huxleysche „Reduktionsfilter" in den letzten Lebensphasen nicht mehr funktioniert und das Pleroma wahrgenommen wird. Tatsächlich ist Alzheimer in vieler Hinsicht eine passive Form der Schizophrenie, bei der die Betroffenen in einem immer unbeweglicheren Körper gefangen sind und die Erlebnisse, die sie haben, nicht mehr vollständig kommunizieren können.

Das Merkwürdigste ist für mich aber, dass der Verfall, was die Spiegelung der frühen Kindheit anbelangt, nicht beim Zeitpunkt der Geburt endet. Er setzt sich mit einer Reflexion der embryonalen Entwicklung im Mutterleib fort. Die Betroffenen verstummen, werden unbeweglich und bilden die fötale Haltung mit angezogenen Armen und Beinen sowie gerundetem Rücken im Mutterleib nach. Offenbar ist dies eine Reise zurück zum Ursprung.

Und was dann? Könnte es sein, dass der Prozess wieder von vorne beginnt und der Mensch sich in der Zeit erneut vorwärts bewegt? Wenn dies der Fall ist, sollte es auch dafür Indizien geben, da sich die embryonale Entwicklung im Mutterleib in den fortschreitenden Verhaltensänderungen von Alzheimer-Patienten widerspiegelt. Gibt es beim sich entwickelnden Fötus und Kleinkind irgendwelche Hinweise auf alzheimerhaftes Verhalten?

Dass die natürliche Lebensspanne eines Menschen, wenn er denn alle Gefahren und tödlichen Krankheiten des Lebens übersteht, durch Alzheimer an ihr Ende geführt wird, ist eine nachvollziehbare Annahme. Dies zeigt sich in der schlichten Tatsache, dass Alzheimer auf dem Vormarsch ist, seit die Medizin effektiver Leben retten kann. Anscheinend ist dies die Methode, mit der das Gehirn seine Fähigkeit, sich mit der konsensuellen Wirklichkeit zu verbinden, „abschaltet" und zugleich die Effektivität des Huxleyschen „Reduktionsfilters" auf Null setzt. Dabei kehren die Sterbenden in die Kindheit, ins Säuglingsalter und schließlich ins Embryonalstadium zurück. Ich glaube, dass sich Beweise dafür in den „Halluzinationen" aufzeigen lassen, die ältere Menschen erleben und die denen in der Kindheit ähneln – insbesondere in den Ähnlichkeiten zwischen dem Charles-Bonnet-Syndrom und Michael J.

Hallowells Konzept von den „quasikörperlichen Gefährten“, dem wir an früherer Stelle bei den Erlebnissen des Temporallappen-Epileptikers Myron Dyal schon einmal begegnet sind.

Fasziniert habe ich in einer Ausgabe der britischen Zeitschrift *Fortean Times* von 2009 einen Artikel entdeckt, in dem es um mehrere Beispiele für Hallowells Gefährten geht, darunter eines, bei dem ein Betroffener namens Paul Murphy berichtet, als er vier Jahre alt war, habe ihm sein Gefährte namens Cal-Cal gesagt, dass seine Eltern sich scheiden lassen würden. Zwei Tage danach zog sein Vater zu Hause aus, und seine Eltern ließen sich später tatsächlich scheiden. Dies ist ein Beispiel für Präkognition. Ein anderer Fall, den Paul Dale schildert, weist starke Elemente des Charles-Bonnet-Syndroms auf. Der fünfjährige Dale hatte zwei Gefährten, Gumby und Bongabeers. Beide waren gut einen halben Meter groß. Gumby trug einen grünen Anzug und Bongabeers einen beigen Pullover sowie braune Kniebundhosen.

Von derartigen Wesen wird seit Jahrhunderten berichtet. Der französische UFO-Forscher Jacques Vallée behauptet seit Langem, diese Geschöpfe seien insofern real, als sie andere Dimensionen bewohnten und gelegentlich durch die menschliche Wahrnehmung bis in diese Welt durchdringen können. Eine ähnliche Position vertrat der amerikanische UFO-Forscher John Keel, dessen Buch *Project Trojan Horse* ein Klassiker dieser Interpretation des UFO-/Entführungs-Phänomens ist. Vallée behauptet in seinem Buch *Passport to Magonia*, diese Wesen besuchten uns schon seit Jahrhunderten, wenn nicht gar Jahrtausenden. Magonia ist die Heimat eines mittelalterlichen „Elementalen“, so behauptet dieser. Ist Magonia nur ein anderes Wort für das Pleroma, und sind die „Pforten“ zwischen Magonia und unserer Welt für die Hochbetagten und die ganz Jungen weiter geöffnet? Oder ist Magonia ein bestimmter Bereich des Pleroma, von dem aus eigenmotivierte Wesenheiten Zugang zu unserer Wirklichkeit erlangen können? Ist dies die wahre Herkunft der „Grauen“ und anderer „Elementaler“? Das Erlebnis meiner Mutter würde es auf jeden Fall erklären.

Derartige Wahrnehmungen sind eine starke Stütze für Reisbergs Retrogenese-Modell und auch die bereits besprochenen Entdeckungen von Gewnaëlle Douaud. Sie werden sich erinnern, dass Douauds Forschungen gezeigt haben, dass die Hirnareale, die sich in der Kindheit als erste entwickeln, als letzte untergehen und umgekehrt.[16] Ich habe diese Forschungsergebnisse als Bestätigung für eine Verbindung zwischen Schizophrenie und Alzheimer zitiert. Douauds Erkenntnisse können diese beiden Elemente meines Huxleyschen Spektrums jedoch auch mit einem dritten und in vieler Hinsicht äußerst faszinierenden Element verbinden – mit dem Autismus sowie dem damit verbundenen Asperger-Syndrom und der Inselbegabung der sogenannten Savants.

KAPITEL SIEBEN:

Autismus

Die Geschichte des Autismus

Im Oktober 1938 wurde ein Junge, heute historisch bekannt als „Donald T.“, von seinen besorgten Eltern ins Harriet-Lane-Heim für behinderte Kinder in Baltimore gebracht. Donald war nach einer voll ausgetragenen Schwangerschaft mit einem Geburtsgewicht von 3175 Gramm auf die Welt gekommen. Er entwickelte sich schnell und konnte mit dreizehn Monaten gehen. Seine geistigen Fähigkeiten allerdings faszinierten seine Eltern. Mit zwölf Monaten konnte er Melodien und Lieder erfassen, und immer wieder hörte man, wie er sie vor sich hin summte. Im Alter von zwei Jahren hatte er ein ungewöhnliches Gedächtnis entwickelt und konnte mit Leichtigkeit kurze Gedichte rezitieren. Allerdings entwickelten sich diese „Fähigkeiten“ mit den Jahren in einem solchen Ausmaß, dass er sich allmählich sehr seltsam verhielt. Seine Eltern machten sich große Sorgen, so dass sie ihn im Alter von fünf Jahren in die Harriet-Lane-Klinik brachten, wo er von Leo Kanner als Patient aufgenommen wurde.

Donalds Zustand faszinierte Kanner, und 1943 veröffentlichte er in der wissenschaftlichen Fachzeitschrift *Nervous Child* einen Aufsatz darüber. Zur Beschreibung des Syndroms verwendete Kanner den Begriff „frühkindlicher Autismus“.

In diesem Aufsatz beschrieb Kanner eine Reihe von Merkmalen, die den Autismus charakterisieren. Dazu gehörten „extremes autistisches Alleinsein“, ein „ängstlich-obsessives Verlangen nach Bewahrung des Immergleichen“, „ausgezeichnetes Auswendiglernen“, Reizüberempfindlichkeit und eine „verzögerte Echolalie“. Im ersten Charakteristikum klingt Bleulers Verwendung des griechischen Begriffs *autós* an. Auf die anderen werden wir später im Einzelnen eingehen.

Im Laufe der Jahre sollte Kanner noch oft auf diese Charakteristika zurückkommen, und 1956 beschloss er, dass nur die ersten beiden kennzeichnende Elemente des Autismus sind und die anderen lediglich deren Folgen.[1]

Weniger als ein Jahr nach Kanners erstem Aufsatz von 1943 trat Hans Asperger auf den Plan, und zwar mit einem Aufsatz über etwas, das er als „autistische Psychopathie“ im Kindesalter bezeichnete.[2] Dass es annähernd fünfzig Jahre dauern sollte, bis dieser, übrigens durch Uta Frith, ins Englische übersetzt wurde, mag als Beweis dafür gelten, dass die englischsprachige Welt kein besonderes Interesse an Typologien außerhalb einer allumfassenden Schizophrenie hegte.

Diagnose

Heute glaubt man, dass Autismus eher ein Spektrum als ein einzelnes Syndrom ist, und es wird sogar diskutiert, ob Autismus überhaupt als Syndrom betrachtet werden kann. Forschungen von Lorna Wing und Judith Gould aus dem Jahr 1979 bewiesen jedoch, dass er die Voraussetzungen eines Syndroms erfüllt. Damit ein „Syndrom“ als solches anerkannt werden kann, muss es ein Muster sich anhäufender Symptome geben. Als anerkannte Autismus-Symptome legten Wing und Gould fest: Soziale Beeinträchtigung, verbale und nonverbale Sprachentwicklungsstörung sowie repetitive/stereotype Verhaltensweisen.

Diese Pionierleistung führte zur sogenannten „Triade der Beeinträchtigungen“, einem diagnostischen Instrument, das auch heute noch von Spezialisten angewandt wird. Da Autismus später als Spektrum-Störung anerkannt wurde, spricht man heute im Allgemeinen von der Autismus-Spektrum-Störung (ASS).

Es wurde beobachtet, dass ASS bei Jungen vier Mal häufiger auftritt als bei Mädchen. Warum das so ist, ist unklar, könnte aber mit der Testosteron-Ausschüttung in der Gebärmutter während der Schwangerschaft zusammenhängen.

Dass die eigentlichen Ursachen von ASS ein Rätsel bleiben, könnte signifikant sein. Anerkannt ist im Allgemeinen, dass die möglichen Ursachen in zwei Typologien unterteilt werden: Die primäre ASS (auch idiopathische ASS) und die sekundäre ASS. Der erstere Begriff wird angewandt, wenn keine zugrunde liegenden Faktoren für die Entwicklung von ASS gefunden werden können; der letztere, wenn es eine bekannte medizinische Erkrankung oder einen Umweltfaktor gibt, von dem anzunehmen ist, dass er das Risiko erhöht hat. Wenig verwunderlich sind neunzig Prozent aller Fälle von ASS primär (mit unbekannter Ursache), etwa zehn Prozent hingegen sekundär (mit vermuteter Ursache). Aufgrund dessen, was ich über die angeblichen „Ursachen" der Schizophrenie geschrieben habe, werden Sie sich erinnern, dass „idiopathisch" in Wirklichkeit bedeutet „wir haben keine Ahnung" – wieder erkennen wir die subtile Taktik der Verwendung eines klingenden medizinischen Begriffs, um uns dezent von der Wahrheit abzulenken. Etikettierung wird im Dienste schulmedizinischer Denkmodelle verwendet, genau wie bei dem wunderbar flexiblen Wort „Halluzinationen".

Autismus und die Pforten der Wahrnehmung

Dr. Olga Bogdashina ist eine Autismus-Expertin, die sich von den Rätseln dieses Zustandes nicht schrecken lässt. In ihrem Buch *Autism at the Edges of the Known World* legt sie nachvollziehbare Argumente dafür vor, dass Menschen mit Autismus die Welt in Wirklichkeit anders wahrnehmen als Menschen, die als „neurotypisch" etikettiert werden.

Seit den ersten Tagen der Autismus-Forschung ist anerkannt, dass Autisten über eine besondere sensorische Sensibilität verfügen. Sowohl Kanner[3] als auch Asperger[4] sprachen von der ungewöhnlichen Art und Weise, mit der ihre Patienten auf extreme Sinnesreize wie Anblicke, Geschmack und Geruch reagierten. Für beide Forscher ließ dies darauf schließen, dass die Symptome des Autismus Abwehrmechanismen gegen diese gefühlten sensorischen Überfälle waren.

Später stellte Lorna Wing jedoch fest, dass diese Reaktionen zuweilen auch ein Hinweis auf Synästhesie waren. Sie bemerkte, dass manche autistischen Kinder sich die Ohren zuhielten, um blendendes Licht auszuklammern, oder die Augen schlossen, wenn sie etwas hörten, was sie als lautes Geräusch empfanden. Auf diese Sinnesverwirrung werden wir später noch einmal zurückkommen, da auch bei Schizophrenie, Migräne und Temporallappen-Epilepsie davon berichtet wurde.

Leider hat, wie bereits beschrieben, das materialistisch-reduktionistische Weltbild die meisten Gebiete der Psychologie und Psychiatrie fest im Griff. Faktisch wurde jede ungewöhnliche Reaktion, die nahelegte, dass Autisten Zugang zu Bereichen der sensorischen Welt haben, die neurotypischen Menschen verschlossen sind, geflissentlich ignoriert. Für einige hochfunktionale Autisten, die in Büchern und Artikeln beschrieben haben, wie sie die Welt tatsächlich wahrnehmen, war dies ziemlich frustrierend. Dazu zählt auch Temple Grandin, auf deren faszinierende Erlebnisse und erfrischend aufgeschlossenen Umgang mit ihrer Erkrankung wir später noch zurückkommen werden. Grandin schildert ihre Verärgerung in ihrem typisch unverblümten Stil: „Sehr viele Fachleute und Laien haben sensorische Fragen ignoriert, weil manche sich einfach nicht vorstellen können, dass es eine alternative sinnliche Wirklichkeit gibt, wenn sie diese nicht selbst erlebt haben."[5]

Die Vermutung, dass autistische Kinder ein breiteres Spektrum sensorischer Informationen empfangen als „normale" Kinder, wurde erstmals 1949 von den Wissenschaftlern Bergman und Escalona geäußert.[6] Um damit fertig zu werden, so behaupteten sie, entwickele das Kind eine Reihe von Abwehrmechanismen, und diese wiederum seien die Charakterzüge, die mit der Erkrankung verbunden würden. 1961 ergänzte Mildred Creak ihrer Liste der mit Autismus verbundenen Kernerfahrungen um „ungewöhnliche Wahrnehmungserlebnisse". Eigentlich glaubte Creak, diese Erlebnisse seien mit der Schizophrenie verbunden.[7] Für Kanner und Asperger stand die Bedeutung dieser Reaktionen zwar nicht im Mittelpunkt, aber auch sie hatten sie bereits in früheren Aufsätzen beschrieben.

Doch erst das bahnbrechende Werk von Lorna Wing konzentrierte sich Anfang der 1970er Jahre wirklich auf diese, wie sie sie nannte, „paradoxen Reaktionen auf äußere Sinnesreize“.[8] Ein paar Jahre später, nämlich 1974, behauptete Carl Delacato, die durch diesen ungewöhnlichen Input ausgelösten Ängste lösten das typische Zwangsverhalten und die Kommunikationsschwierigkeiten aus, die bei autistischen Menschen regelmäßig zu beobachten sind.[9]

Im Oktober 2015 griffen Zeitungen in aller Welt den Fall einer jungen Australierin namens Rebecca Sharrock auf. Rebecca behauptet, sich an alles erinnern zu können, was ihr seit ihrem zwölften Lebenstag geschehen ist. Sie erinnert sich nicht nur an die Vorfälle, sie erlebt sie faktisch nach: Sie spürt alle damit verbundenen Gefühle und den körperlichen Schmerz. Faszinierenderweise erinnert sie auch fast jeden Traum, den sie einmal gehabt hat – und bezeichnenderweise wurde bei Rebecca Autismus diagnostiziert. Warum also hat diese junge Frau ein derart ausgeprägtes Gedächtnis? Hat das mit ihrem Autismus zu tun oder ist noch mehr dran? Bei Rebecca wurde ein Phänomen diagnostiziert, das als Hyperthymesie oder mit dem englischen Begriff „highly superior autobiographical memory (HSAM, weit überlegenes autobiographisches Gedächtnis) bezeichnet wird. Wir werden später noch einmal darauf zurückkommen und uns eingehender damit befassen.

Es ist offensichtlich, dass ein autistisches Gehirn ganz anders funktioniert als ein „neurotypisches“. In vieler Hinsicht ist Autismus eine Erkrankung, die die Betroffenen stark einschränkt, und doch könnte man auch sagen, dass sie eine unglaublich reiche innere Welt der Reizüberflutung bietet. Wir müssen begreifen, was das autistische Gehirn so „besonders“ macht. Bogdashina zufolge sind dafür Strukturen verantwortlich, die in Fachkreisen als „Minicolumns“, Minisäulen, bezeichnet werden.

Definitionsgemäß sind Minisäulen die kleinsten Einheiten im Gehirn, die Informationen verarbeiten können. Es handelt sich dabei um vertikale Säulen aus Glutaminsäure und Gamma-Aminobuttersäure (GABA). Studien haben gezeigt, dass diese Strukturen bei Autisten anders sind als bei neurotypischen Menschen, nämlich schmaler und zahlreicher.[10] Darüber hinaus und wichtiger noch: Im Neocortex des nicht autistischen Gehirns werden Informationen über den Kern der Minisäulen übertragen, was bedeutet, dass das Signal die Nachbarn nicht aktivieren kann. Bei den schmaleren autistischen Minisäulen ist dies nicht der Fall: Reize fließen in die benachbarten Einheiten über. Manuel F. Casanova, der auf diesem Gebiet forscht, vergleicht dies mit einem Duschvorhang. Wenn die hemmenden Fasern um die Minisäulen richtig funktionieren, verhalten sie sich wie ein Duschvorhang, der verhindert, dass das Duschwasser ins Badezimmer überfließt. Bei Autismus ist „das Wasser über den gesamten Boden verteilt".[11]

Dieser „Verstärker-Effekt", der eine Übererregbarkeit hervorruft, könnte – zumindest bei Autisten – dafür verantwortlich sein, dass sich die „Pforten der Wahrnehmung" öffnen. Man hat entdeckt, dass die Wachstumsrate von Großhirnrinde und Hirnvolumen bei autistischen Kindern höher ist als bei nicht autistischen Gleichaltrigen.[12] [13] Bei Obduktionen zeigte sich, dass das größere Volumen durch Minisäulen in der Großhirnrinde zustandekommt.[14]

Man hat entdeckt, dass die wichtigsten Autismussymptome bei Ratten reproduziert werden können, wenn man ihr Gehirn einer Substanz namens Valproinsäure (VPS) aussetzt. Arbeiten von Henry und Kamila Markram mit VPS bei Ratten stützen die Übererregbarkeits-Hypothese. Die Markrams entdeckten Ähnlichkeiten zwischen den Gehirnen von VPS-Ratten und autistischen Menschen, insbesondere in der Häufigkeit von Minisäulen. Sie entdeckten, dass eine VPS-Ratte bis zu fünfzig Prozent mehr Verbindungen hat als eine normale Ratte. Faktisch haben die Minisäulen eine übernormale Informationsverarbeitungskapazität. Stellen Sie sich einen Fernseher vor, der im Hinblick auf Lautstärke, Farbsättigung und Anzahl der gleichzeitig empfangbaren Sender auf maximale Leistung eingestellt ist. So ist es, wenn man Autist ist.

Bogdashina hat diese Reizüberflutung als „Gestaltwahrnehmung" bezeichnet.[15] Die Markrams geben ihr einen nüchterneren, aber nichtsdestoweniger sehr zutreffenden Namen – das „Intensive-Welt-Syndrom". Faktisch werden Menschen mit Autismus mit Informationen bombardiert – das bedeutet Reizüberflutung. Und nicht nur das, sie *erinnern* auch zu viel.

Um mit ihrer Gestaltwahrnehmung umgehen zu können, erlernen Autisten Techniken, mit denen sie bestimmte Sinnesströme ausklammern können. Dazu aber müssen sie sich in sich selbst zurückziehen. Es gelingt ihnen, sich zu „verabsentieren" und die Wahrnehmungen einem anderen Teil ihres Wesens zu überlassen. In vieler Hinsicht ähnelt dies einer Form der Dissoziation. Die autistische Schriftstellerin Donna Williams hat es als „vorbewusstes System" oder „unwissendes Wissen" bezeichnet.[16]

In diesem Zustand „unwissenden Wissens" wird der autistische Mensch frei, sich enger mit der äußeren Umgebung zu verbinden. Dann sind Autisten anscheinend in der Lage, ihre Sinne auszuweiten, so dass sie Menschen, Tiere und Gegenstände in ihrer Nähe einschließen, als stimmten sie sich auf ein holistisches Feld ein. Williams erklärt:

> Ich konnte mit der Katze mitschwingen und stundenlang vor ihr liegen, ohne Körperkontakt mit ihr aufzunehmen. Ich konnte mit dem Baum im Park mitschwingen und spüren, wie ich mit seiner Größe, seiner Stabilität, seiner Ruhe und seinem Flow verschmelze.[17]

Diese Art der Einstimmung auf ein holografisches Informationsfeld erinnert mich an die „ozeanische Selbstentgrenzung", die Mystiker aus allen Jahrhunderten beschreiben. So hatte zum Beispiel der Philosoph Pyotr Ouspensky (auch Petr D. Uspenskij) bei einer Fahrt über das Marmarameer das Gefühl, er habe sich „in die Wellen begeben und schlug mit ihnen mit Gebrüll gegen das Schiff. Und in diesem Augenblick wurde ich alles. Die Wellen – sie waren ich: Die fernen violetten Berge, der Wind, die von Norden herbeieilenden Wolken, das große Dampfschiff, das krängte und unwiderstehlich vorwärts drängte – alles war ich."[18]

Andere haben eigenartig ähnliche Empfindungen bei Nahtod-Erfahrungen beschrieben. So schildert zum Beispiel Anita Moorjani, wie ihre „Emotionen von meinem Umfeld wieder abgezogen wurden" und

> [ich] bemerkte …, dass ich mich weiterhin kontinuierlich ausdehnte und allen Raum ausfüllte, bis es zwischen mir und allem ande-

ren keine Trennung mehr gab. Ich umfasste – nein, ich *wurde* – alles und jedes.[19]

Doch auch über solche Erfahrungen hinaus hat dieses „Mitschwingen“ von Menschen mit Autismus etwas Verblüffendes – und wird von der modernen Wissenschaft geflissentlich ignoriert. Offenbar entwickeln Autisten eine Form der Telepathie. Achten Sie einmal darauf, wie der Betroffene im folgenden Beispiel seine Erlebnisse beschreibt, ohne ihnen eine materialistisch-reduktionistische Interpretation überzustülpen:

Als ich noch jünger war, habe ich viele Geräusche in meinem Kopf gehört, Gesprochenes und Unausgesprochenes. Sage mir einer, er würde gerne hören können, was die Leute denken. Ich wünschte, ich könnte es nicht. Wenn es ein Medikament gibt, das die Gedanken der Leute auslöscht – ich würde es glatt damit versuchen![20]

Hier sagt ein Mensch sehr deutlich, dass er in jüngeren Jahren eine Form der Telepathie erlebt hat, die im späteren Leben offenbar verloren ging. Leider habe ich keine Informationen über sein Alter. Es wäre interessant zu wissen, ob der Verlust der telepathischen Fähigkeit in der Pubertät eingetreten ist.

Donna Williams gehört zu den Menschen, die eindeutige Anzeichen für Hypersensibilität zeigen. Im Folgenden beschreibt sie, inwiefern Farben weit mehr wurden als ein schlichter visueller Reiz. Mich fasziniert, dass sie diese Phasen erhöhter Bewusstheit als „Schwips-Zustand“ bezeichnet:

[Die] Straßenlaternen waren gelb mit einem Stich ins Rosafarbene, aber in einem Schwips-Zustand hatten sie ein berauschendes, wie schillerndes Rosa-Gelb. Immer tiefer tauchte mein Geist in die Farbe ein, versuchte, ihr Wesen zu spüren, und wurde schließlich zu ihr, je mehr mir in ihrer überwältigenden Gegenwart die Sinne schwanden. Jede Farbe ließ in mir andere Gefühle anklingen, und es war, als spielten sie auf mir einen Akkord, wohingegen andere Farben immer nur einen Ton auf einmal spielten.[21]

Hier haben wir eine Vermischung von Farben und eine Anspielung auf Musik. Es scheint, als habe Donna das Einswerden verspürt, von dem Mystiker sprechen. Auch hier beschreibt wieder jemand eine innere Tiefe der Wirklichkeit, in der alles mit allem „mitschwingt". In der Quantenphysik kennt man dies unter dem Begriff „Verschränkung", auch Hologramme verfügen darüber. Spüren Donna und ihre „Kollegen" in ihrem „Schwips-Zustand" etwa dieses zugrundeliegende holografische Informationsfeld?

Das Intensive-Welt-Syndrom

In seinem Buch *The Autism Prophecies* schreibt William Stillman über eine Umfrage, die er unter Mit-Autisten durchgeführt hat. Eine Frage lautete: „Haben Sie je eine göttliche Präsenz um sich gespürt?" Dies ist eine faszinierende Frage, weil jede Antwort unmittelbar mit der Arbeit von Michael Persinger zur „gefühlten Präsenz" und von Michael J. Hallowell zu den quasikörperlichen Gefährten verbunden werden kann. Es verwunderte mich nicht im Geringsten, dass eine Reihe verblüffender Antworten zusammenkam. Eine stammte von „Angie Carlotta". Ihre Schilderung weist viele Parallelen zu Berichten von DMT-Konsumenten über Begegnungen mit „außerirdischen Wesen" auf. Angie beschreibt, wie sie mit zehn Jahren einmal mitten in der Nacht aufwachte und sich im Bett aufsetzte:

> Unter der Tür beobachtete ich vier Lichtkörper. Sie „redeten" miteinander. Sie trugen keine Flügel oder Kleider: Sie sahen nicht aus wie Gespenster oder Menschen von früher, sie waren einfach nur Licht in Form von Körpern mit einem Gesicht.[22]

Beachten Sie, dass es sich hier um ein kleines Kind handelt, das eigentlich darauf programmiert ist, klassische „Engel" mit Flügeln zu sehen. Aber genau dies hat sie *nicht* gesehen. Signifikant ist außerdem, dass sie mitten in der Nacht „aufgewacht" ist, was auf ein klassisches Szenario einer REM-Intrusion hindeutet. Dies bringt mich auf den Gedanken, dass, was immer autistische Wahrnehmungen im Gehirn möglich macht, unmittelbar mit allen anderen Szenarien verbunden sein könnte, über die wir gesprochen haben und bei denen auf das Pleroma zugegriffen wird. Zum Beispiel werde ich später noch Beweise dafür vorlegen, dass bei kleinen Kindern aufgrund mangelnder Myelinisierung des Corpus callosum (Hirnbalkens) kaum Kommunikation zwischen den beiden Gehirnhälften stattfindet und sie daher ein Bewusstsein haben, das in der nicht dominanten Hirnhemisphäre angesiedelt ist.[23] Ich schlage vor, dass Autismus bei Kindern die bereits angelehnten Pforten der Wahrnehmung so weit öffnet, dass ein schizophrenie-ähnlicher Zustand eintritt. Deshalb haben Bleuler und Kraepelin den Begriff „Dementia praecox" sowohl zur Beschreibung des kindlichen Autismus als auch der Schizophrenie verwendet.

Zu den häufigsten Verhaltensweisen von Autisten gehören repetitive Bewegungen wie Schaukeln, Drehen, Wedeln mit den Händen sowie das Ausstoßen charakteristischer Laute. Ganz ähnliche Prozesse nutzen Mystiker, Schamanen und Angehörige religiöser Orden, um höhere Bewusstseinszustände zu erreichen – denken Sie nur an die repetitive Natur Gregorianischer Gesänge, das stark strukturierte Rosenkranzgebet, die Verwendung von Gebetsmühlen, den Drehtanz der Sufis und das Händeklatschen charismatischer Christen. Der Fachbegriff für derartiges Tun lautet „selbststimulierendes Verhalten". Oft wird auch der englische Begriff „stimming" übernommen. Die Bewegung kann mit dem Körper selbst stattfinden oder dadurch, dass die Betroffenen Gegenstände, wie zum Beispiel ein Rad, zum Drehen bringen.

In seinem Buch *Autism and Asperger Syndrome: The Facts* schildert der britische Spezialist Simon Baron-Cohen, wie Jamie, einer seiner Patienten, auf einem Stuhl so lange vor- und zurückschaukelt, bis er, mit Baron-Cohens Worten gesprochen, „in einen tranceartigen Zustand" gerät.[24] Das Schaukeln hörte auf, als Jamie in die Pubertät kam, aber andere Verhaltensauffälligkeiten wurden bis über die Kindheit hinaus beibehalten. Dazu gehörte auch, „mit einem Stück Faden vor seinen Augen herumzuwedeln".[25] Ich selbst habe in einer Förderschule, an der ich vor Kurzem gearbeitet habe, bei Kindern und Jugendlichen ein ähnliches Verhalten beobachtet. Durchaus streitlustig möchte ich hier behaupten, dass das Wedeln mit langen, dünnen Gegenständen wie etwa einem Faden oder schnelle Fingerbewegungen vor den Augen zeigen, dass das Kind versucht, den bereits im Zusammenhang mit der Arbeit von Brion Gysin besprochenen Flacker-Effekt zu erzeugen. Mir fiel auf, dass die Kinder dies immer nur dann taten, wenn sie gegen einen hellen Hintergrund schauten, nie vor dunklen Bereichen. An späterer Stelle in seinem Buch, nämlich bei der Systematisierung der beim klassischen Autismus beobachteten Verhaltensweisen, schreibt Baron-Cohen, ein Kind „konnte einen Strohhalm am Rande seines Sehfeldes mit hoher Geschwindigkeit auf- und abschnellen lassen". Ist dies nicht ein weiterer Versuch, mithilfe des Flacker-Effekts einen veränderten Bewusstseinszustand herbeizuführen? Außerdem würde ich behaupten, dass die Stimulation der peripheren Sehbereiche von Bedeutung ist. Es ist bekannt, dass wir mit unserem peripheren Sehen einen Bereich des Auges stimulieren, der als Parafovea bezeichnet wird, und nicht die Fovea, also den Bereich des schärfsten Sehens, selbst. Die Fovea sendet visuelle Informationen an den bewussten, denkenden Teil des Gehirns. Der Großteil der auf der Parafovea auftreffenden Informationen ist jedoch subliminal, unterhalb der Bewusstseinsschwelle, und wird daher nicht vom Bewusstsein verarbeitet, sondern steht dem Unbewussten – in meiner Terminologie, dem Daimon – zur Verfügung. Auch das periphere Sehen wird seit Jahrtausenden von Schamanen genutzt, um sich in Trance zu versetzen. In den letzten Jahren wurde es im Rahmen des *Neurolinguistischen Programmierens* (NLP) wieder aufgegriffen. Klienten werden darin geschult, ihr peripheres Sehen als schnelle Möglichkeit zu nutzen, sich in eine leichte Trance zu versetzen.

Diese alternativen Ansätze zum Autismus faszinieren auch die amerikanische Schriftstellerin und Autistin Dr. Temple Grandin, mit deren Arbeit wir uns nun befassen wollen.

Temple Grandin und autistische Wahrnehmungen

Grandin interessiert sich dafür, inwiefern Autisten die Welt anders wahrnehmen als neurotypische Menschen. In ihrem Buch *The Autistic Brain* führt sie äußerst nachvollziehbar aus, dass alle Menschen fünf Möglichkeiten nutzen, um zu begreifen, was die Außenwelt ist: unsere Sinne. Doch das Gehirn *interpretiert* den Input dieser Sinne, um daraus ein Faksimile der Welt der Erscheinungen zu erstellen. Dieses ist keine originalgetreue Nachbildung, sondern es wird etwas *erschaffen*, und zwar unter Hinzuziehung von Informationen, die im Laufe des gesamten bisherigen Lebens gesammelt wurden. In einer Rundfunksendung der bei BBC4 ausgestrahlten Reihe *In Our Time* berichtet der Wahrnehmungsforscher Richard L. Gregory überzeugend von der Erschaffung einer inneren Wahrnehmung mithilfe äußerer Reize. Er beschreibt, wie die Rezeptorneuronen auf der Netzhaut ein kleines, umgekehrtes Bild von der Größe einer Briefmarke in elektrische Signale verwandeln, die dann an die dunkelste Stelle des Gehirns (die Sehrinde im Okzipitallappen) gesendet werden, wo sie neu zu einem beleuchteten, hellen, dreidimensionalen, umfänglichen Faksimile der Außenwelt zusammengesetzt werden. Doch die Quelldaten, der briefmarkengroße Bereich photonenstimulierter chemischer Stoffe, entspricht in keiner Weise dem Bild, welches das Gehirn erzeugt. Und es geht noch weiter. Das Gehirn zieht ähnlich kodierte Informationen von den Ohren, Drucksignale von der Haut und olfaktorische Signale von der Nase heran, um daraus eine einzige Wahrnehmung des „In-der-Welt-Seins" zu erschaffen. Aber „wir" befinden uns überhaupt nicht in dieser Welt: Sie ist eine Illusion. Wir sind tief im Gehirn eingeschlossen, der geisterhafte „Beobachter" dieser Illusion. Und es gibt noch mehr: Wie Gregory in der Radiosendung betont, wird jedes Segment der Quelldaten (Sehen, Hören, Fühlen und Riechen) in einem vollkommen anderen Teil des Gehirns verarbeitet. Wir aber haben die Empfindung, dass alles *jetzt* geschieht. Obwohl Gregory ihn nicht ausdrücklich benennt, gibt es hier einen Bezug zum „Bindungsproblem".[26] Das Rätsel ist einfach – aber leider gibt es in unserem modernen Verständnis der

Hirnprozesse keine einfache Erklärung dafür. Für die Verarbeitung verschiedener Sinnesreize sind verschiedene Hirnareale zuständig. Die einen kümmern sich ums Sehen, andere ums Hören, wieder andere ums Fühlen. Und selbst innerhalb eines bestimmten sensorischen Systems, sagen wir einmal des Sehens, gibt es Bereiche, die Farben verarbeiten, Bereiche, die Richtungen verarbeiten, und Bereiche, deren Aufgabe es ist, auf Winkel zu fokussieren. Alle diese Bereiche sind über das Gehirn verteilt und stehen nicht in direkter Kommunikation miteinander; einige liegen näher an ihrer Informationsquelle als andere. Wie dies alles zusammenkommt, damit die Wahrnehmenden eine einheitliche und scheinbar unmittelbare Wahrnehmung der Welt haben, ist eines der großen ungelösten Rätsel der Neurowissenschaften. Natürlich können wir dem noch die Frage hinzufügen, wo sich der Standort der Wahrnehmenden im Gehirn genau befindet. Befinden sich die Wahrnehmenden jeweils an einer einzigen Stelle, an der „alles zusammenkommt", oder sind Wahrnehmungen in Form einer Cloud oder eines Feldes über das ganze Gehirn verteilt?

In ihrem Buch stellt Grandin eine scheinbar einfache Frage über Wahrnehmung:

> Was, wenn Sie dieselben Inforationen empfangen wie alle anderen auch, Ihr Gehirn sie aber anders aufnimmt? Dann ist Ihr Welterleben ein radikal anderes als das aller anderen, vielleicht sogar schmerzhaft anders. In diesem Fall lebten Sie buchstäblich in einer anderen Realität – einer alternativen sensorischen Realität.[27]

Ihre abschließende Aussage macht aus einer einfachen Beobachtung eine Aussage von tiefsinniger Bedeutung. Wie sie sagt, ist die Welt, die Autisten wahrnehmen, eine „alternative sensorische Realität".

Grandin ist enttäuscht, dass andere Wissenschaftler kein Interesse an der „Reizüberflutung" von Autisten zeigen. Sie weist darauf hin, dass es in einem 2011 erschienenen, vierzehnhundert Seiten starken Buch über Autismus nur ein einziges Kapitel über sensorische Fragen gibt – nämlich das, welches sie zu dem Buch beigetragen hat.[28] Ihrer

Meinung nach liegt dies daran, dass der Behaviorismus Neurologie und Psychologie immer noch fest im Würgegriff hat – mit der Folge, dass bereits der Vorschlag, sensorische Probleme könnten real sein, ein Schlag ins Gesicht eines eingefahrenen Denksystems ist. Treffend beobachtet sie: „Sie nennen sich Behavioristen, ich nenne sie Biologie-Leugner." In Wahrheit, so behauptet sie, sind sensorische Störungen für das Verständnis des Verhaltens von Autisten wie ihr von ausschlaggebender Bedeutung. Manche brauchen laute Geräusche oder tiefen Druck, weshalb sie klatschen, schaukeln, sich drehen und schreien. Aber wie ich bereits vorgeschlagen habe, steckt noch mehr dahinter: Ich glaube, dass diese Verhaltensweisen ein Versuch sind, einen veränderten sensorischen Zustand herbeizuführen, genau wie ihn auch ein durch Fingerbewegungen vor den Augen erzeugter Flacker-Effekt hervorruft.

Die moderne Wissenschaft – vertreten durch die von Grandin so nachdrücklich abgelehnten Behavioristen – hat ein echtes Problem mit subjektiven Berichten von Autismus-Erfahrenen. Grandin findet diesen Ansatz völlig *un*wissenschaftlich. Sie argumentiert, was im Kopf eines anderen Menschen vor sich gehe, könne man nur dann wissen, wenn man ihn frage. Dazu gehört auch, dass man sie fragt, was sie erleben und erlebt haben. Die Betroffenen selbst sind in dieser Hinsicht die beste Informationsquelle. Sie schreibt:

> Wissenschaftler mindern Selbsteinschätzungen routinemäßig mit dem Argument herab, sie seien subjektiv und damit einer wissenschaftlichen Verifizierung nicht zugänglich; aber genau dies ist der Punkt. Objektive Verhaltensbeobachtung kann wichtige Informationen liefern. Aber nur derjenige, der an Reizüberflutung leidet, kann uns sagen, wie das ist.[29]

Dies wird bei derartigen Forschungen immer ein Problem darstellen, insbesondere, wenn die geschilderten Erfahrungen Informationen beinhalten, die dem gerade gültigen wissenschaftlichen Weltbild zuwiderlaufen.

Ich mache bei dieser Verschwörung nicht mit. Was Autisten uns über ihre Welt sagen können, ist für mich von tiefgreifender Bedeutung. In Anbetracht dessen werden wir uns nun darauf konzentrieren, wie es ist, autistisch zu sein, und dazu die Welt durch die Augen und Ohren zweier berühmter Autisten erleben: Tito Rajarshi Mukhopadhyay und Carly Fleischmann.

Autismus: Der Blick von innen

Tito Rajarshi Mukhopadhyay wurde 1989 in Indien geboren und zog mit dreizehn Jahren mit seiner Mutter Soma Gopal nach Austin, Texas. Bis zum Alter von drei Jahren zeigte er Anzeichen einer schweren Entwicklungsverzögerung. Er machte keinerlei Anstalten zu kommunizieren oder überhaupt sprachliche Fähigkeiten zu entwickeln. Bei ihm wurde eine extreme Form des „Locked-in-Syndroms" diagnostiziert. Allerdings fiel seiner Mutter, die Chemikerin war, auf, dass er regelmäßig Kalender anstarrte. Soma entwarf eine Tafel mit Zahlen und Buchstaben, über die er kommunizieren konnte. Ab dem Alter von vier Jahren vermochte er seine Welt zu beschreiben. Später band seine Mutter einen Stift an seiner Hand fest, wodurch er schreiben konnte. Er schrieb, dass er sich selbst als zwei Wahrnehmungsbereiche empfand. Diese bezeichnete er als sein „handelndes Ich" und sein „denkendes Ich". Darin klingt meine Daimon-Hypothese an, die ich in meinem Buch *The Daemon: A Guide to Your Extraordinary Secret Self*[30] dargelegt habe. Um kurz zu rekapitulieren: In dem Buch behaupte ich, dass alle Menschen zwei Bewusstseinszentren haben. Einerseits gibt es den Alltagsmenschen, der von sich als „ich" spricht und den ich als das *Eidolon* bezeichne. Andererseits gibt es die Wesenheit, die als unser innerer Geistführer erscheint und offenbar über ein wesentlich größeres Wissen verfügt als das in der Welt befindliche Eidolon. Sie bezeichne ich als den *Daimon*. Religiöse und mystische Gruppen postulieren die Existenz des Daimon seit Jahrtausenden. Er ist unter vielen Bezeichnungen bekannt, unter anderem als *Ka* (Ägypten), *Urvan* (Persien), *Hun* (China), *Thymos* (Griechenland), *Biomg-*

bo (Kalabari), *Genius* (Rom), *Ruach* (Kabbala), *Nafs* (Sufismus) und *Aumakua* (Huna, Polynesien). Im vorliegenden Buch habe ich dieses Modell erweitert und vorgeschlagen, der Daimon sei im Pleroma angesiedelt und führe sein Eidolon durch die Fallen und Gefahren des Lebens wie ein Spieler seinen Avatar in einem Computer-Rollenspiel.

Ich würde behaupten, Titos „denkendes Ich" sei ein Daimon, der, weil er Titos Bewusstsein mit einem kaum funktionalen Eidolon (seinem „handelnden Ich") teilt, verstärkt die Kontrolle übernommen hat. Dadurch, wie Grandin ihr Treffen mit Tito in einer medizinischen Bibliothek in San Francisco beschreibt, wird dies für mich noch bestätigt. Auf ihre Fragen konnte Tito ihr mithilfe einer Tastatur antworten. Nach jeder Antwort stand er auf, rannte in der Bibliothek herum und schwenkte dabei die Arme. Sie erkannte, dass der „wirbelnde, wild um sich schlagende, klatschende Junge" das ist, was die Außenwelt in Tito sieht. Dies ist Titos „handelndes Ich", wie sein „denkendes Ich" es aus objektiver Distanz sieht.[31] In seinem Buch *Wie soll ich sprechen, wenn sich meine Lippen nicht bewegen? Aus dem Innersten meines autistischen Wesens* schreibt er, dass sein „handelndes Ich" „unheimlich und voller Tatendrang" ist. Vom „handelnden Ich" spricht er immer in der dritten Person. Es ist also eindeutig wieder das „denkende Ich", welches das Verhalten des „handelnden Ichs" ohne Empathie beobachtet. Er schreibt, sein „denkendes Ich" sei „voller Bildung und fühle sich als verkörperte Wesenheit, die sehr gut verstehe, was man ihr sage."[32]

Nach der Beschreibung ihres Treffens mit Tito merkt Grandin an, dass die Vorstellung von den „zwei Ichs" in Bezug auf den Autismus tatsächlich zutrifft. Sie schreibt, die Auffassung werde in den Schriften von Carly Fleischmann „bekräftigt".[33] Wie Titos kann uns auch Fleischmanns Lebenserfahrung wahrscheinlich viel über die inneren Vorgänge im Gehirn – in allen Gehirnen – sagen. Während ihrer ersten Lebensjahre war Carly ein scheinbar nicht sprechendes Kind mit tiefem Autismus. Sobald sie alt genug war, erhielt sie einen Tablet-Computer mit einer Bild-Tastatur. Durch Druck auf die entsprechende Taste konnte Carly eine Computerstimme auslösen, die ihr das jeweilige Wort vorsprach. Die Tastatur hatte auch eine Alphabet-Funktion, die aber nicht genutzt wurde – und da sie überflüssig erschien, spielte ihre Therapeutin mit dem Gedanken, diese Funktion zu löschen, um Speicherplatz freizumachen.

Just an dem Tag, an dem die Löschung im Raum stand, erschien Carly zu ihrer Sitzung. Dieses Mal war sie besonders unruhig. Der Grund dafür sollte sich bald zeigen. Leicht verärgert fragte eine der Therapeutinnen: „Was willst du denn?" Worauf Carly sich die Tastatur schnappte und tippte: H-I-L-F-E-Z-A-H-N-W-E-H. Die Sprachtranskodierung brachte dann stimmlich zum Ausdruck, was Carly getippt hatte. Die Therapeutinnen waren perplex. Auch hier hatte wieder das „denkende Ich" die Kontrolle übernommen. Wie Tito hatte auch Carly ein „handelndes Ich", das wippte, schrie und sehr destruktiv war – was ebenfalls auf ein Zweikammer-System des Bewusstseins schließen lässt.

Dieser „Bikameralismus" ist ein Abbild unseres Hirnaufbaus. Wie wir bereits gesehen haben, verfügen wir über zwei Hirnhälften, die durch eine Brücke aus etwa zweihundert Millionen Nervenfasern, den sogenannten Hirnbalken oder das Corpus callosum, miteinander verbunden sind. Unter bestimmten Umständen wird die Effektivität der Kommunikation über diese Brücke gestört. Wenn dies geschieht, sind wir nicht ein Bewusstsein, sondern zwei getrennte Bewusstseinsbereiche. Da wir in unserer dominanten Hirnhälfte (üblicherweise der linken) angesiedelt sind, sind wir uns unseres stillen Partners nie bewusst. Mitte der 1960er Jahre wurde eine Reihe von Operationen durchgeführt, die sogenannten Corpus-Callostomien. In dem Versuch, nicht therapierbare Epilepsie zu heilen, wurde dabei das Corpus callosum durchtrennt. Die wichtigsten Chirurgen dieser bahnbrechenden Arbeit waren Philip Vogel und Joseph Bogen. Mit der Beurteilung der Auswirkungen dieser Operationen auf die Betroffenen waren später der Neurobiologe Roger Sperry und der Psychologe Michael Gazzaniga befasst. Dabei wurde entdeckt, dass zwar beide Hirnhälften nach der trennenden Hirnoperation noch lernfähig waren, die eine Hälfte jedoch keine Ahnung hatte, was die andere erlebt oder gelernt hatte. Faktisch waren zwei verschiedene Menschen mit zuweilen sehr unterschiedlichen Persönlichkeiten und Motivationen entstanden. 1976 schrieb Sperry, der 1981 für seine Arbeit auf diesem

Gebiet den Nobelpreis erhielt: „In dieser und vieler anderer Hinsicht verhalten sich Mensch und Tier mit geteiltem Gehirn ganz so, als habe jede der separierten Hemisphären einen eigenen Geist.“[34]

Insgesamt haben wir mit den Fällen von Tito und Carly erstaunliche subjektive Beweise für mein Daimon-Eidolon-Gespann; und wenn wir uns nun im Huxleyschen Spektrum weiter vorwagen, tritt diese Dualität noch stärker in den Vordergrund. Wir wissen, dass Autismus und Schizophrenie in den Anfangsjahren der Forschung als dieselbe Krankheit betrachtet wurden. In den letzten rund fünfzig Jahren ist jedoch eine scharfe Trennung eingetreten. Die Wahrnehmungen von Persingers „gefühlter Präsenz“, von denen auch bei Autisten wiederholt die Rede ist, lassen darauf schließen, dass es zwischen Autismus und Schizophrenie Gemeinsamkeiten gibt. So ist wohl nicht weiter verwunderlich, dass die moderne neurologische Forschung zu ähnlichen Schlussfolgerungen gelangt.

Autismus und Schizophrenie: Eine weitere Verbindung?

Jahrelang lautete eine der wichtigsten Fragen zur Schizophrenie, ob sie vererbt oder erworben wird. Dies ist ein klassischer Anlage-Umwelt-Streit. Wenn beide biologischen Eltern an Schizophrenie leiden, so haben Forschungen gezeigt, besteht eine vierzigprozentige Wahrscheinlichkeit, dass ihre Kinder die Krankheit erben. Im Gegensatz dazu liegt die Wahrscheinlichkeit, dass ein Kind nicht schizophrener Eltern die Krankheit entwickelt, bei einem Prozent.

Dies lässt auf eine genetische Verbindung schließen, aber bis heute wurde kein einzelnes Gen gefunden, das dafür verantwortlich wäre. Zwischen Männern und Frauen besteht in dieser Hinsicht offenbar kein Unterschied. Es ist unüblich, dass bei einem Menschen unter achtzehn Jahren Schizophrenie diagnostiziert wird. Dies liegt nicht etwa daran, dass Schizophrenie bei jüngeren Menschen nicht auftritt, sondern schlicht daran, dass die Schizophrenie im Kindesalter anders bezeichnet wird, nämlich mit dem englischen Begriff „childhood-onset schizophrenia“, kurz COS. Sie ist extrem selten; eine Statistik besagt, dass sie bei Kindern unter zwölf Jahren mit „weniger als einem Sechzehntel der Häufigkeit wie bei Erwachsenen" auftritt.[35] Dies lässt wiederum darauf schließen, dass die Wahrscheinlichkeit, dass bei einem Kind Schizophrenie diagnostiziert wird, bei eins zu sechstausend liegt.

Angaben auf der Website der Mayo-Klinik zufolge gehören zu den ersten Anzeichen für COS: Sprachentwicklungsverzögerungen, spätes Laufenlernen und abnormales motorisches Verhalten wie Schaukeln und Wedeln mit den Händen.[36] Das wichtigste diagnostische Kriterium sind jedoch unsere guten alten Freunde dauerhafte Halluzinationen und Wahnvorstellungen. Hält eins von beiden länger als sechs Monate an, wird beim Kind Schizophrenie diagnostiziert.[37] Ist das Kind allerdings unter sieben Jahre alt, können die Halluzinationen und Wahnvorstellungen weitaus länger andauern, ohne dass deswegen eine Schizophrenie-Diagnose gestellt wird.[38] Dies erklärt wahrscheinlich, warum es so wenige ganz junge Menschen mit Schizophrenie gibt. Die Diagnose wird aufgrund von Beobachtung und Befragung erstellt, nicht anhand objektiver psychologischer Tests.

Definitionsgemäß wird ein Kind unter sieben Jahren keine Schizophrenie haben, egal wie extrem seine Halluzinationen und Wahnvorstellungen sind. Wenn also ein Kind dieses Verhalten zeigt sowie angibt, Stimmen zu hören und Halluzinationen zu haben, stellt sich die Frage, was ihm fehlt. Allem Anschein nach wird dann automatisch Autismus diagnostiziert.[39]

Ich finde dies äußerst interessant. Wir wissen, dass kleine Kinder eine sehr rege Vorstellungskraft haben. Viele haben sogar Fantasiefreunde, die ihnen über die gesamte Kindheit hinweg erhalten bleiben.

Wie wir bereits besprochen haben, behauptet der Wissenschaftler Michael J. Hallowell, diese „quasikörperlichen Gefährten", wie er sie nennt, seien weit mehr als bloße Halluzinationen. Hallowell zitiert neuere Forschungen aus den USA, wonach bis zu fünfundsechzig Prozent aller Kinder bis sieben Jahre solche Gefährten haben.[40] Dies entkräftet eher das Argument, solche Kontakte seien die Erfindung einsamer, isolierter Kinder. Interessant ist außerdem, dass diese Gefährten sich den Betroffenen zwar oft als Kind in einem ähnlichen Alter darstellen, eine überraschende Anzahl aber auch als Elfen, Feen oder Zwerge wahrgenommen werden. Hallowell bezeichnet sie als „Elementale".[41] Ich finde es faszinierend und potenziell signifikant, dass diese quasikörperlichen Gefährten offenbar Ähnlichkeiten mit den Halluzinationen aufweisen, die beim Charles-Bonnet-Syndrom auftreten. Auf diese Verbindung werde ich später noch zurückkommen.

Kleine Kinder leben normalerweise in einer reichen Fantasiewelt, in der sich Vorgestelltes und Reales zu überschneiden scheinen. Sie können sich auch auf merkwürdige Trugbilder von sich selbst, ihren Freunden, ihren Spielsachen und ihrer Familie fixieren. Würden die Regeln geändert (es sind schließlich bloß Regeln) und Schizophrenie auch bei unter Sechsjährigen diagnostiziert, dann wäre wohl die überwiegende Mehrheit aller Kinder als schizophren einzustufen.

Autismus hingegen kann ab einem Alter von drei Jahren diagnostiziert werden. Zwischen drei und sieben Jahren würde ein schizophrenes Kind also automatisch als autistisch gelten. Werden autistische Kinder, die die abnormen Verhaltensweisen Schaukeln und Wedeln mit den Händen zeigen, dann aber an ihrem siebten Geburtstag automatisch als schizophren diagnostiziert? Oder wird, wie ich vermute, die Autismus-Diagnose beibehalten?

In den letzten Jahren hat es eine wahre Autismus-Epidemie gegeben. Laut einem Artikel im *Scientific American* aus dem Jahr 2012 leidet in den USA eines von hundertsechsundsechzig Kindern an Autismus. Jahrzehntelang lag der Wert bei einem von zweitausendfünfhundert Kindern. In dem Zehnjahreszeitraum zwischen 1993 und 2003 verzeichnete das US Department of Education eine Zunahme der landesweit auftretenden Fälle um 657%.[42] Am 27. März 2014 gaben die *Centers for Disease Control and Prevention* (CDC) neue Daten heraus, die zeigen, dass heute eines von achtundsechzig Kindern an einer Autismus-Spektrum-Störung leidet. Nach Geschlechtern gliedern sich diese Zahlen folgendermaßen auf: Einer von zweiundvierzig Jungen und eines von hundertneunundachtzig Mädchen.[43] Ähnliche Steigerungen wurden aus der ganzen Welt gemeldet.

In der Weltbevölkerung spielt sich erkennbar etwas Signifikantes ab – oder liegt es schlicht daran, dass wir heute aufmerksamer zuhören, was Kinder uns über ihre Welt erzählen, eine Welt, die viele Erwachsene verloren haben, an die sie sich aber dumpf erinnern können? Ist das Huxleysche Spektrum einmal mehr in der frühen Kindheit auch bei neurotypischen Menschen anzutreffen?

Es gibt jedoch noch ein weiteres Element des Autismus, welches darauf schließen lässt, dass die Welt, in der Autisten leben, weitaus reichhaltiger und komplexer ist als alles, was Neurotypische sich vorstellen können. Allem Anschein nach können manche Autisten ihren Blick hinter die Huxleyschen Pforten nutzen, um erstaunliche Leistungen zu vollbringen. Diese Personen werden als Savants oder Inselbegabte bezeichnet, und für mich sind diese unglaublich begabten Menschenkinder Zeugen der Macht meines Huxleyschen Spektrums. Ihnen wenden wir uns im Zuge unserer Untersuchung der Grenzgebiete menschlicher Erfahrung nun zu.

KAPITEL ACHT:

Savant-Syndrom

Das Modell der sozialen Isolation

Edward Sequin schlug als Erster vor, dass soziale Isolierung und Reizentzug für die Entwicklung einer Inselbegabung bei Menschen auf dem autistischen Spektrum verantwortlich sein könnten. 1971 behauptete Edward Hoffman, Isolierung erzeuge das Bedürfnis, den Geist durch Nachdenken über mathematische oder logische Probleme aktiv zu halten.[1] Unter diesen Umständen könnten die Betroffenen spontan Abkürzungen entdecken oder mathematische Sequenzen festhalten, die schnelles Rechnen erleichterten. Dies mag bei neurotypischen Menschen der Fall sein, die bereits mathematische Prozesse erlernt haben, aber es ist nur schwer nachvollziehbar, woher Menschen, die ihr Leben lang von anderen abgeschottet waren, unbewusst selbst einfachste Rechenoperationen kennen sollten. Wie könnte soziale Isolation zum Beispiel das sogenannte „Blitzrechnen" fördern? Es ist regelmäßig zu beobachten, dass bestimmte autistische Kinder, wenn man ihnen ein Datum aus Vergangenheit oder Zukunft nennt, sofort angeben können, auf welchen Tag dieses Datum fällt. Lange hat man vermutet, sie hätten eine Art Rechentrick oder sich immerwährende Kalender eingeprägt. Wenn aber das Savant-Syndrom oder die Inselbegabung mit sozialer Isolierung zusammenhängt, woher sollen sie diese „Tricks" dann kennen? Tatsächlich wird vermutet, dass sich diese bei ihnen spontan entwickeln.

Autistisch zu sein, bedeutet definitionsgemäß, „neurologisch atypisch" zu sein. Im Gehirn von Menschen, die autistisches Verhalten zeigen, geht etwas vor sich, was von den Vorgängen im Gehirn des größeren Bevölkerungsanteils abweicht. Die Anzeichen mehren sich, dass dies mit der Art und Weise zu tun hat, wie die Hirnzellen miteinander kommunizieren. Ihre Konnektivität könnte höher oder geringer sein als bei „neurologisch typischen" Menschen.

Diese neurologische Atypikalität kann sich bei den meisten autistischen Menschen als allgemeine Beeinträchtigung hinsichtlich sozialer Fähigkeiten manifestieren; bei manchen aber kann die Konnektivität Fähigkeiten begünstigen, die sich in erstaunlichen mathematischen, künstlerischen oder musikalischen Fertigkeiten oder aber auch in Gedächtnisleistungen zeigen, welche die neurotypischer Menschen bei weitem übertreffen.

Wie kann das sein? Ein Vorschlag lautet, manche Fähigkeiten ließen sich durch ein bildhaftes Gedächtnis erklären. Dabei bleibt, nachdem etwas beobachtet wurde, ein starkes Nachbild im Sichtfeld, ganz ähnlich wie beim fotografischen Gedächtnis.

Dies ist zwar eine nachvollziehbare Erklärung, sie unterstellt allerdings eine unheimliche Fähigkeit, die es nach Auffassung mancher Wissenschaftler gar nicht gibt. Ein im November 1965 veröffentlichter Bericht im *American Journal of Mental Deficiency* schildert den Fall eines sechzehnjährigen Mädchens, das über enorme Kalender-Rechenfähigkeiten verfügt. Da sie aufgrund einer retrolentalen Fibroplasie blind geboren worden war, schied ein fotografisches Gedächtnis bei ihr aus. Zur Unterstützung der Reizentzugs-Hypothese könnte jedoch signifikant sein, dass ihre Zwillingsschwester und sie in den ersten drei Lebensjahren von ihren Eltern praktisch ignoriert worden waren.[2]

Eine weitere Erklärung, die jedoch von den meisten Wissenschaftlern strikt abgelehnt wird, lautet, es finde eine Art außersinnlicher Wahrnehmung statt. Dies würde erklären, warum die Savants selbst nicht anzugeben vermögen, woher die Information kommt. Immer wieder hören wir von Autisten, die sagen, die Information tauche einfach in ihrem Kopf auf, und sie plapperten sie lediglich nach wie ein Papagei. Ein unabhängiger Geist und Forscher auf diesem Gebiet war Bernard Rimland. Der Psychologe stellte die Dinge einfach so dar, wie sie sind, und unternahm erst dann den Versuch einer Erklärung, so unkonventionell oder „unwissenschaftlich“ diese auch klingen mochte. In einem 1978 veröffentlichten Aufsatz berichtete er, dass etwa zehn Prozent seiner Stichprobe von 5400 autistischen Kindern Fertigkeiten und Fähigkeiten zeigten, die nach unserem modernen wissenschaftlichen Modell nicht zu erklären sind.[3] Insbesondere ein Fall, der von dem Savant-Syndrom-Experten Dr. Darold Treffert in seinem Buch *Extraordinary People* direkt zitiert wird, ist nur sehr schwer von der Hand zu weisen, auch wenn man dazu sagen muss, dass es sich um den Bericht von Eltern handelt und er daher ausgeschmückt worden sein könnte. Eine blinde musikalische Inselbegabte namens Ellen verkündete ihren Eltern eine Woche vor Weihnachten, was sie an Heiligabend geschenkt bekäme. Ihre Eltern hatten ihr keinerlei Hinweise gegeben, und da sie blind war, ist auch kaum vorstellbar, dass sie die Verstecke der Geschenke entdeckt und „hineingelinst“ haben könnte.[4]

Rimland bezeichnete diese Fähigkeit als „Hifi-Aufmerksamkeit“. Daran zeige sich, so folgert er, wie intensiv die Sinneswelt für die meisten Autisten ist. Außerdem lässt sich ein Bezug zum an früherer Stelle besprochenen „Intensive-Welt“-Modell von Henry und Kamila Markram herstellen. Wir neurotypischen Menschen können entscheiden, wie stark wir uns auf etwas konzentrieren, autistische Kinder hingegen nicht.

Wenn meine Hypothese vom Huxleyschen Spektrum allerdings zutrifft, dann sollte unter bestimmten Umständen auch ein neurotypischer Mensch in der Lage sein, auf inselbegabungsähnliche Fähigkeiten zugreifen zu können. Das „Informationsfeld“ existiert außerhalb jeglichen individuellen Bewusstseins und sollte daher allgemein zugänglich sein. Ende der 1970er Jahre berichtete Rimland von einem faszinierenden Fall, der daraufhin in *Psychology Today* veröffentlicht wurde. Damals ging ein Zwillingspärchen mit Namen George und Charles durch alle Medien. Beide waren stark autistisch und zeigten, wenig verwunderlich, die häufig erwähnte Fähigkeit des „Kalenderrechnens“. Im Rahmen einer Fernsehdokumentation über Savants kamen Mitglieder der psychiatrischen Fakultät der University of Oklahoma nach New York, um die Zwillinge zu befragen. Außerdem wurde vorgeschlagen, der Doktorand Benj Langdon solle versuchen, Möglichkeiten zu finden, wie die Fähigkeit des Kalenderrechnens zu reproduzieren sein könnte. Tagelang prägte Langdon sich eine Datumstabelle und eine Reihe komplexer Berechnungen ein. Nach erheblichem Aufwand an Zeit und Mühe konnte er die Berechnungen durchführen, ohne jedoch die Geschwindigkeit der Zwillinge zu erreichen. Dann geschah plötzlich etwas durchaus Überraschendes: Langdon stellte fest, dass er die Rechengeschwindigkeit der Zwillinge *doch* erreichen konnte. Sein Gehirn hatte den Prozess irgendwie automatisiert. Er merkte, dass das Kalenderrechnen ihm in Fleisch und Blut übergegangen war.[5]

Dies lässt darauf schließen, dass Inselbegabungen nicht auf Autisten begrenzt sind, sondern wir alle latent darüber verfügen. Bei Autisten sind sie aber am weitesten entwickelt. Die Forschung hat gezeigt, dass das Savant-Syndrom bei Menschen mit der Diagnose Autismus wesentlich öfter vorkommt als in jeder anderen neurologischen Gruppe. Von noch größerer Signifikanz ist, dass Menschen, die zwar neurotypisch sind, aber Tendenzen zu einer Inselbegabung aufweisen, auch zu Verhaltensweisen neigen, die mit Autismus verbunden werden.

Inselbegabungen hängen nicht vom IQ ab: Künstlerische Savants schneiden bei Intelligenztests meist unterdurchschnittlich ab. Menschen mit einer künstlerischen Inselbegabung malen nicht in einem abstrakten, expressionistischen Stil, sie schreiben auch keine Romane oder versenken sich in die Philosophie. Ihre Fähigkeit basiert auf den typischen nicht-reflexiven Neigungen von Menschen auf dem Autismus-Spektrum.

Anscheinend können Inselbegabungen auch bei neurotypischen Menschen erzeugt werden, wenn der linke frontale Temporallappen (LFTL) unterdrückt wird. Am *Centre for the Mind* der University of Sydney in Australien hat eine Gruppe von Wissenschaftlern um Allan Snyder diesen Prozess angewandt, um einen Hirnzustand zu erzeugen, der dem von autistischen Menschen ähnelt. Erreicht wird dies durch die sogenannte *repetitive transkranielle Magnetstimulation* (rTMS). Besonders effektiv war diese Methode, wenn es ums Zeichnen, Korrekturlesen und numerische Fähigkeiten ging. Dies lässt darauf schließen, dass eine Inselbegabung durch ungewöhnliche Vorgänge in der linken – und damit bei den meisten Menschen dominanten – Hirnhälfte begünstigt wird. Es legt nahe, dass durch eine Manipulation der linken Hemisphäre bei „normalen“ Menschen Inselbegabungen erzeugt werden können.[6]

Die Arbeit von Darold A. Treffert

In seinem faszinierenden und äußerst einflussreichen Buch *Extraordinary People: Understanding Savant Syndrome* präsentiert uns der Psychiater Darold A. Treffert eine Mischung aus persönlichen Anekdoten und fundierter Wissenschaft und erklärt damit den „Stand der Technik“ beim Savant-Syndrom Ende der 1980er Jahre.[7]

Im Juli 1959 ging Treffert als neuer Direktor an die kleine psychiatrische Kinderstation des Winnebago State Hospital bei Oshkosh, Wisconsin. Hier fiel ihm auf, dass bestimmte Kinder über erstaunliche Fähigkeiten verfügten. Bei den meisten war frühkindlicher Autismus gemäß der Definition von Leo Kanner aus dem Jahr 1944 diagnostiziert worden. Sie machten etwa ein Drittel der Kinder aus. Bei zweiten Drittel war „Schizophrenie der Kindheit“ festgestellt worden. Im Gegensatz zur Gruppe mit frühkindlichem Autismus waren diese Kinder normal auf die Welt gekommen, und ihre Erkrankung hatte sich erst mit zunehmendem Lebensalter gezeigt. Die letzte Gruppe bestand aus Kindern, die durch Krankheit oder Unfall einen Hirnschaden erlitten hatten. Wie wir bereits gesehen haben, legte Rimland 1978 Daten vor, die darauf schließen lassen, dass etwa zehn Prozent der von frühkindlichem Autismus Betroffenen eine Neigung zur Inselbegabung zeigen.

1964 wurde Treffert Leiter der gesamten Einrichtung, die er 1979 verließ, um neben seiner Arbeit als geschäftsführender Direktor eines Gesundheitszentrums in Fond du Lac eine Privatpraxis zu eröffnen. In dieser Praxis begann er, einigen erwachsenen Patienten Natriumamytal zu verabreichen, um den Abruf von Erinnerungen zu fördern. Es faszinierte ihn, welch deutliche und detailreiche Erinnerungen diese Verbindung zu Tage förderte, darunter auch längst Vergessenes, was jetzt in präzisen Einzelheiten erinnert wurde.

Dies ist nicht so verrückt wie es scheint. Wie wir bereits gesehen haben, nahm der in Kanada lebende amerikanische Neurochirurg Wilder Penfield von den 1930er Jahren bis in die 1950er Jahre hinein eine Reihe experimenteller Operationen am Gehirn von Patienten vor, die dabei bei Bewusstsein waren. Als ein unbeabsichtigtes und völlig unerwartetes Resultat dieser Operationen entdeckte Penfield, dass durch Stimulation der Hirnoberfläche mit einem Elektrodenstift längst vergessene Erinnerungen wieder wachgerufen werden konnten. Was zutage kam, waren mehr als Erinnerungen: Die Patienten gaben an, Teile ihrer Vergangenheit regelrecht noch einmal nachzuerleben. In seinem unmittelbar vor seinem Tod veröffentlichten Buch *Mysteries of the Mind* vertrat Penfield recht kategorisch seine Auffassung von der Natur dieser Erinnerungen. Er hielt sie für echte Gedächtnisspuren, die automatisch aus dem Unbewussten abgerufen wurden.[8] Es war nicht so, dass die Patienten sich aussuchen konnten, an welches Ereignis sie sich erinnern wollten: Sie hatten nicht den geringsten Einfluss darauf, welche Erinnerung aufsteigen und an welcher Stelle sie einsetzen oder enden würde.

1970 veröffentlichte der Psychologe Albert C. Cain einen Fallbericht, der im Hinblick auf Savants das Penfieldsche Modell der „lückenlosen Erinnerung" stützt. In diesem Bericht bespricht Cain den Fall seiner Patientin „Millie". Millie litt an frühkindlichem Autismus. Dieser wurde erstmals 1944 von Kanner selbst beschrieben[9] und zeichnet sich durch eine extreme Isolierung des Kindes von anderen sowie einen grundlegenden Widerstand gegen jegliche Form von Veränderung aus. Millie war insofern typisch, als sie kaum einmal mit anderen kommunizierte. Ihre sprachlichen Fähigkeiten waren sehr begrenzt. Ihr äußerst genaues Gedächtnis wurde dadurch allerdings nicht beeinträchtigt:

> Sie wiederholt wortwörtlich (typischerweise nicht auf Aufforderung) längere Gespräche oder Radio- bzw. Fernsehsendungen, die sie oft vor Jahren gehört hat. Sie liest und wiederholt ein Wort exakt (auch in seiner Schreibweise), selbst wenn sie es nur ein einziges Mal gesehen hat – auch Wörter, die weit über ihr al-

> tersgemäßes Sprachverständnis hinausgehen – und korrigiert Rechtschreibfehler anderer bei diesen Worten schnell. Rückwärts schreibt sie fast so flüssig wie vorwärts.[10]

So überwältigend Millies Gefühl der Isolierung für sie gewesen sein muss, Autisten, die außerdem blind sind, müssen sich in ihrer sozialen Welt noch deutlich stärker isoliert fühlen. Für solche Menschen sind Klänge und Berührungen der einzige Reiz aus der Außenwelt. Doch wie bei vielen Teilbereichen des Reizentzugs übernehmen auch hier die verbleibenden Sinne offenbar eine kompensatorische Rolle.

Ein faszinierendes Beispiel aus Trefferts Forschung ist der Fall „Ellen“, einer extremen Autistin mit musikalischer Inselbegabung. Treffert erklärt, dass sie über eine eigene innere Uhr verfügt, die ihr die exakte Uhrzeit angibt. Ellen ist blind und hat nie einen Zeitmesser in irgendeiner Form, etwa eine taktile Blindenuhr, verwendet. Die Fähigkeit trat spontan in Erscheinung, als Ellen acht Jahre alt war. Damals hatte sie große Angst vor dem Telefon. Damit sie diese überwinden konnte, ließ ihre Mutter sie die Zeitansage hören. Was dann geschah, kann man nur als geradezu unheimlich bezeichnen:

> Nachdem sie nicht einmal zehn Minuten lang zugehört hatte, ging Ellen wieder in ihr Zimmer und ahmte das soeben Gehörte nach. Nach der letzten Minuten- und Sekundenangabe in einer Stunde fuhr sie mit den korrekten Angaben für die nächste Stunde fort: Wenn sie also bei „ein Uhr, neunundfünfzig Minuten und neunundfünfzig Sekunden“ angelangt war, fuhr sie korrekt mit „Es ist zwei Uhr“ fort.[11]

Ellens geschärftes Hörvermögen hat ihr Fähigkeiten verliehen, die man als „außersinnlich“ bezeichnen könnte. Treffert berichtet, dass Ellen an dem kurzen Hupsignal, mit dem der Schulbus sich ankündigte, erkennen konnte, ob heute ein anderer Schulbus kam, um sie abzuholen. Allerdings berichteten Ellens Eltern Treffert auch über Ereignisse, bei denen ihre Fähigkeiten weit über eine ausgeprägte akustische Feinfühligkeit hinausgingen. Zum Beispiel verkündete sie, wie erwähnt, ihren Eltern eine Woche vor Heiligabend, was sie zu Weihnachten geschenkt bekommen würde. Ihre Eltern versicherten Treffert, dass sie ihr keinerlei Hinweise gegeben hatten. Da Ellen außerdem vollständig blind war, konnte sie unmöglich das Haus nach Verstecken abgesucht haben. Außerdem verfügte sie offenbar über die Fähigkeit, im Vorhinein zu wissen, wer gleich zu Hause anrufen würde.[12]

Wie wir bereits entdeckt haben, war Bernard Rimland von diesen scheinbar „telepathischen" Fähigkeiten fasziniert. Seiner zuvor zitierten Studie mit 5400 autistischen Kindern zufolge, beobachtete er regelmäßig Fähigkeiten, die seiner Meinung nach medial waren.[13] Er vermutete, dass Menschen mit Autismus im Gegensatz zu neurotypischen Menschen nicht selbst darüber bestimmen können, wie stark sie ihre Aufmerksamkeit auf etwas richten:

> Das autistische Kind und Savants haben nicht die Option, ihre Aufmerksamkeit je nach Erfordernis der Umstände auf das enge (physische) oder breite (konzeptuelle) Ende des Spektrums auszurichten. Der Knopf an ihrem Einstellrad hat sich gelockert, das Rad bleibt auf das enge Ende des Spektrums eingestellt, so dass sie faktisch in diesem Aufmerksamkeitsmodus verriegelt sind.[14]

Wie selten ist denn nun das Savant-Syndrom genau? Studien haben gezeigt, dass es unter Menschen mit Behinderung mit einer Häufigkeit von eins zu zweitausend auftritt. Diese erhöht sich merklich bei Menschen mit diagnostiziertem frühkindlichem Autismus, bei denen in 9,8% der Fälle eine Inselbegabung auftritt. Man muss allerdings dazu sagen, dass von hunderttausend Kindern im Schnitt nur sieben frühkindlichen Autismus haben. Außerdem hat man sich auf die Konvention geeinigt, dass es zwei Arten von Inselbegabten gibt: „talentierte" und „erstaunliche" Savants. „Talentierte Savants" verfügen über besondere Fertigkeiten und Begabungen, die spezialisiert und in höchstem Maße ausgefeilt sind, wodurch sie sich auffällig von ihrer sonstigen Behinderung abheben. „Erstaunliche Savants" sind Menschen, deren Fähigkeiten so spektakulär sind, dass sie sogar bei Nichtbehinderten auffällig wären. In dieser Gruppe wurden in den letzten rund hundert Jahren etwa hundert Fälle gemeldet. Erstaunliche Inselbegabungen manifestieren sich, wie Treffert vorgeschlagen hat, offenbar bei blinden Kindern, insbesondere in Bezug auf musikalische Fähigkeiten.

Am bekanntesten wurde Treffert durch seine Verbindung zu Kim Peek aus Salt Lake City, dessen erstaunliche Inselbegabung die Inspiration zu dem 1988 gezeigten Film *Rain Man* gab. Peek wurde 1951 geboren, seine Eltern waren Mormonen. Bei der Geburt wurde festgestellt, dass sein Kopf dreißig Prozent größer war als normal, und spätere Untersuchungen zeigten, dass er ohne Corpus callosum (Hirnbalken) und Commissura anterior (welche die beiden Temporallappen miteinander verbindet) geboren worden war. Wie wir bereits an früherer Stelle entdeckt haben, handelt es sich beim Corpus callosum und der Commissura anterior um zwei der insgesamt fünf „Kommissuren", welche die rechte und die linke Hemisphäre des Gehirns miteinander verbinden. Ohne sie findet buchstäblich keine Kommunikation zwischen den beiden Hirnhälften statt. Für die Kommunikation in Bezug auf bewusste Wahrnehmung ist das Corpus callosum das mit Abstand wichtigste Element. Kims verbleibende drei Kommissuren – Commissura fornicis (hippocampi), posterior und habenularum – werden sehr wenig zu einer Kommunikation beigetragen haben. Faktisch war er zwei Menschen unter einer Schädeldecke. Aufgrund dessen gingen die Fachleute davon aus, dass er geistig zurückgeblieben wäre. In vieler Hinsicht war er das auch, so konnte er sich nicht ohne fremde Hilfe anziehen, rasieren, die Zähne putzen oder etwas zu Essen kochen. Allerdings zeigte er schon sehr früh erstaunliche Lernfähigkeiten, die von einem geradezu unheimlichen Fakten- und Zahlengedächtnis noch unterstützt wurden. Treffert schreibt, dass er sich ab dem Alter von zwanzig Monaten jedes Buch merken konnte, das ihm vorgelesen wurde, sobald er es nur ein einziges Mal gehört hatte.

Als er älter wurde, verwendete er Telefonbücher für Übungen im Kopfrechnen, wobei er Spalte für Spalte siebenstelliger Zahlen zusammenzählte, bis er Werte in den Billionen erreichte. Als Teenager kannte er sämtliche Werke von Shakespeare und jede Ausgabe der Reader's-Digest-Sammelbände auswendig.

Allerdings führte er bis 1984, bis zum Alter von zweiunddreißig Jahren, ein sehr isoliertes Leben. Dies änderte sich grundlegend, als er seinen Vater Fran zur Jahrestagung des amerikanischen Behindertenverbandes *Association of Retarded Citizens* in Arlington, Texas, begleitete. Dort wurde er dem Drehbuchautor Barry Morrow vorgestellt. Morrow unterhielt sich vier Stunden lang mit Kim und entdeckte dabei zu seinem Erstaunen, dass Kim jede Postleitzahl, Ortsvorwahl und Straßenkennzeichnungszahl in ganz Amerika kannte. Nach diesem Gespräch schrieb Morrow in den darauffolgenden beiden Jahren an einem Filmskript, das frei auf Kims unwahrscheinlichen Fähigkeiten beruhte. Er verständigte die Familie Peek, dass ein großes Studio das Skript angenommen hatte und ein Film geplant war. Dieser Film, *Rain Man*, war ein Riesenerfolg, und Kim war praktisch über Nacht berühmt. Später wurde entdeckt, dass Kim zwei Buchseiten gleichzeitig lesen konnte, mit jedem Auge eine, und zwar ungeachtet dessen, ob sie sich über- oder nebeneinander befanden. Seine Fähigkeit, achtundneunzig Prozent der einmal aufgenommenen Information zu behalten, trug ihm die Bezeichnung „Mega-Savant" ein. In einem 2005 in *Scientific American* (auf Deutsch 2006 in *Spektrum der Wissenschaft*) erschienenen Artikel schreiben Treffert und sein Kollege Daniel D. Christensen – der Neurologe, der 1988 Aufnahmen von Peeks Gehirn gemacht hatte – dass Kim das Buch *Jagd auf Roter Oktober* von Tom Clancy in einer Stunde und fünfundzwanzig Minuten gelesen hatte und sich vier Monate später auf Nachfrage an den Namen des russischen Funkers erinnern, die Seitenzahl, auf der er vorkommt, angeben und mehrere Abschnitte wörtlich zitieren konnte.[15]

Leider starb Peek im Dezember 2009, einen Monat nach seinem achtundfünfzigsten Geburtstag, an einem Herzinfarkt. Er hinterließ ein erstaunliches Erbe, denn er hatte der allgemeinen Öffentlichkeit Einblicke in die Welt der Savants ermöglicht.

Wir haben bereits gesehen, dass Menschen, die autistische Verhaltensweisen zeigen, ein Gehirn haben, das anders funktioniert als bei anderen Menschen, was wahrscheinlich damit zu tun hat, wie die Hirnzellen miteinander kommunizieren. Einer neueren Theorie zufolge könnte dies mit Ereignissen im Mutterleib zu tun haben. Etwa im achten Schwangerschaftsmonat geschieht im Gehirn des menschlichen Fötus etwas recht Merkwürdiges. In einem als Apoptose bezeichneten Prozess sterben etwa neunzig Prozent der Hirnzellen ab. Noch kennt man nicht den genauen Grund dafür.[16] Allerdings hat dies erhebliche Konsequenzen für Kinder, die zu früh geboren werden. Ein Kind, das vor dem Ende des achten Monats geboren wird, erleidet diesen Zelltod nicht und wird daher mit neunzig Prozent mehr Neuronen geboren als ein voll ausgetragenes Kind.

Diese revolutionäre Erklärung für das Savant-Syndrom wurde erstmals 1987 von Norman Geschwind und Albert Galaburda veröffentlicht.[17] Wie wir bereits gesehen haben, hatte Norman Geschwind zusammen mit einem anderen Kollegen, Stephen Waxman, behauptet, Hyperreligiosität und Hypergraphie (Schreibzwang) träten bei bestimmten Menschen mit Temporallappen-Epilepsie auf.[18] Im Rahmen dieser Arbeit behaupten sie weiter, im Laufe des embryonalen Wachstums im Mutterleib entwickele sich die linke Hirnhälfte später als die rechte. Dies bedeutet, dass diese Hirnhälfte gegen Ende der Schwangerschaft geschädigt werden kann. Bekannt ist außerdem, dass das Hormon Testosteron, das für die Entwicklung des männlichen Fortpflanzungsgewebes verantwortlich und daher beim männlichen Fötus in höherer Konzentration vorhanden ist, das Wachstum der Hirnrinde verlangsamt und die neuronale Architektur beeinträchtigt. Daher kann die linke Hirnhälfte beim männlichen Kind vor der Geburt geschädigt werden. Die Forscher schlagen vor, dies könnte erklären, warum Autismus bei Jungen signifikant häufiger auftritt als bei Mädchen. Neuere Arbeiten stellen dies allerdings infrage.

Im vorangegangenen Kapitel haben wir darüber gesprochen, wie Menschen mit Alzheimer sich in einem als Retrogenese bezeichneten Prozess bis in die Kindheit zurückentwickeln, um ihr Leben in einem embryonenhaften Zustand zu beschließen, als warteten sie auf eine Wiedergeburt. Jetzt haben wir Indizien dafür entdeckt, dass Autismus als neurologisches Leiden viele Elemente der Alzheimer-Krankheit mit ähnlichen neurochemischen Ursachen und Folgen abbildet. Zum Beispiel ist die Wahrscheinlichkeit, Autismus zu entwickeln, bei Frühgeborenen offenbar fünf Mal höher als bei voll ausgetragenen Kindern. Dies lässt darauf schließen, dass die Vermeidung des Zellsterbens Autismus begünstigen und Zugang zum Huxleyschen Spektrum gewähren könnte.

Es gibt Hinweise darauf, dass die Hirnfunktionen bei Frühgeborenen andere sind als bei voll ausgetragenen Kindern. Zum Beispiel beschrieben die Neurobiologen James McGaugh, Elizabeth Parker und Larry Cahill von der University of California schon 2006 eine neue neurobiologische Kuriosität, die sie als „Hyperthymestisches Syndrom" bezeichneten. Faktisch handelt es sich dabei um ein Supergedächtnis für vergangene Lebensereignisse. Bis heute wurde dieses Syndrom weltweit bei etwa achtzig Menschen festgestellt. Einer der interessantesten ist ein Mann, der nur unter den Initialen „H. K." bekannt ist. Im Juni 2012 konnte sich dieser blinde Zwanzigjährige an jeden Tag seines Lebens etwa seit dem Alter von elf Jahren erinnern. Bezeichnenderweise wurde er viel zu früh – in der siebenundzwanzigsten Schwangerschaftswoche – geboren.[19] Das Zellsterben war damit eindeutig umgangen worden. Außerdem haben wir den Fall Rebecca Sharrock besprochen, die sich sehr detailliert praktisch an ihr ganzes Leben erinnern kann, was bei einer Frau ungewöhnlich ist.

Ausschlaggebend dafür, dass Neuronen miteinander kommunizieren können, ist der Prozess der sogenannten Myelinisierung. Myelin ist eine stark fetthaltige Substanz, die als Ummantelung der Nervenfasern dient und dadurch für eine schnelle Übertragung der elektrischen Impulse in den Axonen (Nervenzellfortsätzen) sorgt. Faktisch bewirkt sie Ähnliches wie die Isolierung um ein Stromkabel. Bei der Geburt hat das menschliche Gehirn keine Myelinisierung: Der Prozess beginnt in der Kindheit und setzt sich bis ins Erwachsenenalter hinein fort. Die Forschung hat gezeigt, dass das Corpus callosum als letzter Teil des Gehirns eine Myelinisierung entwickelt.[20] Infolgedessen findet bei kleinen Kindern wenig bis gar keine Kommunikation zwischen der dominanten und der nicht dominanten Hirnhemisphäre statt.[21]

Kinder sind tatsächlich Split-Brain-Patienten. Weitere Forschungen haben gezeigt, dass die rechte (nicht dominante) Hirnhälfte bei kleinen Kindern der hauptsächliche Bereich des Bewusstseins und kognitiver Prozesse ist.[22]

Die fehlende Myelinisierung und die Tatsache, dass das kindliche Bewusstsein offenbar in der nicht dominanten Hirnhälfte verarbeitet wird, legt für mich eine mögliche Erklärung nahe, warum kleine Kinder allem Anschein nach Elemente des Pleroma wahrnehmen können, die neurotypischen Erwachsenen verschlossen sind. Mangelnde Myelinisierung ist außerdem mit zwei weiteren Bereichen des Huxleyschen Spektrums verbunden: Alzheimer und Schizophrenie.

Wir wissen, dass Kim Peeks wichtigstes neurologisches Problem das nicht vorhandene Corpus callosum war. Dies bedeutet, dass er ebenso ein „Split-Brain-Patient" war wie die von Roger Sperry und Michael Gazzaniga Ende der 1960er Jahre Untersuchten. War dies die Ursache seiner Inselbegabung?

Sie werden sich erinnern, dass Temple Grandin unter Bezugnahme auf die Erfahrungen von Tito Rajarshi Mukhopadhyay und Carly Fleischmann sein Modell von den zwei Ichs als Erklärung für Autismus vorgeschlagen hat. Wenn ich dementsprechend mein Modell einer Daimon-Eidolon-Dyade anwende, könnte es dann sein, dass Kim Peek in gewisser Weise ausschließlich in seiner nicht dominanten Hirnhälfte verortet und daher faktisch mit seinem „Daimonischen Bewusstsein" in Kontakt war? Wenn ja, dann hätte ihm dies begrenzten, aber direkten Zugang zum Pleroma und sämtlichen darin verschlüsselten Informationen gewährt. Leider schränkte sein angeborener Hirnschaden seine Fähigkeit zur Verarbeitung dieser Informationen stark ein, so dass sein Gehirn sie, ähnlich wie bei anderen Savants, auf willkürliche und ziemlich nutzlose Art und Weise ausspuckte.

Wenn allerdings lediglich fehlende interhemisphärische Kommunikation daimonisches Bewusstsein erzeugt, warum zeigen dann nicht alle kleinen Kinder eine Inselbegabung?

Wir wissen, dass kleine Kinder ganz sicher Zugang zu bestimmten Elementen des Pleroma haben, zu einer Wahrnehmungswelt also, die neurotypischen Erwachsenen verschlossen ist. Wie wir bereits gesehen haben, besitzen viele kleine Kinder „quasikörperliche Gefährten“, wie Michael J. Hallowell sie nennt. Wird die Kommunikation mit diesen durch mangelnde interhemisphärische Kommunikation, welche dazu führt, dass das Kind in der nicht dominanten Hirnhälfte verortet ist und daher eine wesentlich umfassendere Version der Wirklichkeit wahrnehmen kann, begünstigt? Ein alternatives Argument besagt, dass das Kind dauerhaft in einem Geisteszustand lebt, der dem ähnelt, welcher durch Persingers „Gotteshelm“ und/oder Snyders Unterdrückung des linken frontalen Temporallappens hervorgerufen werden kann, und sich die „gefühlte Präsenz“ als quasikörperlicher Gefährte manifestiert.

Dies deutet wiederum auf die Vorgänge beim „Intensive-Welt-Syndrom“ hin. Wie Sie sich erinnern werden, gibt es starke Indizien dafür, dass autistische Menschen wesentlich mehr Sinnesreize wahrnehmen als neurotypische. Könnte es sein, dass sie sich ganz von selbst auf den sensorischen Bereich einschwingen, den der „Gotteshelm“ ermöglicht? Allem Anschein nach sind die sensorischen Kanäle bei Autisten nicht nur breiter, sondern sie überschneiden sich auch. Es wurde beobachtet, dass sich autistische Kinder im Umgang mit lauten Geräuschen oder hellem Licht in einer Art und Weise verhalten, die als unangemessen gilt. Als Reaktion auf laute Geräusche bedecken sie die Augen, wohingegen sie sich bei hellem Licht die Ohren zuhalten. Es ist, als seien alle Kanäle offen und könnten mit verschiedenen Rezeptoren Informationen aufnehmen. Diese Sinnesverwirrung wird bei Autisten wesentlich öfter festgestellt als in der allgemeinen Bevölkerung.[23]

Ein heutiger Mensch, dessen Autismus zu einem faszinierenden Sinneswirrwarr geführt hat, ist der Londoner Daniel Tammet. Tammet erlebt die Welt auf eine ganz besondere Weise, die den Alltagswahrnehmungen neurotypischer Menschen vollkommen entgegensteht. Er erlebt sogenannte Synästhesie.

Bei Synästheten stellt sich die Außenwelt dem Bewusstsein vollkommen anders dar als sie von neurotypischen Personen wahrgenommen wird. So wurde Daniel zum Beispiel seinem sensorischen Empfinden nach an einem blauen Tag geboren: Für ihn hat jeder Tag eine andere

Farbe. Der Mittwoch ist für ihn blau, ebenso die Zahl neun und der Klang laut streitender Stimmen. Alle Zahlen wecken bei Daniel bestimmte Assoziationen, Stimmungen und Haltungen. Die Fünf ist laut, die Elf ist freundlich. Seine Lieblingszahl ist vier, weil sie schüchtern und still ist. Derartige Interpretationen gelten für alle Zahlen, nicht nur für die einstelligen Ziffern.[24]

Interessanterweise wurde auch im Zusammenhang mit Migräne-Aurae von Synästhesien berichtet. An früherer Stelle haben wir einen Patienten von Oliver Sacks beschrieben, der sich in einem zeitlosen Zustand befand und ein tiefgreifendes Déjà-vu-Erlebnis hatte. Gegen Ende der Halluzination gab er an: „Das Zirpen der Zikaden war überall um mich herum, und als ich meine Augen schloss, wurde es sofort in ein farbiges Zirpen übersetzt, das als exakte visuelle Übersetzung des Geräusches erschien, das ich vernommen hatte."[25]

Synästhesie lässt darauf schließen, dass der Huxleysche Reduktionsfilter bei bestimmten Menschen beschädigt ist, üblicherweise bei Migräne-Patienten, Temporallappen-Epileptikern, Schizophrenen und Autisten. Wenn dem so ist, dann nehmen diese Menschen eine völlig andere sensorische Welt wahr, in der Klänge mit Farben und Gerüche mit taktilen Empfindungen verbunden sind. So seltsam sie sein mögen, im Hinblick darauf, wie das Gehirn unserer Auffassung nach funktioniert, sind diese Effekte durchaus nachvollziehbar. Diese Wahrnehmungen sind immer noch „sinnlich" und nicht „außersinnlich". Allerdings mehren sich die Indizien dafür, dass bei Menschen auf meinem Huxleyschen Spektrum auch außersinnliche Fähigkeiten auftreten. Neuere Forschungen der amerikanischen Neurowissenschaftlerin Diane Hennacy Powell geben deutliche Hinweise darauf, dass auch Telepathie eine Rolle spielt, wenn die „Pforten der Wahrnehmung" aufgehen.

Die Arbeit von Diane Hennacy Powell

Diane Hennacy Powell ließ sich an der Johns Hopkins School of Medicine in Baltimore, Maryland zur Neurowissenschaftlerin ausbilden, mit dem Ziel, Neurochirurgin zu werden. Doch nachdem sie von autistischen Savants gelesen hatte, erwachte in ihr ein großes Interesse an der Psychiatrie. Sie wollte verstehen, wie genau solche erstaunlichen Fähigkeiten bei Menschen auftreten können, die in anderer Hinsicht stark herausgefordert sind. Ihr Bruder, der theoretische Physiker und Experte für künstliche Intelligenz Dr. Ken Hennacy, teilt ihr Interesse für die Fähigkeiten von Savants, und 2005 hielten die beiden bei einer internationalen wissenschaftlichen Tagung in Kopenhagen einen viel beachteten Vortrag über Kalenderrechnen.

Ihr zweites großes Interessensgebiet ist die Telepathie. Als Psychiaterin mit neurowissenschaftlichem Hintergrund ist ihr wohl bewusst, dass eine Kommunikation von Geist zu Geist nach unserem heutigen Wissenschaftsverständnis schlicht unmöglich ist. Allerdings hatte sie von vielen anekdotischen Fällen gehört und wollte diese Fähigkeiten unbedingt unter Laborbedingungen testen. Der beste Kandidat, so ihre Überlegung, wäre jemand aus dem Autismus-Spektrum, insbesondere ein autistischer Savant. Ihr Interesse war durch die wiederholten Angaben von Savants geweckt worden, die Information erscheine einfach in ihrem Kopf. Es gibt kein Suchen nach der Antwort, keinen mathematischen Prozess, keine Vorausberechnungen: Die Antworten kommen spontan, als würden sie von irgendwoher außerhalb der Person heruntergeladen. Besonders faszinierend ist dieser Prozess bei Menschen mit einer mathematischen Inselbegabung, die keinerlei Ausbildung in mathematischen Prozessen erhalten haben.

Im August 2013 nahm Dr. Darold Treffert Kontakt zu Dr. Hennacy Powell auf und informierte sie darüber, dass er möglicherweise die ideale Kandidatin für ihre Forschung gefunden hatte. Wie wir bereits wissen, ist Treffert international anerkannter Experte für das Savant-Syndrom, daher verwundert es nicht, dass Eltern von Kindern, die Anzeichen für eine Inselbegabung zeigen, sich mit ihm in Verbindung setzen. Vor Kurzem hatten sich die Eltern eines elfjährigen autistischen Mädchens namens Hayley an ihn gewandt. Hayley sprach damals praktisch nicht, konnte erstaunlicherweise aber recht gut tippen. Bei ihrer Kognitionstherapie war durch ihren Umgang mit einer Zahlentastatur außerdem entdeckt worden, dass Hayley über ungewöhnliche mathematische Fähigkeiten verfügte, obwohl ihr die relevanten Prozesse und Vorgehensweisen nie beigebracht worden waren. Allerdings fiel den Therapeuten schon bald etwas Bemerkenswertes auf: Die Zahl, die Hayley tippte, war immer nur dann die richtige Antwort auf eine mathematische Frage, wenn die Person, die mit ihr arbeitete, die Lösung bereits kannte. Es wurde beobachtet, dass Hayleys Lösungen sich von normalen Zahlen zu wissenschaftlichen oder technischen Zahlensystemen änderten – etwa in binärer Schreibweise – wenn das Taschenrechnerdisplay der Therapeutin entsprechend umgeschaltet wurde. Die Therapeutin fragte, wie sie das mache, und Hayley tippte: „Ich sehe Zähler und Nenner in deinem Kopf." Daraufhin wurde sie auf telepathische Fähigkeiten getestet. Sie wurde gefragt, wie der Name des Vermieters ihrer Therapeutin und der Titel eines Buches lautete, an das die Therapeutin dachte. Auf beide Fragen tippte sie die richtige Antwort. Eine andere Therapeutin, die fest davon überzeugt war, dass Hayley ihre Gedanken lesen konnte, bat Hayley halb im Scherz, die Worte „I love you" ins Deutsche zu übersetzen. Hayley hatte keinerlei Deutschkenntnisse, noch war sie je mit der Sprache in Berührung gekommen. Ohne zu zögern tippte sie: „Ich liebe dich."

Dr. Hennacy Powell beschloss, Hayley unter kontrollierten Bedingungen und mit neuen Therapeuten zu testen. Die Sitzungen wurden auf Video aufgezeichnet, und das Forscherteam verwendete einen Zufallszahlen-Generator. In einer zehnminütigen Sitzung wurde Hayley gebeten, eine Folge von hundertzweiundsechzig Zahlen zu notieren, die eine Therapeutin sehen konnte, sie selbst aber nicht. Hayley machte Fehler, korrigierte diese aber sogleich wieder und erzielte so eine Trefferquote von hundert Prozent. Zwischen Hayley und der Therapeutin befand sich eine Trennwand, daher konnte sie also keine körperlichen Hinweise ablesen. Außerdem waren in dem Labor Kameras angebracht, die das Geschehen aus fünf verschiedenen Winkeln aufzeichneten.

Die Ergebnisse ihrer Arbeit stellte Hennacy Powell im August 2014 bei der Jahrestagung der *San Francisco Bay Area Psychological Association* vor. Ihre Ergebnisse wurden als „umwerfend" bezeichnet. Sie setzt ihre Arbeit mit Hayley in immer strenger kontrollierten Situationen fort, und die Probandin zeigt weiterhin telepathische Fähigkeiten. Da Hayley jedoch inzwischen erste sprachliche Fertigkeiten erworben hat, befürchtet Powell, ihre neu entdeckten Kommunikationsmethoden könnten die Notwendigkeit zum Einsatz von Telepathie überschatten.

Anfang 2014 teilte Diane Hennacy Powell mir mit, sie habe eine Handvoll Kinder entdeckt, die telepathische Fähigkeiten zeigten. Sie hat vor, sie weiter zu testen, um herausfinden zu können, was hier genau vor sich geht. Damit dies möglich wird und vorangetrieben werden kann, hat sie ihr sogenanntes „Telepathie-Projekt“ eingerichtet.[26]

In unserer Betrachtung der Beweise für das Huxleysche Spektrum sind wir nun an ein Ende gelangt. Es lohnt sich allerdings, darauf hinzuweisen, dass diese kurzen Blicke hinter die Pforten der Wahrnehmung echten Menschen und nicht nur statistischen Modellen widerfahren. Neurologisch und neurochemisch können wir sie detailliert beschreiben; um jedoch einschätzen zu können, was sie wirklich bedeuten, müssen wir sie letztendlich mit den Augen und Ohren derer wahrnehmen, die Einblick ins Pleroma hatten. Teil Drei des Buches betrachtet die menschlichen Aspekte dieser transformativen Erfahrung.

TEIL DREI:

EINBLICKE HINTER DIE PFORTEN

KAPITEL NEUN:

Die Entrückten

Wer sind „die Entrückten"?

Bisher haben wir über den wissenschaftlichen Hintergrund und die Prozesse gesprochen, durch die Aldous Huxleys *Pforten der Wahrnehmung* geöffnet und Einblicke ins Pleroma gewonnen werden können. Außerdem sind wir einer Anzahl von Menschen begegnet, die durch den Schleier der *Maya* geschaut haben, und wir haben erörtert, was diese Menschen besonders macht. Nun möchte ich unsere Aufmerksamkeit auf eine Handvoll Menschen lenken, die ich „die Entrückten" nenne. Damit meine ich, dass sie durch „tranceartige Zustände" die Welt „betreten" haben, die sich auf der anderen Seite der Huxleyschen Pforten befindet. Es sind der berühmte Maler Vincent van Gogh, der schwedische Dramatiker August Strindberg, die Temporallappen-Epileptikerin Jayne Burton, die australische autistische Schriftstellerin Donna Williams, der amerikanische Neurochirurg Dr. Eben Alexander und die Alzheimer-Patientin Pat McCreath. Dies ist nur eine sehr kleine Auswahl der Entrückten, die ich in dieses Buch hätte aufnehmen können. Leider lässt der Platz eine ausführlichere, eingehendere Betrachtung aller Fälle nicht zu. Ich hoffe jedoch, dass diese kurzen Schnappschüsse Ihnen eine Vorstellung davon vermitteln, wie mächtig diese Erfahrungen sind.

Vincent van Gogh

Gegen Ende seines Lebens wurde der große niederländische Maler Vincent van Gogh (1853-1890) immer unberechenbarer in seinem Verhalten. Er versuchte, seinen guten Freund Paul Gauguin zu ermorden, und schnitt sich ein Stück von einem Ohr ab, um es einer Prostituierten zu schenken. Irgendetwas brachte seinen Geist offenbar gewaltig durcheinander. Er wurde von Halluzinationen und schrecklichen Albträumen geplagt. Die Spannung ist auf seinen Bildern aus jener Zeit deutlich zu erkennen, insbesondere in der 1889 entstandenen *Sternennacht.* Auch andere Bilder aus dieser Phase, etwa *Zypressenweg unter dem Sternenhimmel* (1890) und *Kornfeld mit Krähen* (1890) zeugen von seinem Geisteszustand.

Die Sternennacht, vollendet zwischen dem 16. und 18. Juni 1890, fasziniert Liebende seit über hundert Jahren. Das Bild hat etwas sehr Seltsames. Die Sterne sind viel zu groß und glühen am Abendhimmel wie Kometen. Die Perspektive wurde ermittelt als der Blick, der sich ihm aus dem Ostfenster seines im zweiten Obergeschoss gelegenen Schlafzimmers bot. Im Schlafzimmer durfte er nicht malen, doch er fertigte viele Tusche- und Kohlezeichnungen an, die er dann in sein Atelier im Erdgeschoss mitnahm, wo er in Öl arbeitete. Dies lässt den Schluss zu, dass er diese Zeichnungen spät am Abend beim Blick über die Kornfelder angefertigt hat. Nachts waren auch seine Albträume und Halluzinationen am stärksten. Daher kann man annehmen, dass dies ein Gemälde seiner Sicht der Welt in diesem Zustand ist. Neueste astronomische Beobachtungen haben jedoch gezeigt, dass dieses Werk uns womöglich sehr viel über eines der größten Rätsel der modernen Wissenschaft sagen kann: Turbulenz und chaotischer Fluss.

Am 8. Februar 2004 machte die *Advanced Camera for Surveys* am Hubble-Teleskop eine Aufnahme von einem sich ausdehnenden Halo um einen fernen Stern mit der Bezeichnung V838 Monocerotis (V838 Mon). Es erinnerte die Forscher sofort an die Sternenwirbel auf dem Bild *Die Sternennacht.*

Im Zuge der Pressemitteilungen der NASA wurde im Internet ein Artikel über diese Ähnlichkeiten veröffentlicht.[1] Dieser weckte die Aufmerksamkeit des mexikanischen Physikers José Luis Aragón an der Universidad Autónoma de Querétaro. Aragón interessierte sich seit Langem für die Herausforderungen, vor die turbulente Strömungen von Gasen und Flüssigkeiten die Wissenschaft stellen.

Aragón wollte herausfinden, ob der niederländische Künstler auf bisher unbekannte Weise ein Phänomen wahrgenommen hatte, das für die meisten Menschen unsichtbar ist. Zusammen mit einigen Kollegen unternahm er eine Reihe von Experimenten, bei denen die von dem sowjetischen Mathematiker Andrei Kolmogorow in den 1940er Jahren entwickelte Turbulenztheorie auf van Goghs Bilder angewandt wurde.

Kolmogorow hatte eine bestimmte mathematische Beziehung zwischen den Fluktuationen in der Geschwindigkeit eines Flusses und der Rate entdeckt, mit der er Energie in Form von Reibung verbraucht. Durch Anwendung seiner Gleichungen konnte Kolmogorow den Geschwindigkeitsunterschied zwischen zwei beliebigen Punkten in einer Flüssigkeit berechnen. Faktisch übertragen große Strudel ihre Energie auf kleinere Strudel und wiederholen dabei Muster – daher der Fachbegriff „Skalengesetz".

Aragón und seine Kollegen machten mehrere hochauflösende Digital-Aufnahmen von van Goghs Gemälden aus seinem letzten Lebensjahr, darunter auch *Die Sternennacht* und *Kornfeld mit Krähen*. Dadurch konnten sie so stark hineinzoomen, dass sie einzelne Pixel sehen und deren Helligkeit mit anderen in einer gewissen Entfernung vergleichen konnten. So entdeckten die Forscher, dass die sich wiederholenden Muster, die van Gogh in seine Wirbel eingearbeitet hat, die in Kolmogorows Gleichungen beschriebenen mathematischen Beziehungen abbilden. Van Gogh malte faktisch Turbulenz.[2]

Wie konnte ein scheinbar gestörter und vergleichsweise ungebildeter Künstler wie van Gogh instinktiv, und wahrscheinlich unbewusst, in seinen Gemälden eine mathematische Struktur darstellen, die Physikern jahrzehntelang Rätsel aufgegeben hatte? Auch 2014 noch fesselte dieses Rätsel die besten mathematischen Köpfe der Welt – wie sich daran zeigt, dass der Abel-Preis für Mathematik (der häufig als der Mathematik-Nobelpreis gilt) dem russischen Mathematiker Jakow Sinai für seine Arbeiten zu Turbulenz und chaotischem Fluss verliehen wurde.

Vincent Willem van Gogh wurde am 30. März 1853 im Pfarrhaus von Groot-Zundert, einem kleinen Dorf in Nordbrabant in den Niederlanden, geboren. Sein Vater war Pastor der Niederländisch-Reformierten Kirche und seine Mutter die Tochter eines Buchbinders. Er hatte drei Schwestern und zwei Brüder. Kunst lag in der Familie: Drei Onkel väterlicherseits waren Kunsthändler, und auch sein jüngerer Bruder Theo schlug diesen Berufsweg ein. Vincents Geburt war schwer gewesen. Seine Mutter lag ungewöhnlich lang in den Wehen, und im Geburtskanal war er eine Zeit lang ohne Sauerstoffversorgung. Womöglich hat dieser Sauerstoffmangel unmittelbar vor der Geburt Vincents ungewöhnliche Wahrnehmungen ausgelöst.

Von frühester Kindheit an war Vincent ein gefühlstiefer, launischer und eigenbrötlerischer Mensch. Tatsächlich zeigte er alle Anzeichen eines Autismus, ausgelöst wahrscheinlich durch die Hypoxie unter der Geburt. Da er eindeutig „hochfunktional" war, lässt dies auf das Asperger-Syndrom schließen. Aufgrund einer finanziellen Krise in der Familie musste er mit fünfzehn Jahren die Schule verlassen, konnte sich aber dank der Beziehungen zu seinen Onkeln eine Stelle als Hilfsverkäufer in der Brüsseler Niederlassung der berühmten französischen Kunsthandlung Goupil & Cie sichern. 1873 wurde er nach London, 1876 nach Paris geschickt. Dort schloss er sich der Künstlerszene der Bohemiens auf dem Montmartre an. Doch damals beflügelte ihn nicht die Kunst, sondern ein Eifer, der sich in der Religion Bahn brach. Dies schadete seiner Arbeit, und schon bald stand er ohne Anstellung da. Vincent betrachtete dies als Gelegenheit, seiner religiösen Berufung nachzugehen, doch auch dies endete mit einer Enttäuschung. Die Arbeitslosigkeit ließ allerdings nicht zu, dass er sich auf seine andere große Leidenschaft konzentrieren konnte, das Malen. Nach Jahren in England, den Niederlanden und Belgien zog er im März 1886 wieder nach Paris. Seine Bilder wurden heller, und die Farbgebung änderte sich. Er befreundete sich mit Emile Bernard, Henri de Toulouse-Lautrec, Paul Signac, Georges Seurat und vor allem mit Paul Gauguin.

Wie bei Vincent üblich, befremdete seine Gefühlsintensität seine Freunde und verschreckte sie schließlich. Er trank Absinth im Übermaß und wurde immer aggressiver. So war es für ihn an der Zeit weiterzuziehen, dieses Mal nach Südfrankreich. Ende Februar 1888 besuchte er Arles, und das Licht der Provence erwies sich für ihn als große Verführung. Aus Winter wurde Frühjahr, und Vincent kam zu dem Entschluss, dass dies ein Ort war, an dem seine Kunst wirklich Früchte tragen konnte. Im September zog er ins „Gelbe Haus“, und bald darauf lud er Gauguin ein, zu ihm zu ziehen. In einer merkwürdigen Entscheidung, bedenkt man Vincents Pariser „Exzentrizität“, erklärte sich Gauguin einverstanden und zog Ende Oktober bei Vincent ein. Bis Dezember waren sowohl das Wetter als auch die Atmosphäre stürmisch geworden. Vincents Zustand verschlechterte sich wieder. Gauguin bemerkte, dass sein Freund mehrere amnestische schlafwandlerische Episoden hatte. Diese könnten durch Vincents exzessiven Absinth-Konsum oder durch einen seelischen Zusammenbruch ausgelöst worden sein. Gauguin fürchtete um sein Leben und verließ Arles.

Am 23. Dezember schnitt sich Vincent ein Stück von einem Ohr ab – und wurde am Tag darauf von der Polizei ins örtliche Krankenhaus eingeliefert. Am 7. Januar wurde er wieder entlassen, erlitt am 9. Januar aber entsetzliche Halluzinationen. Die Anwohner fürchteten sich so sehr vor dem Mann, dass sie an die Behörden schrieben und baten, „diese Gefahr für die Allgemeinheit“ in amtliche Obhut zu nehmen. Bis Ende Februar waren die Formalitäten erledigt, und Vincent wurde erneut ins Krankenhaus in Arles eingeliefert. Am 8. Mai wurde er auf eigenen Wunsch in die Nervenheilanstalt Saint-Paul-de-Mausole in Saint Rémy verlegt. Hier war es ihm erlaubt zu malen; sein Stil spiegelt seinen inneren Aufruhr und zeigt neue faszinierende Veränderungen in Farbauftrag und Darstellung der ausgewählten Szenen. Allerdings war dieser neue Stil wohl auch symptomatisch für seine schwindende seelische Gesundheit. Man muss betonen, dass er sich seiner Krankheit bewusst war: Er wusste, dass seine „Halluzinationen“ mit einer psychischen Instabilität verbunden waren. Zu den Erkennungsmerkmalen einer schizophrenen Psychose gehört allerdings, dass die Betroffenen die Halluzinationen für echt halten und entsprechend handeln. Falls van Gogh also unter einer Form der Schizophrenie litt, dann an einer besonders ungewöhnlichen Variante. So beschreibt er zum Beispiel in einem Brief an Theo das Verhalten der anderen Insassen und vergleicht es mit seinem:

> Einer hier schreit und spricht die ganze Zeit wie ich, seit vierzehn Tagen, er glaubt, er hört Stimmen und Worte im Hall auf den Fluren, wahrscheinlich, weil der Hörnerv krank und überempfindlich ist, und bei mir war es zugleich sowohl das Sehen als auch das Hören ...[3]

Eher als eine Schizophrenie legt dies für mich nahe, dass seine lebenslange, wohl autismusbedingte Hypersensibilität sich verschlimmerte. Wie Sie sicher erinnern werden, haben Henry und Kamila Markram vermutet, die Kernpathologie des autistischen Gehirns sei die Hyperreaktivität und Hyperplastizität lokaler neuronaler Schaltkreise. Dies führt zu Überwahrnehmung, Überaufmerksamkeit und Übergedächtnis, was sie als „Intensive-Welt-Syndrom“ bezeichnen.[4] Man kann durchaus sagen, dass Vincent in dieser Phase seines Lebens überempfindlich sowohl für visuelle als auch aurale Reize wurde. Sein Geist öffnete sich einer wesentlich breiteren visuellen Leinwand, und seine Gemälde waren sein Versuch, seine mit Wahrnehmungen überfrachtete Welt darzustellen – und möglicherweise auch unter Kontrolle zu bekommen.

Wie kam es also, dass er sich seiner schlimmer werdenden Erkrankung so genau bewusst war? Einige Kommentatoren haben die Verbindungen zum Autismus ignoriert oder übersehen und vorgeschlagen, van Gogh habe an Schizophrenie gelitten. Ein weiterer Vorschlag lautete, nicht Schizophrenie habe seine „Pforten der Wahrnehmung“ geöffnet, sondern Temporallappen-Epilepsie. Forschungen lassen darauf schließen, dass bis zu neunzig Prozent aller Temporallappen-Epilepsie-Patienten Symptome aufweisen, die denen der Schizophrenie ähneln, was häufig zu Fehldiagnosen führt.[5] Wie wir entdeckt haben, kann Epilepsie durch Narbenbildung im Gehirn verursacht werden. Wir wissen, dass Vincents Geburt traumatisch war und er kurzzeitig unter erheblichem Sauerstoffmangel litt. Dies könnte zu Hirnverletzungen geführt haben. Da Autismus, Schizophrenie und Temporallappen-Epilepsie sämtlich auf meinem Huxleyschen Spektrum vertreten sind, läuft es meinem Eindruck nach auf die Frage hinaus, für wie schwer man van Goghs Erkrankung hält. Epilepsie lautete denn auch in der Tat die Diagnose von Dr. Felix Rey, dem Arzt, der van Gogh im Dezember 1888 während seines Aufenthalts im Krankenhaus von Arles betreut hat.

Wie wir gesehen haben, hat die Forschung ebenfalls gezeigt, dass Patienten, die an Temporallappen-epileptiformen Erkrankungen leiden, alle klassischen psychotischen Episoden aufweisen, die sich auch bei der Schizophrenie zeigen; doch anders als Schizophrene bleiben TLE-Patienten mit der Realität verbunden und können in der Gesellschaft sehr effektiv funktionieren.

Es ist bekannt, dass Schizophrenie normalerweise die Kreativität unterdrückt und sich die Erkrankten auf keine Aufgabe konzentrieren können. Bei Vincent war dies nicht der Fall. Nach einer Woche in Saint-Paul wurde ihm ein Raum zur Verfügung gestellt, in dem er an seinen Bildern arbeiten konnte. In der Folge sollte ihm die Anstalt das Material für zahlreiche Werke zur Verfügung stellen, darunter *Bäume im Garten des Hospitals Saint-Paul* und *Der Garten der Heilanstalt von Saint-Rémy.* Im Juni 1889 schließlich vollendete er seine berühmte *Sternennacht.*

Damit soll nicht gesagt werden, dass diese Zeit für ihn auch erfreulich war. Zwar hatte er lange Phasen geistiger Klarheit, aber seine Albträume und Halluzinationen gingen weiter. In vieler Hinsicht war es dieses Chaos, das ihn in einen noch größeren Schaffenswahn trieb. In einer passiven Phase, im Februar 1890, wurde er allerdings entlassen.

Welche Indizien haben wir, dass van Gogh in Wirklichkeit TLE-Patient war? Vorgelegt werden sie in einem Artikel von Shahram Koshbin im *Harvard Magazine*, der zu dem Schluss kommt, Vincent könne am *Waxman-Geschwind-Syndrom* gelitten haben.

Wurden van Goghs Pforten der Wahrnehmung also durch seine „Krankheit“ aufgestoßen, ganz gleich ob wir sie für Epilepsie, Migräne oder Autismus halten?

Obwohl es damals noch keine Technik zur Hirnkartierung gab, weiß man, dass drei Ärzte – Dr. Rey, Dr. Théophile Peyron und Dr. Paul Gachet – van Gogh aufgrund ihres Wissens und ihrer Erfahrung als Epileptiker diagnostizierten. Bekannt ist außerdem, dass psychomotorische Epilepsie offenbar mit Mitte dreißig anfängt, und wir wissen, dass Vincent 1886, mit vierunddreißig Jahren, Anzeichen extremer Persönlichkeitsveränderungen zeigte.

Zu den anerkannten Faktoren zählen lebhafte und unmittelbare Erinnerungen an die eigene Vergangenheit. Dabei handelt es sich allerdings um weit mehr als Erinnerungen: Es ist ein echtes *Nacherleben* einer bestimmten, vergangenen Zeit. Wie wir bereits entdeckt haben, zeigten Experimente von Wilder Penfield, dass durch Stimulation der Hirnrinde, insbesondere der Schläfenlappen, „aufgeladene Erinnerungen“ hervorgerufen werden können. Ich würde jedoch sagen, dass auf Menschen, deren Türen sich gerade öffnen, Erinnerungen an Vergangenes als Bestandteil gegenwärtiger Erlebnisse einströmen: Als befänden sie sich außerhalb der Zeit und betrachteten ihr Leben von einem Ort in der fünften Dimension aus.

Was können wir mit folgender Bemerkung van Goghs anfangen? „Ich habe wieder jedes Zimmer in dem Haus in Zundert gesehen, jeden Weg, jede Pflanze im Garten, die Aussicht rings herum … bis hin zu dem Elsternnest in der großen Akazie auf dem Friedhof.“[6]

Menschen mit Temporallappen-Epilepsie zeigen bekanntlich manchmal eine überstarke Religiosität. Wie wir wissen, gehört dies zu den Symptomen des *Waxman-Geschwind-Syndroms.* Vincent hatte seit jeher starke religiöse Überzeugungen. Er war Missionar in Belgien und dort von einem derartigen Eifer beseelt gewesen, dass die Niederländisch-Reformierte Kirche, der er angehörte, ihn als zu extrem befand und auf seine Mitarbeit verzichtete.

Als er in Arles lebte und seine „Krankheit“ fortschritt, interessierte sich erneut für Religion. Wir wissen, dass er seinen Glauben vorübergehend verloren hatte, doch nun kehrte er umso heftiger zurück. Nach seiner Entlassung aus dem Krankenhaus schrieb er seinem Bruder Theo, seine Krankheit habe nun den Charakter eines religiösen Hochgefühls angenommen, bei dem er Momente der Begeisterung, des Wahnsinns und der Prophetie erlebe.[7]

Er hatte auch körperliche Symptome, die auf Epilepsie hindeuten. So schilderte er zum Beispiel, dass er beim Malen eines Landschaftsbildes auf den Feldern bei Saint-Paul-de-Mausole im Kopf einen Druck wie von einem immer enger werdenden Metallband verspürt habe. Dann stürzte er zu Boden, sein Körper wurde steif, und er verlor das Bewusstsein. Daraufhin wurde er wieder nach Saint-Rémy gebracht, doch selbst nach seiner Genesung befand er sich noch annähernd drei Wochen lang in einem Zustand agitierter Verwirrtheit. Allerdings ähneln die Aura-Phasen der Temporallappen-Epilepsie – wie wir bereits eingehender besprochen haben – sehr stark einer anderen Erkrankung, nämlich der Migräne, und es gibt Indizienbeweise dafür, dass dieses weitere Element meines Huxleyschen Spektrums ebenfalls eine mögliche Ursache für Vincents Geisteszustand gewesen sein könnte.

Vincent berichtete regelmäßig, dass Gegenstände gelegentlich zu schrumpfen schienen, wenn er sie betrachtete.[8] Wie wir gesehen haben, ist diese als *Alice-im-Wunderland-Syndrom* bekannte visuelle Halluzination sehr eng mit Migräne-Aurae verbunden. Außerdem schrieb er von einer Überempfindlichkeit gegenüber seiner visuellen Umwelt. In dieser Hinsicht müssen wir jedoch vorsichtig sein, da eine solche Hypersensibilität, wie wir bereits gesehen haben, auch ein bekanntes Autismus-Merkmal ist. Ich würde behaupten, dass das „Intensive-Welt-Syndrom" der Markrams auf Migräne-Patienten ebenso gut anwendbar sein könnte wie auf Autisten.

Wenn allerdings die Gesamthypothese dieses Buches stimmt, dann handelt es sich bei Autismus, Migräne und Temporallappen-Epilepsie, die sämtlich als Ursache für Vincents unberechenbares Verhalten und seinen wunderbaren künstlerischen Blick vermutet worden sind, um verwandte Erkrankungen und schlicht Punkte auf dem Huxleyschen Spektrum.

Aber in dem Rätsel Vincent van Gogh gibt es noch einen interessanten Faktor. In einem merkwürdigen Brief an seinen Bruder Theo, datiert Silvester 1882, beschreibt Vincent, wie er Farben wahrnimmt:

> Unlängst hast du zu Recht gesagt, dass jeder Farbenkünstler seine eigene Farbpalette hat. Das gilt auch für Schwarz und Weiß. Doch im Grunde ist es ein und dasselbe. Man muss in der Lage sein, von den höchsten Lichtern bis zu den tiefsten Schatten zu gehen, und dies mit wenigen einfachen Zutaten. Manche Zeichner haben eine nervöse Manier, welche ihrer Technik etwas von der Einzigartigkeit des Klangs einer Geige verleiht, etwa Lemud, Daumier, Lancon. Andere, wie Gavarni und Bodmer, erinnern eher an ein Klavier. Kommt es dir auch so vor? Millet ist vielleicht eine ehrwürdige Orgel.[9]

Laut einem im August 2013 erschienen Beitrag im Blog der amerikanischen Zeitschrift *Psychology Today* lässt dies darauf schließen, dass Vincent van Gogh Synästhet war und insbesondere, dass er eine als „Timbre-Synästhesie“[10] bezeichnete Variante erlebte. Interessanterweise wird dies in dem Artikel mit van Goghs mutmaßlichem Asperger-Syndrom in Verbindung gebracht. Die synästhetische Künstlerin Carol Steen sagt, bei Künstlern sei der Grad ihrer Synästhesie an den „Photismen“ in ihren Gemälden abzulesen. Photismen sind Formen, die Künstler als Reaktion auf Reize sehen, die mit anderen Sinnen als dem Sehsinn aufgenommen werden. Steen beschreibt ihre Entdeckung:

> Anfang der 1990er Jahre durchsuchte ich mein Bilder- und Skulpturenlager nach einem Gemälde, das an eine Ausstellung gehen sollte. Zufällig hatte ich gerade Richard Cytowics wunderbares Buch *Farben hören, Töne schmecken* gelesen. Darin war ich auf Mardi J. Horowitz‘ Illustration der *Klüverschen Formkonstanten* gestoßen (von Heinrich Klüver katalogisierte synästhetische Photismen unter Peyote-Einfluss). Irgendetwas an den Formen in dieser Illustration kam mir bekannt vor, und als ich daraufhin meine Arbeiten durch-

sah, stieß ich auf eine Skulptur, die ich 1980 angefertigt hatte. Ich bin echt erschrocken. Sie sah genau aus wie eine *Klüversche Formkonstante*.[11]

Wie Sie aufgrund eines früheren Abschnittes dieses Buches noch wissen werden, wurden die *Klüverschen Formkonstanten* Mitte der 1920er Jahre von dem deutsch-amerikanischen Psychologen Heinrich Klüver kategorisiert. Später sollte Klüver mit dem amerikanischen Neurochirurgen Paul Bucy an der Isolierung von Verhaltensstörungen arbeiten, die durch Fehlfunktionen des rechten und linken medialen Temporallappens ausgelöst wurden. Diese wurden ihnen zu Ehren schließlich als *Klüver-Bucy-Syndrom* bezeichnet. Es hat starke Verbindungen zur frontotemporalen Demenz und der Alzheimer-Krankheit und wird auch als „Temporallappen-Syndrom" bezeichnet.

Steen erkannte in van Goghs *Kornfeld mit Krähen* und – welche Überraschung! – in seiner *Sternennacht* eine Reihe synästhetischer *Klüverscher Formkonstanten*. Wie wir gesehen haben, sind *Klüversche Formkonstanten* heute als zentrales Element halluzinativer Wahrnehmungen in veränderten Bewusstseinszuständen anerkannt und werden unmittelbar mit Migräne, Epilepsie, Autismus und Hypoglykämie (Unterzuckerung) verbunden. Warum das Gehirn spontan und ohne ersichtlichen Grund solche komplexen mathematischen Muster reproduziert, ist ein großes Rätsel.

Paul Gauguin war auch mit einer weiteren faszinierenden Persönlichkeit befreundet, die in meinen Augen genau wie van Gogh ein klassisches Beispiel für jemanden ist, dessen „Pforten der Wahrnehmung" einen deutlichen Spalt breit offenstehen. Es handelt sich um den großen schwedischen Dramatiker August Strindberg.

August Strindberg

Johan August Strindberg (1849-1912) war ein hochproduktiver Dramatiker, Romancier, Maler und Essayist. Sein Werk ist bekannt für seine emotionale Intensität und starke Subjektivität. Zwar wurde bei

Strindberg nie Epilepsie oder Migräne diagnostiziert, doch sein Leben und Werk sind übersät mit Beispielen für eine Öffnung der Pforten der Wahrnehmung.

Ein solches Beispiel ist Strindbergs Erwähnung eines „kalten Windes“, der unmittelbar vor einer besonders schlimmen Phase mit Wahnvorstellungen in seiner Zeit in Paris über ihn hinwegstrich. Dies lässt auf eine „Aura“ schließen, wie sie normalerweise mit Temporallappen-Epilepsie oder Migräne verbunden ist. Zwischen 1894 und 1897 erlebte er sein „Inferno“, wie er es später nennen sollte. In dieser dreiunddreißig Monate währenden Phase hatte er nicht weniger als fünf „Episoden“. Damals führten seine Erlebnisse häufig zur Diagnose Schizophrenie. 1912 schlug der deutsche Psychiater Alfred Storch dies vor[12], und zwei Jahre später erstellte sein Landsmann und Kollege Karl Jaspers eine ähnliche Diagnose.[13] Es mag jedoch noch eine andere Ursache geben, einen weiteren Faktor, den Strindberg mit van Gogh gemein hatte – schwerer Absinth-Missbrauch.

Forschungen von Russell R. Monroe, Psychiater an der Medical School der University of Maryland, haben gezeigt, dass Thujon, der toxische Bestandteil im Absinth, zu elektrischen Stürmen im limbischen System führt. Monroe behauptete, durch diese Wirkung stelle Absinth neurologische Bedingungen her, die der Epilepsie ähnelten.[14]

Wenn dies der Fall ist, dann könnten Strindbergs „Pforten der Wahrnehmung“ durch eine absinthbedingte Epilepsie aufgestoßen worden sein. Wie wir bereits entdeckt haben, gehört zu den mit Epilepsie verbunden Syndromen unter anderem Waxman-Geschwind. Dies ist Hyperreligiosität. Wir haben sie bei van Gogh beobachtet, und es gibt starke Indizien dafür, dass auch Strindberg ähnliche Neigungen hatte. Im Frühjahr 1898 erhielt er einen Brief von einem jungen Wissenschaftler namens Axel Herrlin. Herrlin hatte Strindbergs autobiografischen Roman *Inferno* gelesen, und in dem Brief erklärte er dem Dramatiker, er habe ähnliche Erlebnisse gehabt und suche dringend nach einer Erklärung. Am 4. März antwortete Strindberg Herrlin. In seinem aufschlussreichen Brief stellt er einige faszinierende rhetorische Fragen und offenbart etwas über seinen damaligen Geisteszustand:

> Wer inszeniert diese Aufführungen für uns und zu welchem Zweck? Sind sie wirklich? Gibt es eine Hölle außer dieser? Oder sind sie ein Kinderschreck? Meine eigene Krise, welche sieben Monate andauerte, hat mir keine weitere Sicherheit gegeben außer hinsichtlich bestimmter Punkte ...[15]

Daraus wird ersichtlich, dass er einem Verständnis der wahren Natur seiner Einblicke in die Welt hinter den Pforten nicht nähergekommen ist. Signifikant im Hinblick auf unsere Deutung unter dem Aspekt der Temporallappen-Epilepsie oder der Migräne ist aber vielleicht, dass er im Weiteren über Religion und seine Angst sagt, er könne

> ... mit religiösem Fanatismus gestraft und irregeleitet sein. Aber ich bin mir nicht sicher, ob dies eine Versuchung ist, der man widerstehen oder eine Berufung, der man folgen muss. Mein früherer Fatalismus ist in einen Glauben an die Vorsehung übersetzt worden, und mir ist vollkommen klar, dass ich für mich alleine nichts habe und nichts erreichen kann.[16]

Es ist offensichtlich, dass Strindberg starke religiöse Überzeugungen hatte – bloß war er in diesem Glauben nie beständig. Er bekannte sich in seinem Leben verschiedentlich zum Pietismus, Protestantismus, Deismus, Atheismus, Okkultismus und Katholizismus.[17] Dies lässt an die Diagnose Waxman-Geschwind-Syndrom denken.

Später wandte er sich in einem Brief an den schwedischen Dichter Gustav Fröding, der ebenfalls ein Mensch war, der unter starken Halluzinationen litt. Darin legt er dar, was Halluzinationen seiner persönlichen Meinung nach sein könnten:

> Verwenden Sie das Wort Halluzination (oder gar Delirium) nicht, als ob es für etwas Unwirkliches stünde. Halluzinationen und Delirium besitzen eine gewisse Realität – oder sie sind Phantasmagorien, die der Unsichtbare bewusst dazu erschaffen hat, uns zu erschrecken.[18]

Als er anfing zu schreiben, entdeckte er, dass es in ihm eine Kraft gab, die seine Kreativität förderte. In einem Brief vom Juni 1884 an seinen Freund Karl Otto Bonnier schrieb er: „Ich sitze und schreibe wie ein Schlafwandler und darf nicht geweckt werden, sonst hört es mittendrin auf.“[19]

Außerdem zeigte er viele Anzeichen für Hellsichtigkeit. 1893 berichtete seine Frau Frida von einem merkwürdigen Vorfall, als er sich „an die Zukunft erinnerte“. Eines Tages ging sie spazieren. Bei ihrer Rückkehr warf Strindberg ihr vor, sie habe sich um sechzehn Uhr an der Ecke der Karlsstraße mit dem deutschen Dramatiker Hermann Sudermann getroffen. Aus ihrem Wortwechsel wurde deutlich, dass Strindberg glaubte, seine junge Frau habe eine Affäre mit dem Deutschen. Seltsam aber war, dass Strindberg sagte, er habe das Treffen vor seinem geistigen Auge „gesehen“, und Frida habe ein anderes Kleid getragen als das, in welchem er sie bei ihrem Aufbruch zum Spaziergang gesehen habe – ein grünes. Weiter sagte er, dieses Kleid sei Gegenstand eines Gespräches zwischen seiner Frau und Sudermann gewesen. Strindberg zufolge hatte Sudermann bemerkt, das Kleid erinnere ihn an etwas. Eine Woche später begegnete Frida Sudermann per Zufall genau an der genannten Stelle. Es entwickelte sich ein Gespräch, in dessen Verlauf der Deutsche eine Bemerkung über Fridas grünes Kleid machte und hinzufügte, es erinnere ihn an etwas.[20]

1903, während seines Aufenthaltes in Grisslehamm, nannte Strindberg ein weiteres Beispiel für seine präkognitiven Fähigkeiten. Er schrieb in sein Tagebuch: „Heute werde ich eine telefonische Nachricht erhalten, dass meine Tochter erkrankt ist.“[21] Im weiteren Verlauf des Tages erhielt er tatsächlich einen entsprechenden Anruf. Natürlich kann es sich dabei auch um schlichte Wahrheitsbeugung seinerseits handeln. Man muss allerdings berücksichtigen, dass Strindberg sein Tagebuch nur für sich selbst schrieb. Er schrieb es nicht für andere und hatte es daher gar nicht nötig, Eindruck zu schinden.

Zwischen 1894 und 1897 erlebte Strindberg seine „Inferno-Krise“, wie er sie schließlich nennen sollte. Mich fasziniert, wie sehr sie Philip K. Dicks Erlebnissen ähnelt. Beide Schriftsteller kamen hinsichtlich ihrer „Theophanien“ insofern zum gleichen Schluss, als sie an die zutiefst gnostische Ansicht glaubten, dass diese Welt eine von einem wahnsinnigen Demiurgen erschaffene Illusion ist. 1897 veröffentlichte Strindberg seinen autobiographischen Roman *Inferno.* Wie Philip K. Dick in seiner *Valis*-Trilogie legt auch er Argumente dafür vor, dass die gnostischen Weisen Recht hatten: Wir sind alle in einer Illusion gefangen, die von einem bösen Gott erschaffen worden ist. Strindbergs namenloser Erzähler bemerkt Folgendes:

> Die Erde, die Erde ist die Hölle, der von einer höheren Vernunft eingerichtete Kerker, in dem ich nicht einen Schritt gehen kann, ohne das Glück der andern zu verletzen, und die andern nicht glücklich bleiben können, ohne mir wehe zu tun. So stellt Swedenborg die Hölle dar, und zeichnet, vielleicht ohne es zu wissen, das irdische Leben.[22]

In seinem Vorwort zu *Ein Traumspiel* beschreibt er, wie das Schauspiel angelegt ist:

> Zeit und Raum existieren nicht; vor einem unwichtigen Realitätshintergrund entwickeln sich Einbildungen und weben neue Muster: eine Mischung aus Erinnerung, Erlebnissen, freien Erfindungen, Unsinnigkeiten, und Improvisationen. Die Personen werden gespalten, verdoppelt, werden zum eigenen Double, erlöschen, verdichten sich, zerfließen, werden konzentriert. Aber ein Bewusstsein steht über allen, das des Träumers, denn es gibt keine Geheimnisse, keine Inkonsequenz, keine Skrupel, keine Gesetze.[23]

Auch hier haben wir wieder die Vorstellung von einer Realität hinter der Alltagswelt rezeptierter Wahrnehmungen. Strindberg glaubte, er könne hinter diese Illusionen blicken und die *wahre* Wirklichkeit sehen.

Es gibt weitere Parallelen zwischen Strindberg und Philip K. Dick. Beide schrieben fiktionalisierte Berichte über ihre Erlebnisse und beide führten ein geheimes Tagebuch, in dem sie ihre Wahrnehmungen und ihre Versuche zu verstehen, was vor sich ging, minutiös festhielten. Strindbergs Notate sind heute unter dem Titel *Okkultes Tagebuch* bekannt; er verfasste sie über einen Zeitraum von elf Jahren zwischen 1897 und 1908. Philip K. Dick schrieb ähnlich lange an seiner *Exegesis*. Beides sind eindringliche, wenngleich ein wenig weitschweifige Berichte über einen Geist, der eine wesentlich umfassendere Welt erlebt als die, welche uns die alltäglichen Sinne präsentieren. Wie in *Inferno* fiktionalisierte Strindberg den Inhalt seines *Okkulten Tagebuchs* auch in *Legenden* (autobiographische Skizzen) und in seiner Trilogie *Nach Damaskus*.

Es gibt außerdem Indizien dafür, dass Strindberg, wie Dick, Migräne-Aurae erlebte. Zum Beispiel wissen wir, dass er regelmäßig olfaktorische Halluzinationen schilderte, etwa den Geruch von Räucherwerk, wenn dieser gar nicht vorhanden war. Ja, dieser Geruch stand offenbar im Zusammenhang mit veränderten Bewusstseinszuständen. Er schrieb: „Dieser Geruch versetzt mich in die Ekstase und macht mich glücklich, sobald ich ihn wahrnehme, aber Glück vermischt mit Schrecken.“[24]

Darüber hinaus erlebte er auditive, insbesondere musikalische, Halluzinationen. In Paris hörte er immer wieder Schumanns Melodie *Aufschwung*. Es war das Lieblingsstück seines Nebenbuhlers, des polnischen Romanciers Stanislaw Przybyszewski. Dabei muss man sich vergegenwärtigen, dass Musikaufnahmen damals noch unbekannt waren, daher ist ein solches Phänomen ungewöhnlich. Wie wir entdeckt haben, ist musikogene Epilepsie eine anerkannte Variante der Epilepsie-Aura.

Zu den Standard-„Halluzinationen“, die Migräne-Patienten, Menschen mit Temporallappen-Epilepsie und Schizophrene beschreiben, gehört das Double oder der Doppelgänger. In Inferno beschreibt Strindberg eine Wesenheit, die er als „der andere“ bezeichnet. Dieses Wesen wirkte sehr real, und er schrieb oft darüber. Zum Beispiel:

> Um so mehr erregt ein Fremder, der das Zimmer auf seiten meines Arbeitstisches bezieht, meine Neugierde. Der Unbekannte spricht niemals, er scheint sich hinter der Wand, die uns trennt,

> mit Schreiben zu beschäftigen. Merkwürdigerweise rückt er, stets wenn ich meinen Stuhl rücke, auch den seinigen, er macht und ahmt überhaupt alle meine Bewegungen nach, als ob er mich reizen wolle. ... Gehe ich schlafen, so geht der andere im Zimmer neben meinem Tisch auch schlafen ...[25]

Strindberg schreibt, dass dies drei Tage so ging, ein Spiegelbild seiner eigenen Bewegungen, das durch die Trennwand bis zu ihm zu hören ist. Strindbergs Begegnungen mit der „gefühlten Präsenz", wie Persinger sie bezeichnet, sind in *Inferno* ein regelmäßig wiederkehrendes Motiv. An einer Stelle benutzt der Dramatiker sogar praktisch diesen Begriff:

> Tretet allein wieder in euer Zimmer, und ihr werdet jemanden da finden; er ist unsichtbar, aber ihr fühlt die Gegenwart dieses Unsichtbaren.[26]

Strindberg beschreibt viele Elemente des Huxleyschen Spektrums, die ich in diesem Buch vorgestellt habe. So haben wir zum Beispiel darüber gesprochen, dass ein Summen im Kopf mit außerkörperlichen und Nahtod-Erfahrungen im Zusammenhang steht. Diese auditiven Halluzinationen scheinen mit einer Einstimmung auf Hintergrundgeräusche einherzugehen, die nur zu hören sind, wenn sich die Pforten der Wahrnehmung allmählich öffnen. Außerdem stehen sie in engem Zusammenhang mit den verschiedenen Aura-Phasen bei Temporallappen-Epilepsie und Migräne. Ist es dies, was Strindberg an der folgenden Stelle zu beschreiben versucht?

> Habt ihr jenes Brausen in euren Ohren gehabt, das dem Rauschen einer Wassermühle gleicht? Habt ihr in der Einsamkeit der Nacht oder selbst am hellen Tage beobachtet, wie die Erinnerungen des vergangenen Lebens sich rühren und einzeln, paarweise wieder auferstehen? Alle eure Fehler, Verbrechen und Torheiten ... Ihr lebt das gelebte Leben noch einmal von der Geburt an bis auf den gegenwärtigen Tag ...Ihr kennt das![27]

Haben Sie bemerkt, dass er von dem Summen rasch zu einer Beschreibung seines Schwellenzustandes übergeht, die stark an den „panoramaartigen Lebensrückblick“ erinnert, der mit klassischen Nahtod-Erfahrungen verbunden ist? Strindberg bezeichnet diese Erlebnisse als die „Mühlen Gottes“. Aus Abschnitten seines *Okkulten Tagebuches* kann man außerdem mit einiger Berechtigung schließen, dass er regelmäßig Schlaflähmungen und REM-Intrusionen erlebt hat. Er schildert, dass er mitten in der Nacht von seiner ihm entfremdeten Frau Harriet Bosse „heimgesucht“ wurde, die ihn aufs Bett und dort zum Geschlechtsverkehr zwang. Dies ist eine klassische „Succubus“-Szene, wie sie seit Jahrhunderten beschrieben wird – eine Illusion, die man heute mit Schlaflähmung in Verbindung bringt. Für Strindberg ist dies eine weitere Manifestation des „anderen“.

Auf der Höhe seines Ruhms wandte er sich voll und ganz der Esoterik zu. Unter dem Einfluss der Schriften des schwedischen Mystikers Emanuel Swedenborg ließ er sich völlig von der von Swedenborg so genannten „Entsprechungslehre“ vereinnahmen. Allgemein gesprochen, handelt es sich dabei um die Idee, dass alles Bedeutung hat und selbst das belangloseste Ereignis eine Botschaft enthält – erneut ein klassisches Beispiel für das Waxman-Geschwind-Syndrom.

In seinen späteren Jahren konnte Strindberg eher leidenschaftslos auf die Erlebnisse in seinem *Inferno* zurückblicken. Was Strindbergs seltsames Weltbild verursacht hat, darüber ist das letzte Wort noch nicht gesprochen. Es könnte schlicht übermäßiger Absinth-Konsum oder aber auch eine nicht diagnostizierte Temporallappen-Epilepsie gewesen sein. Eines aber ist sicher: Was die Ursache auch gewesen sein mag, er hat eindeutig Dinge gesehen, die jenseits der Pforten der Wahrnehmung liegen.

Eine bisher naheliegende Vermutung lautet, dass eine Position auf dem Huxleyschen Spektrum extreme Kreativität hervorbringt. Dies ist allerdings nicht immer der Fall. Auch ein ganz normaler Mensch kann in seinem Alltag etwas Außergewöhnliches erleben. Deshalb möchte ich mich nun mit weniger bekannten, aber nichtsdestoweniger wichtigen Huxleyanern befassen, wie zum Beispiel meiner Freundin Jayne Burton.

Jayne Burton

Nach der Veröffentlichung meines ersten Buches kamen etliche TLE-Betroffene auf mich zu, die von meiner „Sicht" ihres Leidens fasziniert waren. Jayne Burton, eine von ihnen und wie ich aus Merseyside, wurde eine gute Freundin, und wir trafen uns hin und wieder, um zu plaudern und uns auf dem Laufenden zu halten. Wie bereits erwähnt, ist Jayne der einzige Mensch, den ich kenne, der den sogenannten *Wada-Test* gemacht hat. Dabei wird die dominante Hirnhälfte faktisch „ausgeschaltet" und der nicht dominanten kurzzeitig die Kontrolle überlassen.

Jayne und ich wollten uns bei einer Buchhandlung in einem Einkaufzentrum in Speke vor den Toren von Liverpool treffen. Zu dieser Buchhandlung gehörte ein Café auf einer Galerie, und von diesem erhöhten Standort aus konnte man den gesamten Laden, einschließlich des einzigen Eingangs, überblicken. Jayne und ich hatten gerade Platz genommen und wollten eine Tasse Kaffee trinken. Sie erklärte mir, sie habe ihren Sohn knapp zehn Kilometer weiter in der Stadtmitte abgesetzt und werde später wieder in die Stadt fahren, um sich dort mit ihm zu treffen. Jayne hatte hin und wieder TLE-„Absencen", aber bis dahin hatte ich noch keine miterlebt. Daher war ich verwundert, als sie buchstäblich mitten im Gespräch verstummte und mich anstarrte. Sie wurde völlig starr. Zunächst war sie still, dann sagte sie plötzlich etwas. „Was macht er da?", rief sie überrascht aus. Mir wurde klar, dass hier nicht Jayne, sondern ihr Unbewusstes sprach, während sie sich im Zustand einer „Absence" befand. Dann blinzelte sie rasch und kam wieder zu Bewusstsein. Ich wollte ihr gerade mitteilen, was sie gesagt hatte, als sie über das Geländer hinweg zum Ladeneingang schaute und fragte: „Was macht er da?" Völlig verblüfft sah ich ihren Sohn, der zum Eingang hereinkam und nach oben auf uns zusteuerte. Jayne sah mich an und gab noch einmal ihrer Verwunderung über sein unerwartetes Auftauchen Ausdruck. Für mich war dies ein unwiderlegbarer Beweis für Präkognition in einem veränderten Bewusstseinszustand. Jayne konnte sich partout nicht mehr daran erinnern, was sie während ihrer Absence gesagt hatte, mir aber schien es, als nähme ein Teil von ihr den Inhalt ihrer unmittelbaren Zukunft wahr.

Hat eine solche Fähigkeit irgendeinen Nutzen? Bis die Betroffenen merken, dass sie etwas vorhergesehen haben, findet es bereits statt. Allerdings könnte man anführen, ein derartiges kurzfristiges Vorauswissen könne einen enormen evolutionären Vorteil mit sich bringen. Wenn man weiß, dass in ein oder zwei Sekunden Gefahr lauert, kann man Maßnahmen ergreifen, um diese zu umgehen – zum Beispiel, wenn gleich ein gefährliches Tier angreift oder einem ein Stein auf den Kopf fällt. Haben Menschen mit Temporallappen-Epilepsie deshalb überlebt, um ihre genetische Blaupause an die nächste Generation weiterzugeben? Klar ist, dass regelmäßige und potenziell entkräftende Anfälle in keiner Weise zum genetischen Fortbestand beitragen können. In den meisten Fällen sind die Betroffenen dadurch Angriffen schutzlos ausgeliefert, insbesondere, wenn auf die „Absence" ein tonisch-klonischer Anfall folgt. Doch aus irgendeinem Grund haben die epilepsietragenden Gene überlebt.

Es gibt starke empirische Indizien dafür, dass diese Fähigkeit zur Kontrolle der unmittelbaren Zukunft in uns allen angelegt ist, nur dass sie Neurotypischen völlig unbewusst bleibt. 1997 führten Dean Radin und Dick Bierman eine Reihe von Experimenten durch. Sie arbeiteten mit der sogenannten „galvanischen Hautreaktion". Die Schweißdrüsen des Körpers werden unmittelbar vom sympathischen Nervensystem gesteuert. Dies bedeutet, dass Erregung in jeglicher Form, sei es Angst, Wut oder Stress, Veränderungen an der Hautoberfläche, insbesondere im elektrischen Hautwiderstand hervorruft. Zur Messung dieser winzigen Veränderungen trug jeder Studienteilnehmer je einen Sensor an Zeige- und Mittelfinger. Dieser sendete wiederum Signale an ein Gerät, das diese Veränderungen messen konnte. Es muss betont werden, dass das sympathische Nervensystem vollkommen unbewusst arbeitet. Diese Reaktionen haben denselben Ursprung wie der Blinzel- und der Gähnreflex.[28] Um die automatische Natur dieses Prozesses klarzustellen, bezeichneten Radin und Bierman das, wonach sie suchten, vorsichtig als „Vorgefühl".

Die Probanden wurden vor einen Computer-Bildschirm gesetzt. Wenn sie bereit waren, konnten sie den Test durch Knopfdruck starten. Mit einer Zeitverzögerung von siebeneinhalb Sekunden erschien auf dem Bildschirm ein zufällig ausgewähltes Bild, dem die Teilnehmer eine bestimmte Zeit ausgesetzt wurden. Die Bilder waren sorgfältig danach ausgewählt worden, ob sie ein entspanntes Gefühl oder eine starke emotionale Reaktion hervorrufen. Entspannende Bilder von Obst, Haushaltsgegenständen oder schönen Landschaften waren durchsetzt mit schrecklichen Szenen – Verkehrsunfällen, Mordopfern oder angriffslustigen Tieren. Vor, während und nachdem jedes Bild gezeigt wurde, wurde fünf Mal pro Sekunde der Hautwiderstand gemessen.

Die Ergebnisse zeigten, dass die meisten Probanden den Inhalt des nächsten Bildes unbewusst vorherahnen konnten, bevor es auf dem Bildschirm gezeigt wurde. War das erwartete Bild bedrohlich oder beunruhigend, zeigte die galvanische Hautreaktion Erregung an. War das Bild jedoch entspannend, wurde keine Reaktion festgestellt. Für die Wissenschaftler war dies ein starkes Indiz dafür, dass etwas in uns unsere unmittelbare Zukunft überwachen kann. Den meisten Menschen ist diese Fähigkeit vollkommen unbewusst; bei einigen Temporallappen-Epileptikern jedoch sickert dieses unterschwellige Bewusstsein ins ichbewusste Gehirn.

Dies könnte erklären, wie Jayne unterschwellig den Inhalt ihrer unmittelbaren Zukunft wahrnehmen konnte – was wiederum darauf schließen lässt, dass die Zeit für manche Menschen flexibler ist, was die Länge des wahrgenommenen „Augenblicks“ anbelangt. Es gibt allerdings auch einen wenig bekannten psychischen Zustand, in dem sich die subjektive Zeit ebenfalls beschleunigen kann. Man spricht dann vom „Zeitraffer-Erlebnis-Phänomen“.

Ein Zeitraffer ist eine Methode zur Beschleunigung wahrgenommener Bewegungsabläufe im Film und wird ähnlich auch in der Fotografie eingesetzt. Manche Menschen scheinen diese Methode allerdings gar nicht erst zu brauchen. Unter bestimmten, noch kaum verstandenen neurologischen Bedingungen wird die Welt plötzlich so wahrgenommen, als laufe alles schneller ab. Ein besonders faszinierendes Beispiel zitieren Ferdinand Binkofski, von der neurologischen Fakultät der Heinrich-Heine-Universität in Düsseldorf, und Richard A. Bock, vom Department of Psychology an der Montana State University.[29]

Block und Binkofski berichten, ein rechtshändiger, sechsundsechzig Jahre alter pensionierter Angestellter ohne neurologische Erkrankungen in der Vorgeschichte sei in Deutschland mit dem Auto unterwegs gewesen. Mit Entsetzen stellte der (B. W. genannte) Mann fest, dass äußere Gegenstände plötzlich sehr schnell auf ihn zurasten. Er gab an, es sei gewesen, als habe jemand plötzlich auf „schnellen Vorlauf" gedrückt. Außerdem fand er, dass auch sein Auto fantastisch schnell lief. Er konnte die Vorgänge nicht steuern, da seine Reaktionszeit „normal" blieb, und so merkte er, dass er mehrere rote Ampeln überfuhr, weil er einfach nicht anhalten konnte. Doch schließlich gelang es ihm, voll auf die Bremse zu treten und zum Stehen zu kommen. Entsetzt beobachtete er, dass die Welt um ihn herum immer noch in Höchstgeschwindigkeit ablief.

Das Erleben hielt an, und zwei Tage danach wurde er in einem extrem belasteten Zustand in die Neurologie der Universitätsklinik Düsseldorf eingeliefert. Er beschrieb das Geschehen als „beschleunigten Ablauf der Ereignisse, wie in einem Zeitraffer-Film". Er klagte darüber, dass er kein Fernsehen mehr ertragen könne, weil die Ereignisse viel zu schnell abliefen, als dass er ihnen zu folgen vermochte. Außerdem gab er an, auch das Leben als solches vergehe für ihn neuerdings zu schnell.

Bei seiner Einlieferung ins Krankenhaus wurde ein CT gemacht, das eine Läsion im dorsolateralen präfrontalen Cortex zeigte. Daraufhin wurde er einer Reihe von Tests unterzogen. Dabei zeigte er keine Schwierigkeiten mit der zeitlichen Orientierung; für ihn lief die Zeit einfach nur schneller. Als er allerdings gebeten wurde anzuzeigen, wie lange sechzig Sekunden für ihn waren, entdeckte man etwas Seltsames. B. W. wurde angewiesen zu sagen, wann er anfangen möchte, und dann so lange zu schweigen, bis seinem Empfinden nach eine Minute vergangen war. In dem Moment sollte er „Stopp" sagen. Dieser Test wurde häufig wiederholt, und es stellte sich heraus, dass B. W.s subjektive Minute im Schnitt zweihundertsechsundachtzig Sekunden lang war.

Daraufhin wurde entdeckt, dass B. W. ein Glioblastom im Brodmann-Areal des präfrontalen Cortex seiner linken Hirnhälfte hatte. Leider starb er wenig später, ohne je ein normales Zeitempfinden wiedererlangt zu haben. Das Interessante an diesem Aufsatz sind die möglichen Erklärungen, welche die beiden Wissenschaftler vorschlagen, darunter die Idee, dass wir alle einen inneren „Taktgeber" haben, der unser subjektives Zeitempfinden steuert. Allerdings schließen sie mit den Worten: „Es ist unklar, wie das Phänomen am besten zu erklären ist." In einer persönlichen Nachricht teilte Dr. Block mir mit, dass es seines Wissens bisher keinen anderen bekannten Fall dieser Art gibt.

Derartige Zeitanomalien werden mir von TLE-Betroffenen regelmäßig berichtet. Wäre dieses Empfinden reines Element einer Temporallappen-Epilepsie, könnten wir es zumindest auf die neurologische und neurochemische Aktivität in den Temporallappen eingrenzen. Allerdings gibt es starke Indizien dafür, dass Präkognition auch eine zentrale Erfahrung bei einem anderen Element des Huxleyschen Spektrums ist, nämlich bei Autismus.

Donna Williams

1992 tauchte wie aus dem Nichts ein Buch auf, das die Bestseller-Listen in den USA, Japan und Norwegen anführen und fünfzehn Wochen auf der Bestseller-Liste der New York Times stehen sollte. Es trug den merkwürdigen Titel *Nobody Nowhere* (deutscher Titel: *Ich könnte verschwinden, wenn du mich berührst*)[30], und die Verfasserin war eine junge Australierin namens Donna Williams. In diesem Buch, einer Autobiographie, beschreibt Williams ihre Kindheit in einer australischen Vorstadt, einem Ort von geradezu erstickender Normalität. Donna war allerdings alles andere als normal. Sie hatte merkwürdig lebhafte Träume. Einer trat in der Nacht nach ihrem einundzwanzigsten Geburtstag ein:

> Im Traum hatte ich mit diesem Mann zusammen in einem Haus gewohnt, wohnte aber nun mit einer Frau zusammen, in der ich

seltsamerweise eine Bekannte wiedererkannte, die ich mit vierzehn durch meine Freundin Stella kennengelernt hatte. ... Ich träumte, dass ich wieder Geburtstag hatte. Wir drei standen um einen Esstisch herum, über den eine alte Spitzendecke drapiert war. Wir hatten alle unsere Gläser erhoben (die Kristallgläser, die ich später von einer Freundin geschenkt bekam).[31]

Zwei Jahre später erlebte sie diesen Traum buchstäblich in allen Einzelheiten nach, als sie mit drei Freunden ihren dreiundzwanzigsten Geburtstag feierte. Wie im ursprünglichen Traum stand sie mit den Menschen, von denen sie geträumt hatte, zusammen, in der Hand die Kristallgläser, die sie vor zwei Jahren geschenkt bekommen hatte:

Die Gläser wurden zum Toast erhoben. „Herzlichen Glückwunsch", kam der Spruch, und die ganze Szene lief in Zeitlupe weiter. Wach, aber in einem Traumzustand, stand Dora da, erstarrt. Mein Mund stand offen vor lauter Schock.[32]

Wie auch andere, denen wir in diesem Buch begegnet sind, war und ist Donna Williams in der Lage, durch die Pforten der Wahrnehmung zu spähen. Ihre Fähigkeit war damals praktisch unbekannt – zumindest außerhalb von Expertenkreisen. Williams' Buch gab Millionen Menschen in aller Welt eine Stimme, die in jedem wachen Moment ihres Lebens das Seltsame, das Anomale und das rundheraus Unheimliche erlebten.

Das Buch beginnt mit Donna Williams' Erinnerung an ihren ersten Traum. Darin ging sie durch Weiß, und leuchtende, flockige Farbflecken bewegten sich durch sie hindurch. Es muss noch vor ihrem dritten Geburtstag gewesen sein. Dann fiel ihr auf, dass die Luft, wie sie sagt, „voller Punkte" war. Sie beschreibt, wie Menschen sich in ihrem Blickfeld den Punkten in den Weg stellten und ihr dadurch den Blick auf sie versperrten. Wie wir bereits gesehen haben, lässt dies darauf schließen, dass hier zwei Arten von „Halluzinationen" vorhanden sind: Eine, die die Punkte erschafft, und eine weitere, die Teile der konsensuellen Realität verbirgt – praktisch eine Auslassungshalluzination.

Donna beschreibt, wie gern sie sich „schwindelig machte", wie sie sagte, wobei sie sich mit ausgestreckten Armen um sich selbst drehte. Außerdem begegnete sie den „Büscheln". Diese beschreibt sie als winzige Geschöpfe, die unmittelbar über ihr in der Luft hingen und wie Haarbüschel aussahen. Diese Kreaturen waren nahezu durchsichtig, „aber wenn man an ihnen vorbei sah, waren sie ganz deutlich da".[33] Für mich klingt dies nach „Mouches volantes", kleine Flecken eines Proteins namens Kollagen, die sich im Glaskörper am Augenhintergrund ansammeln können und manchmal als fadenartige Stränge „gesehen" werden, die über das Blickfeld huschen. Ich vermute, dass jeder sie sieht, sie sind keineswegs ungewöhnlich. Die „Punkte", die sie um ihr Bett herum wahrnahm, sind es allerdings sehr wohl. Diese Bilder nannte sie „Sterne". Sie schlossen ihr Bett vollkommen ein. Später habe man ihr gesagt, sie sehe „Luftteilchen", erklärt sie. Mich fasziniert, was damit wohl gemeint war. Man sagte ihr, dies sei ein Indiz für ihre visuelle Überempfindlichkeit. Die Pünktchen wurden so zahlreich, dass der Rest der Welt dahinter „verblasste".[34] Auch dies ist von Bedeutung. Wenn sie tatsächlich „Luftteilchen" im dreidimensionalen Raum wahrnahm, wie konnte die Welt dann dahinter „verblassen"? Dies lässt darauf schließen, dass die Partikel die anderen Objekte im konsensuellen Raum verdeckten. Luft ist durchsichtig, weshalb wir die Welt sehen können. Was wiederum nahelegt, dass es sich um Halluzinationen handelte. Wenn dies der Fall ist, dann haben wir hier erneut ein beeindruckendes Beispiel für eine negative Halluzination, die sowohl Elemente aus dem Gesichtsfeld herausnimmt als auch welche hinzufügt.

„Willie" nannte sie ein stechendes grünes Augenpaar, das nur in der Dunkelheit sichtbar war. Die kleine Donna begegnete diesem Wesen regelmäßig, und mit der Zeit „wurde" sie selbst zu Willie: Schon bald war dies die Persönlichkeit, die sie der Welt präsentierte.

Später begegnet sie einem Mädchen namens Carol. Wieder macht sie sich die Persönlichkeit dieser Gefährtin zu eigen, und „Carol" wird zu einem dritten Brennpunkt des Bewusstseins in Donnas rasch aufsplitterndem Geist. Carols Persönlichkeit ist das völlige Gegenteil von Willie. Im Umgang mit anderen verhält sie sich normal. Carol war so stark, dass dieses Stellvertreter-Ich die Kontrolle übernommen hatte, als „beide“ fünf Jahre alt waren. Es sollte viele Jahre dauern, bis die ursprüngliche Persönlichkeit wieder die Oberhand gewann.

Wie ich bereits erklärt habe, behaupten kleine Kinder regelmäßig, dass sie Fantasiefreunde haben. Für mich lässt dies darauf schließen, dass die Pforten der Wahrnehmung bei Kindern von Natur aus einen Spaltbreit offenstehen. Die Einblicke in die Welt dahinter werden offenbar besonders durch die sogenannten hypnagogen und hypnopompen Schwellenphasen des Schlafes begünstigt, die manche Kinder sehr intensiv erleben. Natürlich ist das Etikett „autistisch“ für unter Sechsjährige in gewisser Weise willkürlich: Ihr Erleben könnte ebenso gut als Schizophrenie der frühen Kindheit diagnostiziert werden. Der „Willie“, den Donna als Erstes sieht, scheint meinem Konzept des „Daimon“ sehr ähnlich. Willie ist männlich, was mit der allgemeinen Beobachtung übereinstimmt, dass der Daimon bei den meisten Menschen das Gegengeschlecht hat.

Donna Williams Bücher *Nobody Nowhere* (deutscher Titel: *Ich könnte verschwinden, wenn du mich berührst*) und *Somebody Somewhere* (deutscher Titel: *Wenn du mich liebst, bleibst du mir fern*) sind meiner Meinung nach die eindrücklichsten Beschreibungen der inneren Welt von Autisten, die je verfasst wurden. Allerdings bin ich auch der Meinung, dass Donnas „Welt“ von etwas wesentlich Mächtigerem als Autismus gestaltet wird. Wie wir gesehen haben, ist sie präkognitiv und hat überscharfe Sinne – etwa ihre Fähigkeit, das Flackern einer Neonröhre, das neurotypische Menschen gar nicht wahrnehmen, tatsächlich zu sehen. Allem Anschein nach hat Donna aber auch andere Wahrnehmungen, die an eine Temporallappen-Epilepsie denken lassen. So gibt sie zum Beispiel in *Wenn du mich liebst, bleibst du mir fern* eine erschütternde Beschreibung einer Gemütsverfassung, die sie als „das Große Schwarze Nichts“ bezeichnet. Behalten Sie beim Lesen des folgenden Berichts die einem Anfall vorausgehende Aura-Phase im Hinterkopf, wie TLE-Erfahrene sie beschreiben:

> Ein Gefühl überschwemmte mich. Es fing an mit der Empfindung, die man beim Zitronenessen bekommt. Es war wie ein Kribbeln, das mir den Nacken hochlief und sich dann in jede Faser meines Körpers ausbreitete, wie Risse sich bei einem Erdbeben ausbreiten. Ich kannte dieses Ungeheuer. Es war das Große Schwarze Nichts, und es fühlte sich an, als käme der Tod, um mich zu holen.[35]

Zum ersten Mal erlebte sie dieses Gefühl mit vier Jahren. Danach kam es regelmäßig und trat manchmal bis zu drei oder vier Mal täglich auf. Mit den Jahren wurden diese Episoden weniger, aber selbst mit Mitte zwanzig suchten sie sie noch drei bis vier Mal jährlich heim. Nach ihrer ersten Buchveröffentlichung kehrte das „Ungeheuer“ häufiger wieder. Achten Sie noch einmal auf folgende Beschreibung:

> Mein Körper erzitterte wie ein Haus bei einem Erdbeben, meine Zähne schlugen aufeinander mit einem Geräusch, als würde eine schnelle Typistin auf eine Schreibmaschine einhämmern. Alle Muskeln spannten sich an, als wollten sie das Leben aus mir herauspressen, und entspannten sich nur eben so lange, um wieder und wieder von „Flutwellen“ getroffen zu werden.[36]

Hier treten allerdings auch Elemente einer klassischen Migräne auf. Wir wissen, dass Donna eine starke Abneigung gegen helles Licht und laute Geräusche hat. Wie sie selbst zugibt, handelt es sich dabei um eine Überempfindlichkeit. Weder ist die tatsächliche Helligkeit des Lichts so stark noch der Geräuschpegel so hoch, nur ihre Empfindlichkeit ist größer. Bei Donna und anderen Autisten stellt dies offenbar ein ständiges Problem dar. Wie wir entdeckt haben, ist dies heute unter dem Begriff „Intensive-Welt-Syndrom“ bekannt. Allerdings erleiden auch Migräne-Patienten unter einer akuten Attacke ähnliche Missempfindungen. Nur dass sie bei ihnen lediglich vorübergehend auftreten und nicht dauerhaft vorhanden sind.

Als Kind hat Donna offensichtlich Wahrnehmungen erlebt, die entweder als außerkörperliche Erfahrungen oder eine Form des Remote

Viewing, also der Fernwahrnehmung, gedeutet werden können. Sie traten in einem traumähnlichen Zustand ein, der an Hypnagogie erinnert. Im Folgenden beschreibt sie, was geschah:

> In der Schule passierten merkwürdige Dinge. Ich hatte Tagträume, in denen ich Kinder beobachtete, die ich kannte. Ich sah sie bei den banalsten Dingen: Kartoffeln über der Küchenspüle schälen, sich vor dem Zubettgehen ein Sandwich mit Erdnusscreme machen. Diese Tagträume waren wie Filme, in denen ich eine Sequenz von Alltagsereignissen sah, die in Wirklichkeit keinerlei Bezug zu mir hatten. Ich fing an, die Wahrheit dieser Tagträume zu überprüfen, indem ich mich an die Freunde wandte, die ich in ihnen gesehen hatte, und sie bat, mir Schritt für Schritt ein detailliertes Bild dessen zu geben, was sie in der Zeit, in der ich den Tagtraum hatte, gemacht hatten. Erstaunlicherweise stellte ich fest, dass ich bis ins kleinste Detail richtiggelegen hatte. Das war nicht etwas, was ich steuerte, es kam mir einfach so in den Sinn, und es erschreckte mich.[37]

Temple Grandin erwähnt in ihrem Werk, manche Autisten verfügten über eine derart scharfe visuelle Wahrnehmung, dass sie das Flackern von Neonröhren sehen können. Donna besitzt diese Fähigkeit ebenfalls. Sie schildert eine Störung während einer Vorlesung am College:

> Ich war gerade aus einem anderen Klassenraum gekommen, wo mich hartes weißes Neonlicht gepeinigt hatte, das überall reflektiert wurde. Es führte dazu, dass der ganze Raum sich ununterbrochen mit rasender Geschwindigkeit veränderte. Licht und Schatten tanzten auf den Gesichtern der Leute, wenn sie sprachen, und verwandelten die Szene in einen Zeichentrickfilm.[38]

Ihr Sehvermögen erscheint außergewöhnlich scharf. Sie ist fasziniert von „geladenen Energieteilchen, die die Luft füllen und die die meisten Menschen als unwichtige Hintergrundinformation ausblenden oder nicht sehen können, weil ihre Sehfähigkeit dazu nicht ausreicht".[39] Auch diese scheinen wiederum eher mit einem Migränezustand als mit Autismus zusammenzuhängen. Wenn allerdings Autismus, Migräne und Temporallappen-Epilepsie verwandte Erfahrungen sind, dann verwundert es nicht, dass es bei der Wahrnehmung Überschneidungen gibt. Doch Donna ist überzeugt, dass diese „Sterne und Punkte" Objekte in der konsensuellen Realität und neurotypische Menschen dafür lediglich nicht empfänglich sind. Mich fasziniert, was sie damit wohl meint. Sie hält diese „Punkte" eindeutig für ein natürliches Phänomen. Könnte es sein, dass sie von Objekten spricht, die gemeinhin unter dem Begriff „Orbs" bekannt sind? Diese zeigen sich auf Fotos. Oder meint sie in Wirklichkeit Staubpartikel? Echte „geladene Energieteilchen" kann sie eigentlich nicht meinen, denn die kann niemand sehen, egal wie sensitiv man ist. Ich bin der Meinung, dass sie damit andeuten will, dass das Gehirn neurotypischer Menschen diese durch die Luft gleitenden Objekte ausblendet, wohingegen ihr autistisches Gehirn, noch gefördert durch sein „Intensive-Welt-Syndrom", alles sieht.

Wiederholt habe ich behauptet, Präkognition sei ein zentrales Element des Huxleyschen Spektrums. Daher ist nicht weiter verwunderlich, dass Donna Williams regelmäßig beeindruckende und überzeugende Vorfälle erlebte, bei denen ihr Unbewusstes einen Aspekt ihrer Zukunft vorhergesehen hat. Die Präkognition ihrer Geburtstagsfeier haben wir uns bereits angesehen. In ihrem zweiten Buch *Wenn du mich liebst, bleibst du mir fern: Eine Autistin überwindet ihre Angst vor anderen Menschen* schildert sie eine weitere. Sie beschreibt, dass sie sich auf Lesereise in New York befand und gebeten worden war, einige ihrer Gemälde mitzubringen. Sie wohnte in einem riesigen Hotel mit Blick über den Central Park. Sie hatte ein Zimmer im fünfzehnten Stock bekommen, von dem sie eine wunderbare Aussicht zum Park hatte. Als sie das Zimmer betrat, sah sie durch das Fenster die lebhaften Farben, die die untergehende Sonne hervorbrachte. Was dann geschah, beschreibt sie wie folgt:

> Ich hatte … meine Bilder bei mir. Darunter war eine Kopie des Bildes, das ich meiner Rechtsanwältin gechenkt hatte. Es war eine

Stadtszene mit einem dunstverhangenen, blauvioletten Himmel, und die Spiegelungen der Lichter aus den Gebäuden tanzten auf dem Wasser, das sich davor hinzog. Ich lief mit dem Bild zum Fenster. Mein Herz klopfte. Fünfzehn Stockwerke hoch stellte ich fest, dass ich die Szenerie vor diesem Fenster gemalt hatte, Gebäude für Gebäude, Kirchturm für Kirchturm, in der gleichen Anordnung, mitsamt der Baukräne, die sie überragten. Nur eins stimmte nicht. Ich hatte das Bild vier Monate, bevor ich nach New York kam, gemalt, und ich war vorher nie dort gewesen.[40]

Später erfuhr sie etwas, das bewies, wie stark diese „Präkognition“ tatsächlich gewesen war. In Donnas Gemälde gab es ein Element, das nicht in die Landschaft passte. Sie hatte eine kleine Wasserfläche gemalt, die in der Aussicht, die sich ihr aus dem Fenster bot, nicht enthalten war. Was dann geschah, beschreibt sie folgendermaßen:

„Da unten im Central Park ist aber kein Wasser“, sagte ich, „und auf meinem Bild wohl.“ Meine Agentin erklärte, dass sich direkt hinter den Bäumen, die an die Straße vor den Gebäuden grenzten, ein großer See befinde, der von hier aus nicht zu sehen sei. Das Licht spiegelte sich darin genau so, wie ich es gemalt hatte.[41]

Was können wir daraus schließen? Bis zu dem Moment, in dem man Donna von dem See erzählte, hatte sie nichts davon gewusst. Dies lässt auf eine Präkognition einer künftigen Szene schließen, die Informationen enthält, welche erst bekannt werden, nachdem die Szene erlebt oder beobachtet worden ist. Wie ist das zu erklären? Es hat nichts damit zu tun, dass hier durch geheimnisvolle Fähigkeiten eine Umgebung erspürt werden kann, wie sie jetzt ist. Hier wird ein *künftiges* Bild in der Vergangenheit erspürt. Das ist reine Präkognition. Und nicht nur dies, sondern die Vorahnung wird darüber hinaus bewiesen – durch ein Gemälde.

Donna Williams ist heute eine erfolgreiche Schriftstellerin und hat enorm viel dazu beigetragen, dass Autismus von einer breiten Öffentlichkeit besser verstanden wird. Sie hält Vorträge in der ganzen Welt. Ihr Werk ist von entscheidender Bedeutung. Nur wenn sie das Pleroma selbst erlebt haben, können Menschen wirklich einschätzen, wie mächtig diese veränderten Bewusstseinszustände sein können. Donna Williams lebt schon ihr ganzes Leben lang mit dem Pleroma als ständiger Realität.

Autismus gilt als „Krankheit“, die zunehmend häufiger diagnostiziert wird. Dies lässt darauf schließen, dass Autismus mehr ist als eine neurologische Anomalie, welche die meisten Menschen mehr oder minder ausgeprägt in sich tragen. Üblicherweise wird er eher mit der frühen als mit der späten Lebensphase in Verbindung gebracht. Ich glaube allerdings, dass eine Verbindung hergestellt werden kann zwischen Autismus und einem anderen großen Rätsel unserer Zeit – der rasant steigenden Anzahl von Menschen, die an Alzheimer leiden.

Pat McCreath

2015 erschien in Großbritannien ein faszinierendes Buch. Es trug den Titel *The Gift of Alzheimer's* und war verfasst von der schottischen Kinesiologin Maggie La Tourelle. Es war das erste Buch, in dem über die häufig beobachteten, aber selten kommentierten Fälle einer Alzheimer-Erkrankung gesprochen wurde, die darauf schließen lassen, dass Menschen in diesem Zustand eine Welt wahrzunehmen beginnen, die uns Neurotypischen verschlossen ist. Wie wir bereits entdeckt haben, öffnet Alzheimer die „Pforten der Wahrnehmung“ offenbar durch visuelle Halluzinationen und geschärfte Sinne. In ihrem Buch schreibt Maggie La Tourelle allerdings, dass sie bei ihrer Mutter eine Reihe sich ständig weiterentwickelnder Erkenntnisse beobachtet hat, die sich einer Erklärung entziehen und darauf schließen lassen, dass Alzheimer weit mehr ist als bloß eine degenerative Erkrankung, sondern eher eine „Vorbereitung“ für den Übergang von dieser Wahrnehmungsebene auf eine andere.

Im Jahr 2000 wurde bei ihrer Mutter Pat Alzheimer diagnostiziert. Bis Februar 2002 verschlechterte sich ihr Zustand so sehr, dass sie zur

Kurzzeitpflege in ein Heim kam, damit Maggie sich ein wenig erholen konnte. Leider sollte Pat nie mehr nach Hause zu ihrem Mann zurückkehren, sondern dauerhaft in dem Heim bleiben. Schon bald trat sie in Stufe sechs, wie man fachsprachlich sagt, das vorletzte Alzheimer-Stadium, über. In diesem Stadium haben die Betroffenen den Kampf aufgegeben: Sie können nicht mehr anders, als sich in die Situation zu ergeben. In dieser Phase beschloss Maggie, sich Notizen über ihre Gespräche mit ihrer Mutter zu machen. Was zunächst eine reine Schreibübung war, entwickelte sich bald zu weitaus mehr, da Pat immer tiefer in ihrer Alzheimer-Erkrankung versank und gleichzeitig ein anderer Teil von ihr zu „erwachen" schien, der hypersensibel auf die Botschaften reagierte, die das Universum ihm vermittelte. Damals traf Pat eine unglaubliche Feststellung über ihren Zustand. Sie erklärte ihrer Tochter: „Es ist schwierig, zwischen zwei Welten zu sein … zu arbeiten."[42]

Ich habe mich mit Maggie getroffen und eingehend über die Bedeutung ihrer Notizen unterhalten. Daher bin ich absolut sicher, dass ihr Werk künftig als Linse gelten wird, durch die wir genau erkennen können, was abläuft, wenn die Mikrotubuli zerstört werden und die Kommunikation mit dem Pleroma unmittelbarer und weniger von der dominanten Hirnhälfte verarbeitet wird.

Im Folgenden gebe ich eine kleine Auswahl der Gespräche wieder, die Maggie mit Pat geführt hat, ergänzt um meine eigene Interpretation, für die mir das Huxleysche Modell als Richtschnur dient. Pat gab an, dass ihr zur Vorbereitung auf ihren vollständigen Übergang ins Pleroma gerade Verschiedenes beigebracht wurde. Sie sprach davon, dass „wir lernen, dass wir unsterblich sind". Für mich stellt sich hier die Frage: „Wer erteilt den Unterricht?" Anscheinend war Pat in diesem Prozess nicht allein. Natürlich könnte sie mit dem Gebrauch des Wortes „wir" auch die gesamte Menschheit gemeint haben: Die Vorstellung, dass das Leben an sich eine Vorbereitung darauf ist, „unsterblich" zu sein.[43]

Regelmäßig spricht Pat von einer Neuprogrammierung ihres Gehirns. Sie sagt, „sie" hätten etwas aus ihrem Kopf „herausgenommen"[44] und „sie" seien „sehr geschickt".[45] Später gibt sie an, sie habe „drei oder vier Operationen" gehabt. Dies erinnert mich daran, dass bei DMT-

„Träumen“ regelmäßig angegeben wird, die Betroffenen hätten sich in Operationssälen befunden, wo ihnen Organe chirurgisch entfernt oder implantiert worden seien. Dieses Motiv hat eine Parallele in den UFO-Entführungs-Szenarien, in denen „Aliens“ an den hilflosen Entführten herumoperieren, welche sich in einem Zustand der Lähmung befinden. Wie wir bereits vermutet haben, könnte endogenes DMT derartige Wahrnehmungen fördern.

Pat erwähnt die „Inspektoren“. Bevor sie kommen, kündigen sie sich üblicherweise an. Sobald sie mit ihnen verbunden ist, befindet sie sich offenbar in einer zeitlosen Zone. Einmal sagt sie, ihre verstorbene Schwester Kathleen sei „sehr freundlich zu ihnen“.[47] Doch sie sind nicht nur freundliche Zuschauer, sondern können durchaus auch vorschlagen, dass Pat die Lebenskraft von Menschen wahrnehmen kann, die bereits ins Pleroma übergegangen sind. Die „Inspektoren“ stellen ihr außerdem Fragen, die sie als einfach und leicht zu beantworten empfindet. Später machte Pat eine Bemerkung, die mich beim Lesen in Erstaunen versetzte und bei der Maggie leider nicht nachgehakt hatte: Anscheinend waren die „Inspektoren“ sehr *effektiv* gewesen. Pat brannte darauf, ihr Wissen über das Gehirn an ihre Tochter weiterzugeben: „Möchtest du mir noch weitere Fragen darüber stellen, wie die vier Teile meines Gehirns miteinander verbunden sind?“, drängte sie.[48]

Dann erklärte sie ihr, dass jede Hirnhälfte aus einem Okzipital-, Temporal-, Parietal- und Frontallappen besteht. Vier Teile, die jeweils mit den anderen auf unterschiedliche Weise verbunden sind.

Als ich mich mit Maggie in London zu einem Gespräch über ihr Buch traf, unterhielt ich mich mit ihr auch darüber, wie seltsam dies war. Maggie versicherte mir, soweit sie wüsste, habe sich ihre Mutter nie in irgendeiner Weise für den Aufbau des Gehirns interessiert. Woher wusste sie also, dass das Gehirn nach allgemeiner Auffassung vier Lappen hat?

Als sie dem „Übergang“ näherkam, ließ Pat einen sehr kuriosen Hinweis auf eine „Programmierung“ fallen – unklar ist allerdings, ob sie mit „Programm“ eine Fernsehsendung oder ein Computerprogramm meinte.

Wenn mein Modell zutrifft, müssten Alzheimer-Patienten, ähnlich wie TLE-Betroffene, Autisten, Migräne-Patienten und Schizophrene, Fähigkeiten manifestieren, die gemeinhin als „medial" bezeichnet werden. Dazu können Telepathie, Präkognition oder allgemeine außersinnliche Wahrnehmungen gehören. Es verwundert daher nicht, dass Maggie viele Beispiele anführt, in denen ihre Mutter über jeden Zweifel erhaben bewies, dass sie auf Informationen aus Bereichen jenseits ihrer fünf Sinne zugreifen konnte. Pat nennt dieses Informationsfeld „Television". Sie verkündete ihrer Tochter, ihr Gehirn sei „geordnet" worden: „Ich denke an etwas", sagte sie, „einfach irgendetwas, und nehme es dorther. Television."[49] Wenn Maggie feststellt, dass Pat einen neuen Tick entwickelt habe und sich nun mit dem Zeigefinger über Nase und Augenbraue streiche, erinnert mich dies merkwürdig an das Verhalten meiner Mutter, als ihre Alzheimer-Erkrankung fortgeschritten war.[50]

In einer faszinierenden Entwicklung zeigte Pat dann allmählich offenbar präkognitive Fähigkeiten. Das erste Beispiel war recht banal. Pat schien zu wissen, dass Maggie Zahnprobleme hatte, was auch zutraf, worüber sie aber noch nicht miteinander gesprochen hatten.[51] Später zeigte Pat, dass sie unterschwellig wusste, was in Maggies Leben gerade los war. Sie riet ihrer Tochter, sie solle „langsam machen mit dem Umzug. Du musst langsam machen, Margaret."[52] Dies könnte ein Beispiel für „Remote Viewing" oder Fernwahrnehmung sein; die wahrscheinlichere Erklärung ist für mich allerdings Telepathie.

Wie wir bereits entdeckt haben, gibt es zunehmend mehr Belege dafür, dass Kinder mit Autismus über telepathische Fähigkeiten verfügen. Die Arbeit von Dr. Diane Hennacy Powell hat dies faktisch bewiesen. Außerdem gibt es bekannte Verbindungen zwischen Autismus und Alzheimer – so wurde zum Beispiel nachgewiesen, dass das Gehirn von Menschen mit Alzheimer einen stark erhöhten Aluminiumspiegel[53] aufweist, genau wie bei jungen Menschen mit Autismus.[54] Ähnlich verhält es sich mit Quecksilber und Blei.

Den verblüffendsten Fall von Telepathie notierte Maggie am Sonntag, den 21. Mai 2006. Mitten in einem allgemeinen Gespräch sagte Pat plötzlich vollkommen aus dem Zusammenhang gerissen: „Mein Mini."

Maggie war darüber völlig perplex. Den Hintergrund beschreibt sie folgendermaßen:

> Am Tag zuvor hatte mich in London ein Freund gefragt, wohin ich ginge. Daher zoomte ich an meinem Computer ein Luftbild vom Haus meiner Eltern heran, um es ihm zu zeigen. Zu meiner Überraschung stand dort der alte Mini meiner Mutter in der Einfahrt. Ihr Auto war schon vor Jahren verkauft worden, als sie nicht mehr fahren konnte; das Foto war also eindeutig veraltet.[55]

Darüber sprach ich im Sommer 2015 mit Maggie, und sie bestätigte mir, dass sie Google Earth benutzt hatte, um sich das Haus im Internet anzusehen. Hier haben wir den Beweis für etwas sehr Seltsames. Das Bild bei Google Earth war eindeutig seit Jahren veraltet, und dies hatte Maggies Aufmerksamkeit erregt. Wir haben also einen beeindruckenden Beweis dafür, dass Pats telepathische Fähigkeiten sehr stark wurden. Bei autistischen Kindern, die „locked-in" sind, also keine Möglichkeit haben, mit der Außenwelt zu kommunizieren, wird vermutet, dass sie zum Ausgleich neue Fähigkeiten entwickeln. Ich behaupte, dass Menschen am anderen Ende des Altersspektrums mit ähnlichen Einschränkungen exakt die gleichen Kompensationseffekte entwickeln.

Ende August 2006 stürzte Maggies Vater in seinem Haus. Es stellte sich heraus, dass er nicht mehr alleine leben konnte, und Maggie vereinbarte mehrere Termine, um über seinen Umzug in ein Pflegeheim zu sprechen. Am 25. Oktober fuhr Maggie von ihrer Wohnung in London zu einem weiteren Gespräch über die Zukunft ihres Vaters. Sie rief ihre Mutter an, um ihren Besuch anzukündigen. Das Erste, was ihre Mutter nach den üblichen Begrüßungsfloskeln sagte, war: „Ich möchte bei allen Gesprächen dabei sein."

In seinem Buch *Der Mann, der seine Frau mit einem Hut verwechselte* beschreibt Oliver Sacks eine junge Inderin namens Bhagawhandi, die an einem bösartigen Hirntumor starb. Mit fortschreitender Krankheit befand sie sich zumeist in einem traumartigen Zustand, hervorgerufen durch die traurige Tatsache, dass der Tumor sich bis in ihre Schläfenlappen ausbreitete. Zunächst hatte sie mehrere tonisch-klonische Anfälle erlitten, doch als der Tumor in ihre Temporallappen vordrang, ließen die Anfälle nach, und sie geriet in einen semipermanenten „Traumzustand“, wie ihn der Epilepsie-Pionier John Hughlings Jackson im Zusammenhang mit der Temporallappen-Epilepsie und dem damit verbundenen veränderten Bewusstseinszustand Déjà-vu beschrieben hat. Durch EEGs wurde bestätigt, dass diese Traumzustände tatsächlich Temporallappen-Anfälle waren. Allerdings manifestierten sich ihre „Träume“ in dieser Phase als tiefgreifende hypnagoge oder hypnopompe Sequenzen, in denen sie wieder in ihre Kindheit in Indien zurückversetzt wurde. Sie erlebte längst vergessene Vorfälle aus jener Zeit noch einmal nach. Diese Zeitumkehr faszinierte Sacks.[56]

Etwas Ähnliches geschah offenbar mit Pat. Im Zusammensein mit Maggie erwähnte Pat mehrfach, sie erlebe ihre Vergangenheit noch einmal neu und erinnere sich an längst vergessene Ereignisse. Doch ein besonders faszinierendes Gespräch ließ darauf schließen, dass es sich um wesentlich mehr als simple Träumereien handelte. Am 14. November 2006 fiel Maggie auf, dass ihre Mutter „besonders strahlend“ aussah. Auf eine entsprechende Bemerkung von ihr erwiderte Pat, sie fühle sich „wie siebzehn, zehn Jahre älter“.[57] Ein paar Wochen später verkündete Pat, sie sei „ins erste Stadium eingetreten“.[58]

Derartige Erkenntnisse werden allem Anschein nach von einem zeitlosen Standpunkt aus wahrgenommen, an dem man von außen nach innen schaut. Pat fühlte sich in der Zeit disloziert. Einmal sagte sie zu Maggie: „Mir ist, als hätte ich keine Vergangenheit, Gegenwart oder Zukunft.“[59]

Mir kam das sehr bekannt vor. 2012 glitt meine Mutter in die letzten Alzheimer-Stadien hinüber. Sie konnte sich noch am Telefon mit mir unterhalten und erkannte mich offenbar, wenn ich sie besuchte. Ich hatte jedoch den Eindruck, dass sie sich nicht ganz sicher war, wer ich bin, und keine Ahnung hatte, wo sie war. Eines Abends erhielt ich dann einen Anruf aus dem Heim mit der Bitte, mit meiner Mutter zu sprechen. Im Hintergrund konnte ich sie hören, und es war die Stimme meiner Mutter, aber nicht die der neunundachtzigjährigen

Alzheimer-Patientin. Hier sprach jemand, der viel jünger war und noch mitten im Leben stand. Die Altenpflegerin reichte meiner Mutter das Telefon. Was dann geschah, war verblüffend – und wurde von meiner Frau, die bei mir im Zimmer war und mithörte, sowie dem Personal des Pflegeheims in Wirral bezeugt. Meine Mutter sagte: „Tony, ich brauche dringend deine Hilfe." Dann erklärte sie, sie habe mit meinem Vater zusammen ferngesehen und müsse wohl eingenickt sein. Im nächsten Augenblick sei sie aufgewacht und habe sich „an diesem Ort" befunden, wie sie sich ausdrückte. Sie glaubte, sie sei vom Personal inhaftiert worden und werde nun gegen ihren Willen festgehalten. Dann sagte sie: „Warte nur, bis dein Vater davon erfährt." Mein Vater starb 1988, und jetzt hatten wird 2012. Ich versuchte, ihr dies zu erklären. Ihre Antwort verblüffte mich. Sie sagte: „Dein Vater ist nicht tot. Gerade vor ein paar Minuten habe ich noch zu Hause mit ihm ferngesehen." Dann verstummte sie für ein, zwei Sekunden und fuhr schließlich fort: „Sie sind nicht mein Sohn. Sie klingen zu alt. Mein Sohn ist zwanzig Jahre alt und an der Universität." Daraufhin warf sie mir vor, ich sei ein Schwindler, der mit ihren Kidnappern unter einer Decke stecke, und knallte den Telefonhörer auf. Ich rief sofort zurück und erfuhr, man werde ihr ein Sedativum geben müssen, um sie zu beruhigen. So geschah es. Als ich am nächsten Tag noch einmal anrief, war sie wieder in ihrem alzheimertypischen Dämmerzustand versunken.

Ich war absolut überzeugt, dass ich mit meiner fünfzigjährigen Mutter gesprochen hatte und nicht mit einer Neunundachtzigjährigen. Es war genau ihr Tonfall gewesen, als sie jünger war – ihr Satzbau, ihre Stimmlage. Mir war, als hätte ich mit der Vergangenheit telefoniert. Ich bin mir sicher, dass die Ereignisse sich genauso abgespielt haben, wie meine Mutter es geschildert hat. Als sie einnickte, war dies an einem gemütlichen Abend zu Hause im Jahr 1974. Dann befindet sie sich in einem Albtraum, in dem sie in ihre Zukunft verfrachtet worden ist, von Unbekannten gefangen gehalten wird und im Körper einer gebrechlichen alten Dame festsitzt. Ich möchte glauben, dass sie, wenn sie aus ihrem „Ausrutscher in die Zukunft" aufwacht, in eine Welt zurückkehrt, in der mein längst verstorbener Vater neben ihr sitzt und im Fernsehen noch das Komiker-Duo Morecambe & Wise läuft.

Seit Langem ist bekannt, dass Patienten in den letzten Alzheimer-Stadien momentweise völlig klar werden: Kurzzeitig taucht die vollständig bewusste Persönlichkeit wieder auf, bevor sie in der Unbewusstheit versinkt. Man bezeichnet dies als „terminale Geistesklarheit". Der in Virginia lebende Psychiater Bruce Greyson hat zu diesem Thema jahrelang geforscht und ist zu interessanten Schlussfolgerungen gelangt.

In einem 2011 veröffentlichten Aufsatz schreibt Greyson, dass seine Kollegen Michael Nahm, Emily Williams Kelly, Erlendur Haraldsson und er nicht weniger als dreiundachtzig Fälle terminaler Geistesklarheit gefunden haben, und dass es sich bei einer erheblichen Anzahl um Alzheimer-Patienten handelte. Sie zitieren den Fall einer Frau, die fünfzehn Jahre lang an der Krankheit gelitten hatte und in ihren letzten Lebensjahren völlig unansprechbar gewesen war. Wenige Minuten vor ihrem Tod begann sie jedoch ein vollkommen normales Gespräch mit ihrer Tochter. Es ist nicht weiter verwunderlich, dass dies die Tochter in völlige Verwirrung stürzte. Ein weiterer Fall aus den Akten von Erlendur Haraldsson betrifft eine einundachtzigjährige Isländerin, die unansprechbar war und niemanden aus ihrer Familie mehr erkannte. Einen Monat vor ihrem Tod setzte sie sich plötzlich in ihrem Bett auf, sah ihren Sohn Lydur geradewegs an und sagte: „Mein Sohn Lydur, ich werde dir jetzt eine Strophe aus einem Gedicht rezitieren." Dann sprach sie mit sehr klarer und präziser isländischer Artikulation ein fünfzeiliges Gedicht … woraufhin sie wieder auf ihr Kissen zurücksank und bis zu ihrem Tod nicht mehr ansprechbar war. Ihr Sohn merkte sich die Worte und entdeckte, dass es sich um die erste Strophe eines Psalms von einem isländischen Dichter handelte.[60]

Man weiß, dass die Hirnrinde im Endstadium von Alzheimer nahezu vollständig zerstört ist. Es sollte keine bewusste Wahrnehmung mehr geben, geschweige denn die Fähigkeit zu einem vernünftigen Gespräch oder die Erinnerung an ein Gedicht und das Vermögen, es exakt wiederzugeben. Was in diesen Fällen beobachtet wurde, ist medizinisch unmöglich. Und doch geschieht es.

Greyson hat terminale Geistesklarheit mit einem weiteren Phänomen in Verbindung gebracht, den sogenannten „Peak in Darien"-Erlebnissen, bei denen die terminale Geistesklarheit eine so starke Wahrnehmungserweiterung beinhaltet, dass Einblicke ins Pleroma gewonnen werden.[61] Der Begriff wurde erstmals 1882 von Frances Power Cobbe als Buchtitel für eine Aufsatzsammlung verwendet. Damit spielte sie auf das Sonnet „Beim ersten Blick in Chapmans Homer" von John Keats an, in dem er schildert, wie die spanischen Konquistadoren unter der Führung von Cortéz von einem Gipfel in Darien (dem heutigen Panama) Ausschau hielten und ein unbekanntes Meer erblickten, den Pazifik. Cobbe legte anekdotische Beweise dafür vor, dass wir alle in Todesnähe Ausblicke aus dieser Welt in eine andere erhalten.[62]

Greyson führt viele Fälle von Menschen wie Pat an, die Alzheimer im fortgeschrittenen Stadium haben und doch Tage oder Stunden vor ihrem Tod wieder völlige geistige Klarheit erlangen.

Pat McCreath hat offenbar solche Wahrnehmungen erlebt. Regelmäßig erwähnte sie gegenüber Maggie, sie habe mit Fiona gesprochen, und es ginge Fiona gut. Fiona war ihre zweite Tochter, die vor einigen Jahren unter tragischen Umständen ums Leben gekommen war. Außerdem bemerkte sie, ihr Vater sei mit im Zimmer gewesen, und ihr verstorbener Bruder habe gebeten, „ihn zu besuchen".

Dieses Phänomen, verstorbene Verwandte zu sehen, ist überraschend häufig. Ich habe eine allgemeine Suche auf Webseiten über Alzheimer und in Online-Selbsthilfegruppen durchgeführt und dabei unzählige Beispiele dafür entdeckt. Im Folgenden zwei Zitate, die ich besonders faszinierend fand. Beim ersten geht es um eine ältere Alzheimer-Patientin, die mitten in der Nacht plötzlich Musik hört:

> Dann fing sie an zu behaupten, sie sähe ihre (vor zwei Jahren verstorbene) Schwester, die nachts durchs Haus ginge. Als Nächstes hörte sie Menschen, die tagsüber am Haus arbeiteten – aber es arbeitete gar niemand am Haus. Vor Kurzem hat die das Abendessen für meinen Vater gerichtet (der vor zwölf Jahren verstorben

ist) und Mittagessen für Leute gekocht, die ihrer Meinung nach Bauarbeiten am Haus durchführten.[63]

Dieses enthält offenbar sowohl Elemente einer „Peak in Darien"-Erfahrung als auch des Charles-Bonnet-Syndroms.

Das zweite Zitat stammt aus einem Artikel über Alzheimer auf der Website von Planet Waves und ist sogar noch merkwürdiger:

> Mein Vater litt an einem Emphysem und an Demenz (zumindest wenn es nach den Ärzten ging). Er wurde in South Dakota, USA geboren. Er starb am 18. Mai vor vier Jahren. Eines Abends saß er lesend auf dem Sofa und schaute versonnen in den Flur. Er sah seine Großmutter im Flur, sie wandte sich ihm zu, lächelte, winkte ihm und ging weiter. Er wachte morgens oft auf und dachte, unser Hund (aus Kindertagen vor über dreißig Jahren) läge neben ihm und schlafe. Er wachte auf und streichelte den Hund. Dann sagte er, er sei mitten in der Nacht aufgewacht, und meine Mutter habe neben ihm geschlafen. Er fragte sie, ob es an der Zeit sei, dass er mit ihr ginge, und sie sagte, noch nicht, aber sie werde bis zum Ende bei ihm bleiben. Seinen ganzen letzten Lebensmonat sagte er, er wache morgens mit Mam neben sich auf, und glaubte, sie habe sich aus dem Bett geschlichen, um ihm sein Lieblingsfrühstück zuzubereiten. Am letzten Tag seines Lebens sagte er, Mam sei hinausgerannt, um alles zu richten, aber wir sollten uns bitte mit seinen alten Army-Kumpels unterhalten, solange er weg wäre.[64]

Dies ist weniger ein Fall von Begegnungen mit Verstorbenen, sondern eher ein zeitliches Entgleiten, bei dem sich Vergangenheit und Gegenwart offenbar überschneiden – ähnlich wie es meine Mutter empfunden hat. Wenn sie es tatsächlich so erlebt hat, dass sie mit meinem Vater beim Fernsehen saß, dann muss ihr diese Erscheinung keineswegs gespenstisch vorgekommen sein: Es war schlicht und ergreifend ein realer Abend, der durch einen beunruhigenden Traum kurz unterbrochen wurde. Bei dem älteren Amerikaner liegen die Dinge jedoch wesentlich komplexer. Er weiß, dass er Verstorbene sieht. Noch seltsamer ist jedoch, dass seine verstorbene Frau zutreffend auf die Frage antwortet, die er ihr stellt. Dies ist das Verhalten eines offenbar fühlenden und selbstständigen Wesens und keiner bloßen Halluzination. Auch der Vorfall mit dem Hund ist faszinierend, da er sowohl auf eine taktile als auch auf eine visuelle Sensation schließen lässt.

In vieler Hinsicht erscheinen mir die Erlebnisse von Pat McCreath wie eine ausgedehnte Nahtod-Erfahrung, die sich über mehrere Jahre statt nur wenige Sekunden hinzog. Im Laufe dieser Zeit wurde Pats Bewusstsein allmählich von einer Wahrnehmungsebene auf eine andere übertragen. An dieser Stelle muss jedoch unbedingt festgehalten werden, dass die subjektive Zeit innerhalb einer Nahtod-Erfahrung etwas völlig anderes ist als die Zeit, die ein Beobachter dieser Nahtod-Erfahrung wahrnimmt. Bei einer klassischen Nahtod-Erfahrung können die Betroffenen über einen individuell als länger erlebten Zeitraum viele Wahrnehmungen haben, wohingegen für den Beobachter nur wenige Sekunden verstrichen sind. Könnte es sein, dass die Zeit in einem Alzheimer-Zustand schrumpft, so dass ein Zeitraum von mehreren Monaten oder gar Jahren aus der Sicht des Alzheimer-Patienten als wenige Stunden oder gar Minuten wahrgenommen werden kann? Das Verbindende zwischen Alzheimer und Nahtod-Erfahrungen ist eindeutig, dass beide Teil des Sterbeprozesses sind und zwischen ihnen auf die eine oder andere Weise ein Zusammenhang bestehen muss. Für Pat McCreath und ihre Tochter Maggie La Tourelle war der Zugang zum Pleroma ein unerwartetes, aber nach und nach immer stärker werdendes Merkmal der Alzheimer-Erkrankung. Über andere bricht das Pleroma ohne Vorankündigung herein, und wenn dies geschieht, brechen lebenslange Vorurteile über das Paranormale einfach in sich zusammen. Genau dies widerfuhr Eben Alexander an einem Herbstmorgen des Jahres 2008.

Dr. Eben Alexander

An jenem schicksalhaften Morgen erwachte Alexander, Neurochirurg am Lynchburg General Hospital in Virginia, mit extrem starken Kopfschmerzen. Er wurde in einem sogenannten „status epilepticus" ins Krankenhaus eingeliefert, das heißt, dass er praktisch von einem epileptischen Anfall in den nächsten fiel. Dieser Zustand war durch eine bakterielle Hirnhautentzündung hervorgerufen worden. Die Entzündung war über seine Hirn-Rückenmarksflüssigkeit ins Gehirn gesickert und hatte dort Neocortex, Hippocampus und andere Teile des limbischen Systems angegriffen. Innerhalb weniger Stunden war seine Großhirnrinde komplett ausgeschaltet, und er fiel in ein tiefes Koma. In diesem Zustand blieb er sechs Tage lang. Die neurologischen Untersuchungen ergaben zutiefst pathologische kortikale Reflexe, und in Scans zeigten sich Störungen in seinem gesamten Neokortex. Sehr zur Überraschung seiner Ärzte wachte er am siebten Tag aus dem Koma auf. Noch überraschender war allerdings, dass er im tiefen Koma-Zustand etwas Außergewöhnliches erlebt hatte – in einem Zustand also, in dem ein solches Erleben nicht möglich sein sollte. Seine Hirnrinde war nicht nur gestört, sie war faktisch ausgeschaltet worden. Als er das erste Mal erwachte, waren seine Hirnfunktionen vernichtet – er hatte keinerlei Erinnerung an das Leben von Eben Alexander vor dem Koma; sogar seine Sprache war ausgelöscht worden. Er erkannte nicht einmal geliebte Angehörige an seinem Bett – zumindest zunächst nicht. Erste Worte kamen bereits nach einigen Stunden wieder, persönliche Erinnerungen im Laufe mehrerer Wochen, und nach etlichen Monaten kehrte auch sein gesamtes Wissen aus seiner jahrzehntelangen Tätigkeit als Neurochirurg vollständig wieder. Seine reichen und ultrarealen Erinnerungen aus dem tiefen Koma, die sämtlichen neurowissenschaftlichen Prinzipien über die Beziehung zwischen Neokortex und Bewusstsein widersprachen, wurden ihm zunehmend zu einem drängenden Rätsel, das nach einer besseren Erklärung verlangte. Über einen Zeitraum von mehreren Monaten hinweg stellte sich immer deutlicher heraus, dass seine Nahtod-Erfahrung weitaus mehr war als eine schlichte Halluzination.

Alexander behauptete, nach dem Verlust des Bewusstseins in dieser Welt habe er sich in einer anderen wiedergefunden. Er nahm wahr, dass er in eine Art durchsichtigem Schlamm eingehüllt war und sich um ihn herum Baumwurzeln befanden. Ein tiefes, rhythmisches Pochen umgab ihn. Diese Beschreibung ähnelt auf geradezu unheimliche Weise der von DMT-Konsumenten. Der amerikanische Schriftsteller Terence McKenna, der als einer der führenden Experten zu Erlebnissen unter DMT-Einfluss gilt, beschreibt im Folgenden die Wahrnehmungen, wenn die „Reisenden" in der DMT-Welt ankommen:

> Zuerst (warum, weiß ich nicht) hat man den Eindruck, man sei unter der Erde – tief unter der Erde – man kann nicht sagen, warum, aber man hat einfach das Gefühl eines ungeheuren Gewichts über sich, doch man ist in einem großen Raum, einer gewölbten Kuppel. Die Leute nennen sie sogar schon die „DMT-Kuppel". Mich haben schon Leute gefragt: „Warst du unter der Kuppel?", und ich habe genau gewusst, was sie meinen.[65]

Alexander zieht sich selbst aus diesem Zustand unter der Erde heraus, nur um zu erleben, dass eine Reihe grotesker Gesichter auftauchen und ihn kreischend anschreien. Dies erinnert stark an hypnagoge oder hypnopompe Bilder, wie sie im Zustand einer REM-Intrusion erlebt werden. Danach sieht er ein weiß-goldenes kreisendes Licht, das von einer komplexen Melodie begleitet wird. Musik wird häufig auch als Element eines Aura-Zustands bei Temporallappen-Epilepsie genannt. Das kreisende Licht erinnert an die als „Chrysantheme" bezeichnete Wahrnehmung unter DMT-Einfluss. Terence McKenna glaubte, in diesem Zustand geschähe Folgendes:

> Die Chrysantheme ... stellt einen Ungleichgewichtszustand dar, der seine Wurzeln in den Synapsen hat. Während ihr die Chrysantheme seht, geschieht Folgendes: Millionen und schließlich

hunderte Millionen DMT-Moleküle strömen an die Stelle im Synapsenspalt, an die das Serotonin bindet, unterbrechen das Serotonin und schalten die Signatur der Elektronenspinresonanz dieser neuralen Kontaktstelle in die „andere" Richtung um.[66]

Zwei weitere furchtlose „Psychonauten" (mit diesem nicht ganz ernst gemeinten Begriff bezeichnen sich die Entdeckungsreisenden in der DMT-Welt) unter den Pseudonymen „Gracie" und „Zarkov" beschreiben die „Chrysantheme" wie folgt:

Am Ende des Visionsflashs habt ihr eine Nachvision kreisförmig ineinandergreifender Muster in erlesenen Farben. Sie wurde in Form einer gewölbten Decke oder Kuppel beschrieben. Wenn ihr keinen „Durchbruch" zu den oben beschriebenen Ebenen erlebt, dann seht ihr nur dieses „Chrysanthemen-Muster". Den Trip lohnt es aber allemal.[67]

Signifikant ist auch, dass manche Studienteilnehmer von Rick Strassman von einer „kreisenden goldenen Scheibe" sprachen. Gracie und Zarkov beschrieben außerdem die seltsame, beeindruckende außerirdische Musik, die mit der Reise einhergeht. Natürlich handelt es sich hier um denselben Ort wie Myron Dyals „Kulthöhe", der Unterschied besteht lediglich darin, dass Myrons Transportart die Temporallappen-Epilepsie ist, während es sich bei Eben Alexander um eine Nahtod-Erfahrung handelt und Terence McKenna sowie Grace und Zarkov die DMT-Autobahn nahmen. Verschiedene Reiserouten zum selben Ziel.

Später befindet Alexander sich hoch in der Luft über einer schönen Landschaft. Beim Blick nach unten erkennt er, dass er nicht allein ist. Er wird von einer Art Geistführerin begleitet. Alexander beschreibt seine seltsame Gefährtin folgendermaßen:

Sie war jung, und ich kann mich noch in allen Einzelheiten daran erinnern, wie sie aussah. Sie hatte hohe Wangenknochen und tiefblaue Augen. Gold-braune Locken umrahmten ihr hübsches

Gesicht. Als ich sie zum ersten Mal sah, schwebten wir gemeinsam auf einer kompliziert gemusterten Oberfläche, die ich kaum einen Augenblick später als Schmetterlingsflügel erkannte. Genau genommen waren Millionen Schmetterlinge um uns herum – in riesigen flatternden Wellen tauchten die Schmetterlinge in die Wälder ein und kamen wieder zu uns hinauf. Es war ein Fluss aus Leben und Farbe, der sich durch die Luft bewegte.[68]

Die „kompliziert gemusterte Oberfläche“, die er als Schmetterlingsflügel beschreibt, ähnelt stark den lebhaften Farben und wirbelnden geometrischen Mustern, von denen Menschen unter DMT-Einfluss sprechen. Eine typische Beschreibung aus einer Anthologie psychedelischer Abenteuer im „wahren Leben“ klingt so: „Über die Kugel lief eine kaleidoskopische Anordnung sich verlagernder Muster. Um sie herum kreisten wie auf einer Umlaufbahn leuchtende blaue Bälle.“[69]

Der Flug auf Schmetterlingsflügeln hat eine unheimliche Ähnlichkeit zu Myron Dyals Flug durch eine Wolkenlandschaft auf den Schwingen einer gigantischen Krähe. Dyal und Alexander beschreiben offensichtlich ein ähnliches Erlebnis. Alexander weist darauf hin, dass der Zerstörungsgrad seines Neokortexes es unwahrscheinlich machte, dass seine überreale bewusste Wahrnehmung von seinem physischen Gehirn hervorgerufen wurde und daher ebenfalls nahelegt, dass DMT (das hauptsächlich über Rezeptoren im Neokortex wirkt) bei seiner außergewöhnlichen Erfahrung im tiefen Koma keine Rolle spielte. Möglicherweise hat Alexanders Nahtod-Erfahrung teilweise während seines status epilepticus stattgefunden, als er von einem epileptischen Anfall in den nächsten glitt. Mit anderen Worten, sowohl Dyal als auch Alexander könnten ihre Visionen während eines epileptischen Anfalls gehabt haben.

Wir haben bereits gezeigt, dass diese Muster in sämtlichen veränderten Bewusstseinszuständen wiederholt auftreten, egal ob diese natürlich (in der Aura-Phase einer Migräne oder Temporallappen-Epilepsie, bei Synästhesie, während einer Nahtod-Erfahrung, im hypnagogen oder hypnopompen Zustand und so weiter) oder künstlich (auf DMT- oder

Ayahuasca-Reisen, als Reaktion auf Lichtreize, durch Reizentzug) induziert sind. Diese *Klüverschen Formkonstanten* sind eine konstante Verbindung. Mehr noch, diese Muster reproduzieren offenbar die komplexen mathematischen Strukturen der Fraktal-Geometrie, wie man sie in der *Mandelbrot-Menge* findet.

Auf DMT-Reisen, insbesondere unter Beteiligung von Ayahuasca, ist der „Geistführer" eine zentrale Figur. Diese Wesenheit wird auch in der Literatur über Nahtod-Erfahrungen regelmäßig erwähnt, wo sie als „Lichtwesen" bekannt ist. Sie manifestiert sich in einer Form, welche die Sterbenden beruhigt. Daher kann sie eine verstorbene Verwandte, eine religiöse Gestalt oder eine kulturelle Ikone sein. Verwundert stellt man fest, dass alte Rock 'n' Roller in letzter Zeit regelmäßig Elvis Presley begegnen. In den Berichten über Nahtod-Erfahrungen von Kindern kann das „Lichtwesen" ein äußerst lebendiger Schulfreund, Lehrer oder sogar eine beliebte Comicfigur sein. Im Falle von Eben Alexander war es eine junge Frau „mit hohen Wangenknochen und tiefblauen Augen". Vier Monate nach seinem Koma erhielt er das Foto einer leiblichen Schwester, die er bis dahin nicht gekannt hatte (Alexander war adoptiert und kannte die längste Zeit seines Lebens seine leibliche Familie nicht). Zu seinem Schrecken sah sie genauso aus wie seine schöne Gefährtin auf dem Schmetterlingsflügel! Allerdings behauptet das „Wesen" zu keiner Zeit, sie sei seine Schwester, und für mich ist dies signifikant. In anderen Berichten über Nahtod-Erfahrungen schildern Christen ihre Begegnung mit „Jesus", aber auch hier erklärt das Wesen nie, dass es tatsächlich Jesus sei. Ich würde vorschlagen, diese Wesenheiten nehmen eine entsprechende Gestalt an, weil sie als etwas verstanden werden wollen, was die Sterbenden beruhigt und ihnen die Angst nimmt.

In meinem Buch *Is There Life After Death: The Extraordinary Experience of What Happens When We Die* lege ich Beweise dafür vor, dass das „Lichtwesen" in Wirklichkeit das „Höhere Selbst" ist, das Wesen, das ich als Daimon bezeichne. Im Hinblick auf Eben Alexander möchte ich in aller Bescheidenheit vorschlagen, dass seine „Schwester" von derselben Herkunft ist wie Myron Dyals „Charon". Beides sind Daimonen, die jeweils den bestmöglichen Kommunikationskanal nutzen, den sie kennen – das Öffnen der Pforten der Wahrnehmung, ermöglicht durch die als Nahtod-Erfahrung und Temporallappen-Epilepsie bekannten „veränderten Bewusstseinszustände".

Alexander ist überzeugt, seine Erfahrung habe ihn gelehrt, dass Trennung eine Illusion, dass alles eine einzige Einheit und diese Einheit Gott sei. Genau dieselbe Botschaft bringen auch Psychonauten von ihren DMT- und Ayahuasca-Reisen mit. Der in Oregon lebende Anthropologe Dr. Martin W. Ball hat ein Buch über seine Erfahrung mit 5-MeO-DMT geschrieben. Er gibt ihm den Titel *The Entheological Paradigm* und meint damit, wie der Komiker Bill Hicks in seinem berühmten Monolog so treffend sagte: „Wir sind alle *ein* Wesen, das sich selbst subjektiv erlebt."

Was also ist tatsächlich mit Eben Alexander und den Tausenden, wenn nicht Millionen anderer Menschen geschehen, die im Laufe der Jahrhunderte von unheimlich ähnlichen Erlebnissen berichtet haben? Was *ist* die Nahtod-Erfahrung?

Nahtod-Erfahrung und Neurochemie

An früherer Stelle in diesem Buch haben wir über die Arbeit von Arnold Ruoho, Pharmakologe an der University of Wisconsin in Madison, gesprochen. 2009 entdeckten Ruoho und sein Team, dass das starke Halluzinogen Dimethyltryptamin (DMT) eine der vielen Rezeptorstellen des Gehirns aktiviert, nämlich den Sigma-Rezeptor (σ-Rezeptor). Nach der Entdeckung der Sigma-Rezeptoren 1976 wurde schnell festgestellt, dass sie überall im Körper verteilt sind, besonders aber im Gehirn sitzen. Ihre Rolle war zunächst ein gewisses Rätsel. Tests zeigten, dass sie an das Halluzinogen Opium und seine Derivate wie etwa Morphin „binden" (also davon stimuliert werden).[70] Heute gibt es zwei bekannte Sigma-Rezeptoren, Sigma-1 und Sigma-2. Wie wir bereits aus früheren Ausführungen wissen, haben alle Rezeptorstellen einen entsprechenden Neurotransmitter. Für die beiden Sigma-Rezeptoren wurde jedoch bis heute kein im Körper selbst, also endogen, erzeugter Neurotransmitter entdeckt, was allerdings Neurochemiker nicht davon abgehalten hat, einen Namen für diese, noch fiktive, Substanz vorzuschlagen. Der erste war das wunderbare „Angeldustin“ (übersetzt Engelstaubin), wurde jedoch leider durch das prosaischere, aber wahrscheinlich akkuratere „Endopsychosin“ ersetzt.[71]

1990 schlug der in London lebende Psychiater Karl Jansen ein revolutionäres neues Modell zur Erklärung der Nahtod-Erfahrung vor.[72] Ihm war aufgefallen, dass die Freizeitdroge Ketamin angeblich alle Elemente einer Nahtod-Erfahrung reproduzieren soll. So wurde zum Beispiel 1991 in einem wissenschaftlichen Aufsatz über psychedelische Drogen berichtet, Ketamin löse das Gefühl aus, körperlos zu sein und andere Welten zu besuchen. Außerdem hat es stark dissoziative Wirkung, wodurch die Betroffenen jegliches persönliche Identitätsempfinden verlieren. Diese Empfindungen sind so stark, dass die meisten Probanden tatsächlich glauben, ihren Körper verlassen zu haben.[73]

Ist Ketamin erst einmal ins Gehirn gelangt, bindet es an einen Glutamat-Rezeptor, den sogenannten N-Methyl-D-Aspartat- oder kurz NMDA-Rezeptor. Man kann sich diese Rezeptoren in etwa als kleine Häfen mit mehreren Kais vorstellen. Ketamin blockiert nun faktisch den Hafen und verhindert dadurch, dass Glutamat zu seinen Rezeptoren durchkommt. Wie wir bereits im Hinblick auf die Kortikale Streudepolarisierung entdeckt haben, ist Glutamat im Allgemeinen nicht schädlich, führt aufgrund seiner Exzitotoxizität im Übermaß jedoch zu einem massiven Nervenzellsterben.

Die Umstände, die zu dieser Glutamatschwemme führen, sind Phasen extremer Bedrohung oder Krise, wie etwa in einer lebensbedrohlichen Lage. Eine potenziell schädliche Chemieschwemme im Gehirn ist jedoch kontraproduktiv, insbesondere wenn sich die lebensbedrohliche Situation als falscher Alarm erweist.

Indizien haben gezeigt, dass Ketamin neurotoxische Schäden verhindert, indem es den NMDA-Rezeptor blockiert und damit wiederum verhindert, dass Glutamat von Zelle zu Zelle übertragen wird. Als psychedelische Droge löst es allerdings auch psychische Effekte ähnlich denen einer typischen Nahtod-Erfahrung aus. Jansen glaubt, dass bei einer echten Nahtod-Erfahrung die Glutamatschwemme dadurch verhindert wird, dass der Körper selbst eine Substanz herstellt, welche die NMDA-Rezeptoren schützt, indem sie an einen der „Kais“ im NMDA-„Hafen“ bindet. Dieser „Kai“ heißt Phencyclidin- oder PCP-Rezeptor. Auf den psychischen Zustand der Betroffenen muss diese Substanz naturgemäß eine ähnliche Wirkung haben wie Ketamin. Diese endogene (im Körperinneren erzeugte) Droge ist der Auslöser für natürliche Nahtod-Erfahrungen.

1984 wurden im Gehirn endogene Substanzen gefunden, die an den PCP-Rezeptor binden; eine davon war ein Peptid, das die Bezeichnung Alpha-Endopsychosin erhielt.[74] Peptide sind eine besondere Gruppe von Neurotransmittern, die in den 1970er Jahren entdeckt wurden. Ursprünglich wurden sie nur im Darm gefunden, und es löste eine große Verwunderung aus, als man sie auch im Gehirn entdeckte. Noch merkwürdiger war, dass kleine Mengen eines Typs (TRH) euphorische Zustände auslösen können, woraufhin dieser Typ als Antidepressivum eingesetzt wurde. Ein anderer Typ (Beta-Endorphin) löst Muskelsteife und Unbeweglichkeit (Katatonie) aus, während das Peptid mit dem wunderbaren Namen „luteinisierendes Hormon-Releasing-Hormon“ (LHRH) angeblich die Libido steigern soll. Alpha-Endopsychosin gehört zur stetig wachsenden Gruppe im Körper selbst erzeugter Drogen, die als endogene Morphine oder kurz Endorphine bezeichnet werden. Dies sind körpereigene Opiate, die sowohl Schmerz lindern als auch Euphorie und Halluzinationen auslösen. Bis zur Entdeckung des Alpha-Endopsychosins glaubte man, dass Endorphine in gewisser Weise für die halluzinativen und euphorischen Effekte, über die bei Nahtod-Erfahrungen berichtet wird, verantwortlich sind.[75 76] Diese Endorphin-Hypothese hatte allerdings einen Haken: Endorphine sind schlicht nicht wirksam genug, als dass sie die geschilderten massiven Wahrnehmungsveränderungen auslösen könnten. Da inzwischen entdeckt wurde, dass Endopsychosine die Glutamatschwemme genauso blockieren wie Ketamine, kann man daraus vernünftigerweise schließen, dass die Bedingungen, die eine Nahtod-Erfahrung auslösen, zum Schutz der Zellen ebenfalls eine massive Endopsychosin-Ausschüttung bewirken. Im Grunde genommen ist eine Nahtod-Erfahrung eine Nebenwirkung einer rein körperlichen Reaktion.

Dieses Wissen gestattet uns, endlich eine neurochemische Verbindung zwischen Migräne, Temporallappen-Epilepsie, Schizophrenie und Nahtod-Erfahrungen herzustellen. Es gibt eine ganze Menge Indizien dafür, dass die Ähnlichkeiten zwischen den wesentlichen Faktoren meines Huxleyschen Spektrums in gewisser Weise durch Glutamat hervorgerufen werden.[77 78] Allerdings handelt es sich dabei um eine indirekte Wirkung, denn der eigentliche Schlüssel zu den Pforten der Wahrnehmung ist wohl Alpha-Endopsychosin in Kooperation mit Glutamat. Dieser Gedanke wird durch die zunehmenden Beweise dafür gestützt, dass Alpha-Endopsychosin der Neurotransmitter ist, welcher an den Sigma-1-Rezeptor bindet.[79]

2009 veröffentlichte Dominique Fontanilla von der University of Wisconsin in Madison einen Aufsatz im Wissenschaftsmagazin *Science*, in dem sie vorschlug, das mysteriöse Endopsychosin sei nichts anderes als Dimethyltryptamin (DMT), die Substanz, über die wir bereits im Zusammenhang mit der Erzeugung der „gefühlten Präsenz" und tiefgreifender Aura-Halluzinationen gesprochen haben.

Fontanilla und ihre Kollegen experimentierten mit einem Mäuse-Mutantenstamm, der keine Sigma-1-Rezeptoren hat. Bei *nicht* mutierten Mäusen lösten DMT-Injektionen verstärkte motorische Aktivität, sogenannte „Hypermobilität", aus, wohingegen bei Mutantenmäusen ohne Sigma-1-Rezeptoren keine Hypermobilität auftrat.[80] Außerdem stellten sie fest, dass DMT so stark an Sigma-1-Rezeptorstellen bindet, dass es einfach nicht zu verdrängen war.

2014 wurden weitere Indizien dafür entdeckt, dass DMT und sein enger Verwandter 5-MeO-DMT direkt mit den Sigma-1-Rezeptorstellen in menschlichen Immunzellen zusammenarbeiten.[81]

Die Indizien deuten also darauf hin, dass DMT, das wahrscheinlich stärkste der Menschheit bekannte Halluzinogen, eines der geheimnisvollen Endopsychosine ist. Jetzt fangen wir an, einige der Fäden, die wir auf unserer Reise aufgegriffen haben, zu verknüpfen. Zunächst müssen wir jedoch noch etwas mehr über diese faszinierende chemische Verbindung wissen.

Rick Strassman und das „Molekül des Bewusstseins“

Inspiriert durch die faszinierende Entdeckung an der University of Wisconsin in Madison über DMT und die Sigma-1-Rezeptoren, legte Rick Strassman zusammen mit zwei Kollegen – Dr. Steven Barker vom Analytical Systems Lanoratory an der Louisiana State University und Dr. Jimo Borjigin von der University of Michigan – ein Forschungsprogramm auf. Strassman wollte unbedingt herausfinden, ob seine lange gehegte Vermutung, dass die Zirbeldrüse körpereigenes DMT synthetisiert, zutraf. Wie wir bereits wissen, waren Strassman und sein Team erfolgreich, und im Dezember 2013 veröffentlichten sie ihre Entdeckungen in einem Artikel, der in der wissenschaftlichen Fachzeitschrift *Biomedical Chromatography* erschien.[82]

Wenn aber DMT vom Gehirn selbst hergestellt wird, welchem Zweck dient es dann?

Forschungen deuten darauf hin, dass beim Anblick eines Gegenstandes in der phänomenalen Welt dieselben Hirnareale aktiviert werden – als wenn man einen ähnlichen Gegenstand vor seinem geistigen Auge in der inneren Welt sieht – die von einem halluzinogenen Gebräu auf DMT-Basis, dem sogenannten Ayahuasca, erschaffen wird. In Brasilien wollte ein Forschungsteam unter der Leitung von Dr. Dráulio de Araújo vom Hirnforschungs-Institut an der Universidade Federal do Rio Grande do Norte herausfinden, wie „real“ die durch Ayahuasca hervorgerufenen lebhaften Bilder tatsächlich sind. Mithilfe des bildgebenden Verfahrens der funktionalen Magnetresonanz-Tomographie (fMRT) entdeckten sie, dass beim Erleben unter Ayahuasca exakt dieselben Teile des Gehirns aktiviert werden wie beim tatsächlichen Anblick der Gegenstände. Dies war nicht der Fall, wenn die Probanden nicht unter dem Einfluss der Droge standen und gebeten wurden, die Objekte zu visualisieren.[83] Im Abstract, der dem Aufsatz vorangestellten Zusammenfassung, beschreibt das Team die Ergebnisse folgendermaßen:

> Unsere Ergebnisse zeigen, dass die Sicht unter Ayahuasca-Einfluss von der Aktivierung eines ausgedehnten Netzwerks herrührt,

das allgemein mit Sehen, Gedächtnis und Absicht befasst ist. Ayahuasca verleiht dem inneren Erleben Realitätsstatus.[84]

Diese Ergebnisse legen nahe, dass Halluzinationen – insbesondere die durch Halluzinogene wie DMT und Ayahuasca künstlich erzeugten sowie die von Menschen auf meinem Huxleyschen Spektrum natürlich erlebten – neurologisch so „real" sind wie alle anderen Wahrnehmungen des Pleroma auch. Wie wir entdeckt haben, ist dies exakt die Position, die auch McCreery und Green im Hinblick auf ihr „metachorisches Modell" vertreten.

Das Mysteriöse daran ist, dass diese Substanzen in der Außenwelt vorhanden und anscheinend darauf angelegt sind, den Reduktionsfilter zu überwinden und Zugang zum Pleroma zu ermöglichen. Noch seltsamer ist, dass das menschliche Gehirn sich offenbar so entwickelt hat, dass es derartige Manipulationen an sich zulässt. Das Hirn erzeugt eine Reihe von Substanzen, die als interne Vermittler agieren und offensichtlich bereit sind, die Huxleyschen Pforten der Wahrnehmung zu öffnen.

Dies lässt nur einen Schluss zu: Dass diese Wahrnehmungen sich nämlich in gewisser Weise im Rahmen der Evolution entwickelt haben und entscheidend zum Menschsein dazugehören. Sie haben sich offenbar Hand in Hand mit der Evolution des sich seiner selbst bewussten Bewusstseins entwickelt und gehören zur ständigen Weiterentwicklung des Lebens im Universum. Die Pforten der Wahrnehmung sind real, und der Ort dahinter, den ich das Pleroma nenne, ist wahrscheinlich nur ein weiterer Zwischenhalt auf einem Weg, der wer weiß wohin führt.

Nun möchte ich zum letzten Abschnitt unserer Reise kommen, wo ich versuchen werde, meine persönliche Deutung des Geschehens und seiner Funktionsweisen zu erstellen. Natürlich handelt es sich dabei um reine Spekulation meinerseits. Aber für mich ergibt sie Sinn: Schauen wir einmal, ob sie auch Ihnen schlüssig erscheint.

SCHLUSS:

Was ist auf der anderen Seite?

Zugang zum Pleroma

Im Zentrum dieses Buches steht die Idee, dass das Gehirn als Empfänger fungiert und das Bewusstsein anderswo angesiedelt ist. In dieser Hinsicht ähnelt das Gehirn einem Radio – insofern nämlich, als es von anderswoher kommende Informationen verarbeitet und „verkörpert". Keiner käme auf die Idee, die Rückwand des Radios abzunehmen und dort die Musiker zu suchen, deren Stück er gerade gehört hat!

Bei der Beurteilung von Hirnprozessen wird dieser Fehler allerdings ständig gemacht. Die These lautet, dass die Person, die zu Ihnen spricht, sich im Gehirn befindet. Nimmt man jedoch ein Gehirn auseinander, ist der eigentliche Sitz der Person nicht auszumachen, ebenso wenig wie ihre Erinnerungen, Hoffnungen, Ängste oder auch nur ein beliebiges Faksimile ihrer Persönlichkeit.

Die meisten Wissenschaftler akzeptieren, dass jede Entladung aus der Synapse einer Nervenzelle ein einzelnes Ereignis ist. Das, was Sie ausmacht – im Hinblick auf Ihre Hoffnungen, Ihre Träume, Ihre Erinnerungen, darauf, wie Sie einen schönen Sonnenuntergang erleben, ein zartes Rot, eine aromatische Schokolade, einen stechenden Schmerz, eine bewegende Mozart-Passage, einen verwirrenden Traum, im Hinblick auf die allumfassende Liebe, die Sie für Ihre Kinder und/oder Ihren Partner empfinden, auf den Ursprung Ihres selbstreferenziellen Bewusstseins – wird jedoch durch Abertausende dieser Einzelereignisse erschaffen. Wie kann eine Ansammlung individueller elektrischer Entladungen derartige Empfindungen erzeugen? Wie kann dieses Feuern elektromagnetischer Energie (ermöglicht durch als Neurotransmitter bezeichnete Botenstoffe), die aus sich selbst heraus kein Leben geschweige denn Bewusstsein hat, die wahrgenommenen Empfindungen erzeugen, die dem Bewusstsein in voll ausgebildeter Form präsentiert werden? Und wie kann dieses Selbst-Bewusstsein spontan „auftreten"? Wie oft müssen Zellen feuern, damit es zustande kommt? Zehn Milliarden Mal? Hundert Milliarden Mal? Gibt es einen „Kipppunkt", an dem das Feuern eines einzigen weiteren Neurons von irgendwoher „Bewusstsein" hervorbringt? Wo war das Bewusstsein vor diesem „Kipppunkt", und gibt es umgekehrt auch einen Punkt, an dem Bewusstsein in Nichtbewusstsein kippt, wenn sich die zunehmende Komplexität des synaptischen Feuerns umkehrt?

Kann man von einer einzelnen Zelle sagen, sie sei in irgendeiner Form bewusst? Wahrscheinlich nicht. Allerdings gibt es viele einzellige Organismen, die in ihrer jeweiligen Umgebung offenbar äußerst effektiv funktionieren. Sie können schwimmen, Nahrung finden und zeigen offenbar eine sehr rudimentäre Fähigkeit, von ihrer Umgebung zu lernen. Daraus ergibt sich die Eine-Million-Euro-Frage: Wie kann etwas, das aus nur einer Zelle besteht, lernen? Wenn eine einzelne Zelle tatsächlich motivationales Verhalten zeigt, könnte es dann sein, dass dieses Empfindungsvermögen individuell oder kollektiv ist? Lässt dies darauf schließen, dass Neuronen individuelle „Empfänger" für Informationen sind, und dass jeder Empfänger zu einem Informationsnetz beiträgt, welches wiederum Bewusstsein erzeugt? Verhält sich dies analog zu Zellen anderer Art, nämlich den Zellen, die zusammen einen Sonnenkollektor ergeben? Jeder Sonnenkollektor besteht aus tausenden einzelner Solarzellen. Energiequelle sind nicht die Zellen, sondern die Sonne, hundertfünfzig Millionen Kilometer weit weg. Ich schlage vor, dass ein entsprechender Prozess auch im Gehirn stattfindet. Jedes Neuron greift „Energie" aus dem eigenen Inneren auf.

Diese „Energie" ist in Wirklichkeit Information (oder In-Formation, wie David Bohm sagte) und wird, um wiederum Bohms Begriff zu gebrauchen, aus dem Nullpunktfeld (Ervin Lászlós „Akasha-Feld") gewonnen. Ich glaube, dass der Prozess dem ähnelt, den Stuart Hameroff und Roger Penrose mit ihrem Orch-OR-Model vorschlagen. Wie wir bereits an früherer Stelle entdeckt haben, befinden sich in jeder Nervenzelle Milliarden kleiner Strukturen, die sogenannten Mikrotubuli. Man weiß, dass die Innenwände dieser Mikrotubuli pulsierendes Licht in Form einzelner Photonen abgeben. Diese werden nach innen und in den zylindrischen, hohlen Mikrotubuli aufeinander zu gefeuert. Diese Photonen (die sich kollektiv als elektromagnetische Wellen manifestieren) „interferieren" miteinander und erzeugen dadurch ein Interferenzmuster. Wie sicher viele von Ihnen wissen, werden Hologramme durch Interferenzmuster aus kohärentem Licht erzeugt. Nun wissen wir auch, dass Hologramme insofern merkwürdig sind, als jeder Teil eines holografischen Bildes das ganze Bild enthält. David Bohm vermutete in seinem Buch *Die implizite Ordnung*, dass in dieser Hinsicht das ganze Universum holografischer Natur sein könnte. Zufällig vermutete zur selben Zeit Karl Pribram, die Speicherung von Informationen im Gehirn könne holografischen (dezentralisierten) Prinzipien folgen.

Wenn das oben dargestellte Modell Gültigkeit besitzt, dann könnte es erklären, wie ein Gehirn Empfindungsvermögen und Bewusstsein „erschaffen" kann. Tatsächlich erschafft es sie nicht, sondern lädt sie aus einem digitalen In-Formationsfeld hoch, aus einem Feld, das alles erfüllt und faktisch alles ist. Materie wird aus In-Formation erschaffen. Dies bedeutet, dass in Wirklichkeit Materie die vom Gehirn erzeugte Halluzination ist. Doch wichtiger noch: Die physischen Prozesse im Gehirn (die Neurochemie, die Neuronen selbst und alle anderen physischen Prozesse) werden ebenfalls aus digitaler Information erschaffen. Dies ist das berühmte „It-from-Bit-Konzept" (das Seiende aus Information) des Quantenphysikers Archibald Wheeler. Die Wendung stammt aus einem Aufsatz, den Wheeler 1989 schrieb und in dem er feststellte:

> Ich behaupte, dass wir dieses seltsame Ding, das Quantum, wohl erst dann verstehen werden, wenn wir begreifen, inwiefern Information der Wirklichkeit zugrunde liegt. Information ist wohl nicht nur das, was wir über die Welt „erfahren". Sie ist wohl das, was die Welt „ausmacht". Ein Beispiel für die Idee des *Seienden aus*

Information: Wenn ein Photon absorbiert und dadurch gemessen wird – bis zu seiner Absorption hatte es keine wahre Wirklichkeit – wird dem, was wir über die Welt wissen, ein unteilbares Stückchen Information hinzugefügt, „und" zugleich bestimmt dieses Stückchen Information die Struktur eines kleinen Teils der Welt. Es „erschafft" die Realität von Zeit und Ort der Wechselwirkung dieses Photons.[1]

Materialistische Reduktionisten werden einwenden, es verstehe sich doch von selbst, dass das Gehirn Informationen verarbeite und alles, was wir sind, das „Epiphänomen" sämtlicher neurologischer Wechselwirkungen, allen neurochemischen Austauschs und der elektrischen Energie sei, die in unserem Gehirn wogt. Sie werden anführen, dass individuelle Komponenten durch Zusammenarbeit etwas erschaffen können, was in ihnen als Einzelnen nicht erkennbar ist. Zum Beispiel können die Atome einzelner Elemente zusammenkommen und etwas völlig anderes erschaffen als ihre individuierte Realität. Sauerstoff und Wasserstoff kommen zusammen und erschaffen Wasser, was völlig anders ist als jedes seiner „Eltern"-Elemente. Das Aufeinandertreffen der Atome in bestimmten Konfigurationen erzeugt zusätzliche Funktionsfähigkeiten. Allerdings ist Wasser kein Gehirn, auch wenn das menschliche Gehirn interessanterweise zu etwa achtundsiebzig Prozent aus Wasser besteht. Den Rest bilden zehn Prozent Fette, acht Prozent Eiweiße, ein Prozent Kohlehydrate, zwei Prozent lösliche organische Substanzen und ein Prozent anorganische Salze.[2]

In den letzten Jahren wurde entdeckt, dass das Gehirn unglaubliche Fähigkeiten zur Selbstreparatur nach Schädigungen aufweist. In einem kontinuierlichen Prozess, der unter dem Begriff Neuroplastizität bekannt ist, kann es seine inneren Strukturen neu ordnen, um einen Schaden in einem Bereich dadurch zu kompensieren, dass die verlorenen Funktionen in einem anderen neu aufgebaut werden.[3]

All dies lässt darauf schließen, dass das Gehirn Zugang zu Informationsfeldern hat, die nicht Bestandteil seines mit dem gegenwärtigen wissenschaftlichen Modell erkennbaren Aufbaus sind. Tatsächlich gibt es Indizien dafür, dass das Gehirn bei seinen Verjüngungsprozessen Quantenfeld-Informationen nutzt.

Aus der Forschung wissen wir, dass der Hippocampus die Hirnregion ist, in der Erinnerungen verarbeitet und aus der sie abgerufen werden. Dies wurde eindrücklich durch den berühmten Fall „H. M.“ bewiesen. H. M. ist ein junger Mann, bei dem in einem Versuch, ihn von seinen epileptischen Anfällen zu heilen, beide Hippocampi entfernt wurden. In dieser Hinsicht verlief die Operation absolut erfolgreich. Allerdings trat eine unglückliche Nebenwirkung auf. Nach der Operation konnte H. M. keinerlei neue Erinnerungen mehr speichern. Er lebte im „Jetzt“, glaubte, er sei immer noch fünfundzwanzig Jahre alt und suche einen Chirurgen auf, um mit ihm über eine Operation zur Heilung von seiner Epilepsie zu sprechen. Nach 1953 hatte er keinerlei neue Erinnerungen mehr. Dieser berühmte Fall bewies, welche Rolle der Hippocampus in der Erstverarbeitung von Erinnerungen spielt.

Allerdings kann der Hippocampus zwar Erinnerungen wiederherstellen, aber physisch angesiedelt sind sie dort nicht. In einem faszinierenden, 1962 veröffentlichten Aufsatz beschreibt James McConnell von der University of Michigan eine Reihe von Experimenten an Plattwürmern. McConnells Team brachte einer Gruppe Planarien bei, auf nicht instinktive Weise auf Licht zu reagieren. Danach wurden sie getötet, zerkleinert und an eine andere Plattwurmgruppe verfüttert. McConnell behauptete, die neuen Würmer hätten dasselbe nicht instinktive Verhalten übernommen. Das war eine Sensation und führte zur Entstehung der sogenannten „molekularen Gedächtnistheorie“.

Drei Jahre später erzielte eine Forschergruppe aus Kalifornien ähnliche Ergebnisse bei Ratten. Dies ließ darauf schließen, dass Erinnerungen über Moleküle von einem Tier auf ein anderes übertragen werden können.

1972 erschien in *Nature* ein Aufsatz von George Ungar von der Baylor University in Waco, Texas. In diesem vor Veröffentlichung von einem Wissenschaftlergremium begutachteten Artikel beschreibt Ungar, dass und wie sein Forscherteam Ratten Angst vor der Dunkelheit beigebracht hatte. Danach wurden die Ratten getötet und ihre Gehirnzellen auf eine weitere Gruppe von Ratten übertragen, die über die Nagern eigene natürliche Affinität zur Dunkelheit verfügten. Nachfolgende Tests zeigten, dass die Angst vor Dunkelheit auf die neue Gruppe übertragen worden war.

Die Folgen der Entdeckungen von Ungar und McConnell lösten in konservativen Wissenschaftskreisen beträchtliche Bestürzung aus. In einem Versuch, sie zu diskreditieren, wurde behauptet, wenn Erinnerungen in Molekülen abgelagert würden, dann benötigten die Erinnerungen eines Lebens – auf der Grundlage der bekannten Speicherkapazität von Computern berechnet – für ihre Codierung neunundneunzig Kilo Moleküle. Aufgrund unseres heutigen Wissens über holografische Speichermethoden und das Potenzial des Mikrotubuli-Modells wissen wir jedoch, dass wesentlich weniger Speichermaterial erforderlich wäre. Wenn Erinnerungen nichtlokal in einer Abwandlung unserer modernen Cloud gespeichert werden, löst sich der ganze Einwand in Luft auf, und der Blick wird wieder frei für die nackten Indizien, wie McConnell und Ungar sie vorlegen. Natürlich wäre der Haupteinwand im Hinblick auf die Speicherkapazität entkräftet, wenn der Codierungsmechanismus nicht aus schweren Molekülen bestünde, sondern stattdessen digitale Information in Mikrotubuli verschlüsselt würde.

Sehr zum Entsetzen aller, die mit dem Modell vom „im Gehirn gefangenen Bewusstsein“ verheiratet sind, streckten die tapferen kleinen Planarien erst vor Kurzem wieder den Kopf (oder in dessen Ermangelung ihr vorderes Ende) aus der Versenkung. Im Juli 2013 erschien im *Journal of Experimental Biology* ein Aufsatz der beiden Biologen Tal Shomrat und Michael Levin von der Tufts University in Medford, Massachusetts. Shomrat und Levin kannten den Aufsatz von McConnell und wollten seine Erkenntnisse unbedingt mit neuen Verfahren überprüfen. Im Gegensatz zu McConnell mussten die Wissenschaftler an der Tufts University die Planarien nicht töten und an Artgenossen verfüttern: Sie schnitten ihnen einfach den Kopf ab. Dies mag ziemlich drastisch klingen, doch Planarien verfügen über die erstaunliche Fähigkeit, sich einen Ersatzkopf oder -schwanz wachsen zu lassen, wenn das Original bei einem Unfall verloren geht. Tatsächlich wächst auch dem Kopf und ebenso dem Schwanz ein neuer Körper. 2011 wurde entdeckt, dass ein ganzer Wurm aus einer einzigen Zelle geklont werden kann.[4]

Weniger interessant ist für die meisten Menschen wahrscheinlich, dass Planarien Licht nicht mögen. Werden sie mit Licht bestrahlt, versuchen sie, in den Schatten zu gelangen. Dies liegt daran, dass sie Licht mit Sichtbarkeit für Fressfeinde assoziieren. Anscheinend sind sie aber zugleich von Leber sehr angetan. Die Wissenschaftler platzierten ein Stück Leber auf einem Teller unter einer hellen Lichtquelle. Die Würmer wurden dann neben den Teller gelegt. Zunächst krochen sie vom Licht weg, aber mit der Zeit lernten die Abenteuerlustigeren unter ihnen, dass unter dem Licht Futter lag und dort keine Gefahr drohte. Die Würmer, die am effektivsten lernten, wurden daraufhin geköpft, und die Forscher warteten ab, bis ihnen zwei Wochen später ein neuer Kopf nachgewachsen war. Die neu bekopften Würmer „erinnerten" sich an die Stelle, an der die Leber lag, und zeigten keine Angst vor hellem Licht.[5] In einem Interview mit der Zeitschrift *National Geographic* wurde Levin gefragt, wie ein Wurm sich an etwas erinnern kann, wenn er Kopf und Hirn verloren hat. Seine Antwort war sehr interessant: „Wir haben keine Ahnung. Was wir wissen, ist, dass Erinnerungen außerhalb des Gehirns gespeichert werden können – vermutlich in anderen Körperzellen – so dass [sie] dem neuen Gehirn bei dessen Regeneration eingeprägt werden können."[6]

Dies legt nahe, dass McConnell, entgegen der negativen Reaktionen damals, durchaus die richtigen Schlüsse gezogen hat. Natürlich werfen solche Erkenntnisse erhebliche Fragen an das gegenwärtige materialistisch-reduktionistische Weltbild auf. Wenn das „Denken" eines niederen Wurms völlig zerstört werden kann, nur um dann in scheinbar identischer Form in einem anderen Gehirn wieder aufzutauchen, was bedeutet dies dann im Hinblick auf das menschliche Gehirn? Schließlich sind wir lediglich eine etwas weiter entwickelte Version des bescheidenen Plattwurms. Wenn wir bedenken, dass die Zerstörung des Gehirns Tod bedeutet und auch das Kriterium ist, das die moderne Medizin dafür anlegt, dann haben wir hier den klaren Beweis für ein Leben nach dem

Tod und die potenzielle Verabschiedung des Modells vom im Gehirn gefangenen Bewusstsein vor uns.

Die Frage, die sich hier stellt, lautet, ob das Gehirn tatsächlich notwendig ist, damit Bewusstsein in der konsensuellen Realität existieren kann. Ich möchte behaupten, dass es sich mit dem Gehirn ebenso verhält wie mit einem Empfänger, der nötig ist, damit Funkwellen in Bild und Ton umgewandelt werden können, wie es in einem Fernsehgerät geschieht (die Analogie lässt sich beliebig an Notebooks, Tablets oder Smartphones anpassen, wenn Ihnen das lieber ist). Bei den Planarien war es lediglich so, dass sie sich neue „Empfänger" wachsen ließen, genau wie sich ein neues Radiogerät schnell auf Ihre Lieblingssender einstellen lässt. Die eigentliche Frage lautet hier also, wie und wo die Signalmodulation im Gehirn erfolgt. Einige haben vorgeschlagen, dies könne im merkwürdigsten Organ des ganzen Hirns geschehen, in dem Organ, das wir schon häufig gestreift haben: in der Zirbeldrüse.

Beach Barrett und „Metatonin"

Jahrhundertelang war die Rolle der Zirbeldrüse Gegenstand heftiger Spekulationen. Der Philosoph René Descartes schlug allen Ernstes vor, dieses winzige Organ, das fast genau in der Hirnmitte liegt, sei der Sitz der Seele. Andere, darunter viele Mystiker und sogar manche Religionsvertreter, glaubten, die Zirbeldrüse sei das „Dritte Auge", und wenn die Eingeweihten es entwickelten, könnten sie damit das wahre Universum, die verborgene Welt, „sehen", die unseren üblichen Sinnen verschlossen ist.

1958 entdeckte Aaron Lerner ein neues Hormon und nannte es „Melatonin". Dies war hochinteressant, denn zwei Jahre zuvor hatten Mark Altschule und Julian Kitay von der Harvard Medical School eine bahnbrechende Monografie veröffentlicht, in der sie behaupteten, die Zirbeldrüse habe unmittelbaren Einfluss auf die Geschlechtsreifung bei Säugetieren. Sie entnahmen jungen Ratten die Zirbeldrüse und stellten fest, dass die Geschlechtsreife bei diesen Tieren früher einsetzte. 1960 machte Dr. Virginia Fiske am Wellesley College die damit zusammenhängende Entdeckung, dass die Zirbeldrüse bei Ratten, die dauerhaft Licht ausgesetzt werden, an Gewicht abnimmt. Dies brachte den Wissenschaftler Richard J. Wurtmann auf die Idee, herauszufinden, welche Substanz für diese Hemmung verantwortlich war. Dazu kam es zur Zusammenarbeit mit Dr. Julius Axelrod, und gemeinsam entdeckten sie, dass die für diese mysteriösen Effekte ursächliche Substanz keine andere war als Lerners Melatonin.

Die Verbindung zwischen Halluzinationen und Alzheimer ist seit Langem bekannt. Bis vor Kurzem wurde der Ursprung dieses Effekts im visuellen Kortex des Gehirns verortet. Im Juli 2014 aber verkündeten ein australisches und ein amerikanisches Forscherteam auf der Fachtagung „Alzheimer's Association International Conference (AAIC)", in dieser Hinsicht sei ein großer Durchbruch gelungen. Die Forschungsergebnisse beider Gruppen zeigten, dass diese seltsamen visuellen Bilder möglicherweise im Auge selbst und nicht im Gehirn entstehen. Verwunderlich war dies natürlich nicht. Die Netzhaut gilt entwicklungsgeschichtlich als Auswuchs des Gehirns und könnte daher für entzündliche Schädigungen, die auch diese neurodegenerative Erkrankung verursachen, ebenfalls anfällig sein.

Das australische Team von der *Commonwealth Scientific and Industrial Research Organisation* (CSIRO) berichtete, dass alle vierzig Probanden, die positiv auf hohe Plaque-Mengen im Gehirn getestet worden waren, auch positiv auf β-Amyloid in der Retina getestet worden waren.[7] Dieses Protein wird mit dem Zelltod bei Schizophrenie-Betroffenen assoziiert. Im weiteren Verlauf der Tagung legte das amerikanische Team unter der Leitung von Paul D. Hartnung von Cognoptix Inc. Ergebnisse vor, die mit denen ihrer australischen Kollegen identisch waren.

Sie werden sich erinnern, dass ich an früherer Stelle unserer Erörterungen eine Verbindung zwischen Alzheimer und dem Charles-Bonnet-Syndrom (CBS) vermutet habe. Die Aufsätze aus dem Jahr 2014 liefern nun den unmittelbaren experimentellen Beweis dafür, dass bei der Alzheimer-Erkrankung Halluzinationen auftreten, die in der Netzhaut erzeugt werden. Aber das ist noch nicht alles. Außerdem wurde entdeckt, dass die Netzhaut noch eine weitere Rolle hat: Die indirekte Erzeugung von Melatonin. Die Retina ist dafür verantwortlich, der Zirbeldrüse zu signalisieren, dass die äußere Lichtintensität sinkt. Dies wiederum regt die Zirbeldrüse zur Ausschüttung ausreichender Mengen Melatonin an, die zu Müdigkeit und Schlaf führen. Jede Einschränkung der Leistungsfähigkeit der Netzhaut führt also, so kann man vernünftigerweise annehmen, zu einer Störung der Melatonin-Produktion. Und dies scheint tatsächlich der Fall zu sein. Man weiß, dass die Melatonin-Produktion mit zunehmendem Alter abnimmt[8], und manche Forscher verbinden dies direkt mit der Entwicklung von Alzheimer.[9] Andere vermuten hingegen, dass umgekehrt Alzheimer zur Verringerung der Melatonin-Produktion führt. Ich möchte vorschlagen, dass die beobachtete Verbindung zwischen Alzheimer und einer Verringerung der Melatonin-Produktion mit einer Störung der Kommunikation zwischen Netzhaut und Zirbeldrüse zusammenhängt, die wiederum durch die Ausbreitung von β-Amyloid in der Netzhaut verursacht wird. Dies würde auch ein bekanntes Alzheimer-typisches Verhaltensproblem erklären, das sogenannte *Sundowning-Syndrom*, wobei Patienten im fortgeschrittenen Stadium der Krankheit in den Abendstunden extrem unruhig bis sogar aggressiv werden.

Potenziell signifikant ist hier, dass wir nun offenbar eine direkte Verbindung zwischen einer effektiven Funktion der Zirbeldrüse und der Entwicklung von Alzheimer haben. Es wurde entdeckt, dass Melatonin und andere strukturell verwandte Indol-Verbindungen wie etwa Indol-3-Propionsäure die Ablagerung von β-Amyloid-Plaques sehr wirksam verhindern können. Faktisch begünstigt eine verringerte Melatonin-Produktion die Entwicklung der Krankheit.

Andere Aufsätze haben gezeigt, dass Alzheimer auch mit einer Verkalkung der Zirbeldrüse verbunden ist.[10] Anscheinend schädigt Alzheimer also die Zirbeldrüse in ihrer Fähigkeit, die Kommunikationskanäle offen zu halten. Eine Langzeitmedikation mit extern hergestelltem Melatonin scheint jedoch eine wirksame Therapie zur Linderung einiger Alzheimer-Symptome zu sein.

Hier haben wir direkte Verbindungen zwischen Alzheimer, der Zirbeldrüse und der Melatonin-Produktion. Damit in Zusammenhang steht die Arbeit des amerikanischen Wissenschaftlers Beach Barrett. In einem faszinierenden Aufsatz behauptet Barrett, die Zirbeldrüse schütte sowohl Melatonin als auch eine verwandte Substanz aus, die er als „Metatonin" bezeichnet.[11] Faktisch ist Metatonin sein Begriff für endogen erzeugtes DMT. Im Zusammenwirken mit Melatonin erzeugt dieses einen Schwellenzustand des Bewusstseins, in dem alternative Realitäten wahrgenommen werden können. Natürlich hat die moderne Neurologie eine andere Erklärung. Der Fachbegriff dafür lautet „REM-Intrusion", was unterstellt, dass die Betroffenen sich in einem Traumzustand befinden, der den wachen Geist überlagert. Wir sind diesem überraschend häufigen Zustand bereits unter dem Etikett Schlaflähmung begegnet.

Signifikant ist weiter, dass Barrett ebenfalls behauptet, Metatonin finde sich in hoher Konzentration im Blut von Föten und Kindern bis zu drei Jahren, und hinzufügt, im Moment des Todes steige es wieder an und rufe dadurch die Nahtod-Erfahrung hervor.

Wie wir bereits gesehen haben, erzählen viele Kinder in der frühen Kindheit von starken Halluzinationen. Dazu gehören häufig Begegnungen mit „Fantasiefreunden", auch Wesen ähnlich denen, über die Erwachsene auf einem DMT-„Trip" berichten sowie Entführungen durch Außerirdische und Nahtod-Erfahrungen. Ich möchte vorschlagen, dass Barretts „hypothetisches" Metatonin die Ursache für ähnliche Erlebnisse im Erwachsenenalter sein könnte. Weiter möchte ich behaupten, dass eine alzheimerbedingte Metatonin-Ausschüttung im hohen Alter die mit dem Charles-Bonnet-Syndrom verbundenen „Halluzinationen" hervorruft.

Tatsächlich jedoch ist Barretts Metatonin ganz und gar nicht hypothetisch. Sie werden sich erinnern, dass Dominique Fontanilla von der University of Wisconsin in Madison 2009 in *Science* einen Aufsatz veröffentlicht hat, in dem sie darlegt, dass der geheimnisvolle Neurotransmitter, der an die Sigma-1-Rezeptoren im Gehirn bindet, das Endopsychosin, in Wirklichkeit endogenes Dimethyltryptamin ist.[12] Daran schloss ein 2014 veröffentlichter Aufsatz an, der zeigte, dass DMT und sein naher Verwandter 5-MeO-DMT direkt an den Sigma-1-Rezeptorstellen der menschlichen Immunzellen wirken.[13] Der endgültige Beweis – wenn denn ein endgültiger Beweis überhaupt erforderlich ist – kam, als Steven Barker und Jimo Borjigin über die Entdeckung von DMT im Gehirn lebender Ratten berichteten.[14] Barretts Metatonin gibt es wirklich.

Haben wir also zu guter Letzt ein entscheidendes Beweisstück dafür gefunden, dass alle Wahrnehmungen in einem sehr realen Sinne Halluzinationen sind? In welchem Falle sich die Frage nach der Herkunft dieser Halluzinationen stellt. Könnte es sein, dass alles, was wir wahrnehmen, eine Form vom Gehirn erstellter Simulationen ist?

Epilog: Das Spiel spielen

Bisher habe ich behauptet, es gebe ein einziges Universum. Es ist die Gesamtheit von allem, was ist, und aus Information erschaffen. Information ist nicht-physisch, genau wie auch die digitale Information, welche in einer Computergrafik die Illusion dreidimensionalen Raums erzeugt, nicht-physisch ist. Verarbeitet wird das Bild durch einen bewussten Beobachter, der durch verschiedene Sinnesorgane eine Darstellung der Information erzeugt. Zur Beschreibung von auf diese Art und Weise verarbeiteter Information verwendete der große Physiker David Bohm den Begriff *In-Formation.*

Stellen Sie sich vor, Sie spielten ein Computerspiel, in dem Sie in die Rolle der Hauptfigur schlüpfen – in der Computersprache wird diese Spielfigur als „Avatar" bezeichnet. Solche Spiele werden als vollkommen immersives Erlebnis entwickelt, in das man komplett eintaucht. Dazu wird dem Spieler ein Gefühl der Verkörperung im Avatar vermittelt: Er (oder natürlich auch sie) sieht auf dem Bildschirm eine dreidimensionale Umgebung, die wie mit den Augen des Avatars gesehen wiedergegeben wird. Stereoklänge aus den Computerlautsprechern erzeugen ein dreidimensionales Klangfeld, das exakt dem entspricht, wie Klang außerhalb der Spielwelt verarbeitet wird. Zu einigen modernen Spielen gehören Datenanzüge, durch die die Bewegungen des Spielers auf dem Bildschirm als Bewegungen des Avatars wiedergegeben werden. Die Bewegungen sind auf dem Bildschirm zu sehen, wenn der Spieler an seinem Avatar-Körper herunterschaut. In den Anzug ist außerdem Software für taktile Wahrnehmung implementiert, einschließlich Reaktionen auf die Umgebungstemperatur und möglicherweise sogar Simulationen von Schmerz und Lust.

In diese Anzüge sind Kopfhörer und eine Weitwinkel-Brille mit einem Bildschirm in jedem Brillenglas eingearbeitet. Die Bilder, die auf die beiden Brillengläser projiziert werden, sind so gestaltet, dass eine dreidimensionale Nachbildung der Spielumgebung und ein perfektes Faksimile des Gesichtsfelds wie im normalen Leben entstehen. Die Kopfhörer reproduzieren ein ähnliches dreidimensionales Klangfeld.

Um das Spiel noch lebensechter zu machen, gehen wir einfach einmal davon aus, dass Sie sich bereiterklärt haben, ein Kurzzeit-Amnesiakum zu nehmen. Dieses löscht vorübergehend Ihr gesamtes Gedächtnis aus. Wenn das Spiel beginnt, haben Sie also keinerlei Erinnerung daran, wer Sie sind, ja noch nicht einmal daran, dass es eine Umwelt außerhalb des Spiels gibt. Faktisch werden Sie ins Spiel hineingeboren; und für Sie ist das Spiel alles, was es gibt. Alle Ihre Sinne geben Ihnen die Rückmeldung, dass dem so ist.

Stellen Sie sich nun ein Spiel vor, das auf ein ganzes Leben angelegt ist. Nach genau demselben Verfahren wie oben beschrieben, werden Sie als neugeborener Avatar ins Spiel geworfen. Der digitale Körper, in dem Sie sich befinden, ist ein hilfloses Baby. Sie haben keinerlei Erinnerung daran, wer Sie sind und daher auch keinerlei Vorkenntnisse in irgendeiner Richtung. Sowie sich Ihre spielinternen visuellen Systeme an die neue Umgebung gewöhnen, fangen Sie an, sich in dieser neuen Welt zu orientieren. Wie bei jedem Neugeborenen, wird es dauern, bis Sie Ihren Körper steuern und dem, was Sie sehen, hören und fühlen einen Sinn entnehmen können. Denken Sie nun daran, dass Sie nicht mehr Sie selbst sind, sondern das Baby und künftige Erfahrungen im Spiel Sie zu einer Persönlichkeit machen werden, die ganz anders ist als Ihre Persönlichkeit in der „realen Welt“.

Vor ein paar Jahren erfreute sich eine Computer-Simulation namens *Second Life* großer Beliebtheit. Dabei handelte es sich um eine dreidimensionale Welt, die man im Rahmen eines Spiels erkunden konnte. Das Interessante daran war, dass jeder Spieler sich die Spielumgebung mit anderen teilte, die jeweils ihren eigenen Avatar erschaffen hatten. Faktisch bedeutete dies, dass alle Wesen, mit denen man es im Spiel zu tun hatte, echte Menschen waren, die man irgendwo auf der Erde tatsächlich antreffen konnte. Jeder Avatar auf dem Bildschirm hatte eigene, von außerhalb des Spiels kommende Motivationen, die im Kopf seines Spielers entstanden waren, und jeder Spieler verband sich aus der Perspektive seines Avatars mit der Umgebung in *Second Life*.

Um mein „Lebensspiel" noch stärker zu machen, stellen Sie sich nun vor, meine hypothetischen Spielentwickler hätten dem Amnesiakum einen weiteren Wirkstoff beigegeben: einen Zeitdilatator. Dieser dehnt die subjektive Zeit im Spiel aus, so dass ein paar Stunden in der Außenwelt im Spiel zu siebzig oder achtzig Tagen werden. Dies ist gar keine so abwegige Idee. Nach der Einnahme von DMT, Ayahuasca und vielen weiteren Psychedelika wird regelmäßig von Zeitdilatations-Effekten berichtet. Viele Menschen erleben sogar jede Nacht im Traum Zeitdilatations-Effekte.

Hier haben wir also ein Szenario, in dem innerhalb weniger Stunden ein ganzes Leben von siebzig Jahren erlebt werden kann. Aber jetzt kommt meine besondere Wendung: Stellen Sie sich vor, der Avatar, in den Sie hineingeboren werden, seien Sie selbst im Moment Ihrer Geburt. Stellen Sie sich weiter vor, dass die Umgebung, in der Sie das Spiel erleben, Ihre tatsächliche, echte Lebensumgebung ist. Jetzt sind Sie eine Version Ihrer selbst, die in einer Nachahmung Ihres Lebens in einer virtuellen Realität lebt. Woher sollten Sie jemals erfahren, dass es sich um eine Simulation handelt? In welchem Fall könnte Ihr *wirkliches* Leben eine Simulation sein?

Das ist nicht so verrückt, wie es scheint. 2003 veröffentlichte der Oxforder Philosoph Nick Bostrom einen Artikel in *Philosophical Quarterly*. Darin behauptete er, es sei nahezu sicher, dass wir alle in einer Computer-Simulation unseres Lebens lebten. Einfach ausgedrückt, lautet seine Argumentation folgendermaßen: Aufgrund des berühmten *Mooreschen Gesetzes* wissen wir, dass sich die Rechenleistung von Computern alle zwei bis drei Jahre verdoppelt. Es besteht kein Grund zu der Annahme, dass sich dies in nächster Zeit ändern könnte, liegt doch die einzige Einschränkung in der Frage, wie klein wir die Platinen machen können. Ein neues Forschungsgebiet, das „Quantencomputing", legt nahe, dass die Rechenleistung für künftige Generationen geradezu grenzenlos sein könnte. Was fangen unsere Nachkommen mit dieser Rechenleistung an? Bostrom meint, es sei unvermeidlich, dass sie „Ahnen-Simulationen" erzeugen werden, wie er es nennt.

Bostrom führt an, ein einziger Computer von der Größe der Erde könnte mit weniger als einem Millionstel seiner Kapazität „die gesamte Geistesgeschichte der Menschheit simulieren". Mit „Geistesgeschichte" meint er alle Erinnerungen, Hoffnungen, Träume und Befürchtungen jedes einzelnen Menschen, der je gelebt hat. Weiter behauptet er, wenn diese Persönlichkeitsdaten in einen in die Simulation integrierten „Avatar" (ein in der Simulation existierendes digitales Faksimile eines Menschen) hochgeladen würden, würden sie in dieser Wesenheit ein Bewusstsein ihrer selbst erzeugen. Faktisch würde der Avatar empfindungsfähig und sich seiner selbst in der simulierten Umgebung bewusst. Da der Avatar allerdings nicht weiß, dass er in einer Simulation existiert, glaubt er, dass die sensorische Information, die er durch das Programm erhält, alles ist, was es gibt. Weil er außerdem keine andere Wissensgrundlage hat, hat er gar keine andere Wahl, als zu glauben, dass er die Person *ist*, deren ursprüngliche Wahrnehmungen und Erfahrungen sein Denken bevölkern.[15]

Sowohl in der Philosophie als auch in den Computerwissenschaften wird ein erbitterter Streit darüber geführt, ob es überhaupt möglich ist, selbstreferenzielles Bewusstsein in einem Computerprogramm zu simulieren. Diese Auseinandersetzung geht freilich auf die bereits besprochene Debatte um David Chalmers zurück. Doch nehmen wir einmal an, dass Chalmers „hartes Problem" (das heißt, dass die moderne Wissenschaft nicht die geringste Ahnung hat, wie die unbelebte Materie, aus der das Gehirn besteht, spontan selbstreferenzielles Bewusstsein „erschaffen" kann) zu lösen ist. Dies würde bedeuten, dass künftige Wissenschaftler mit diesem Wissen in den Avataren, die ihre Ahnen-Simulation bevölkern, Selbst-Bewusstsein erzeugen könnten. Ich bin mir der Schwierigkeit, die Tragweite dessen, was Bostrom und seine Anhänger behaupten, zu erfassen, wohl bewusst. Der Platz gestattet mir nicht, tiefer auf diese faszinierende Vorstellung einzugehen. Interessierten Leserinnen und Lesern rate ich daher, etwas Zeit in die Lektüre von Bostroms Original-Aufsatz und der verschiedenen Websites zu investieren, auf denen diese Hypothese diskutiert wird.

Der Physiker Thomas Campbell hat dieses Argument weitergedacht und behauptet, alles um uns herum bestehe aus digitaler Information. In seiner *My Big TOE*-Trilogie (deutsch: *Meine große Theorie von Allem: My big TOE*) legt er eine allumfassende Theorie vor, die in allen Einzelheiten erklärt, wie die Simulation funktioniert, und sich gründlich mit allen Einwänden gegen das Simulations-Argument auseinandersetzt.

In jüngerer Zeit sind einige aufsehenerregende Entdeckungen über die Feinstrukturierung des beobachteten Universums gemacht worden. Sie zeigen zum ersten Mal, dass der wahrnehmbare Kosmos tatsächlich aus digitaler Information bestehen könnte und faktisch ein riesiges Hologramm ist. Die Arbeit stammt von einem Wissenschaftler-Team am Fermilab in Batavia, Illinois, in der Nähe von Chicago, unter der Leitung des Kosmologen Craig Hogan.

In der Physik gibt es die sogenannte „Entropie". Faktisch geht jedes System in einem allmählichen, aber unausweichlichen Prozess aus einem geordneten in einen ungeordneten Zustand über. Es läuft immer nur in dieser Richtung. Noch nie wurde beobachtet, dass etwas aus einem ungeordneten Zustand allmählich in einen geordneten übergeht. Ein Ei zum Beispiel befindet sich in seinem Ursprungszustand in einem Zustand völliger Ordnung: Seine Schale ist intakt, und Eiweiß und Eigelb sind vollständig voneinander getrennt. Fällt dieses Ei auf den Boden, wird es zerschmettert. Die Schale zerbricht, und Eigelb und Eiweiß vermischen sich. Dieser Prozess ist unumkehrbar. Wir interpretieren diesen in einer Richtung ablaufenden Prozess als Reihe von Veränderungen in der Zeit. Man kann richtigerweise behaupten, dass dieser Prozess Zeit oder zumindest ein sicht- und messbarer Aspekt der Zeit ist; und wie Entropie verläuft auch Zeit immer nur in einer Richtung. Wird ein System ungeordneter, sagt man, sein Entropie-Zustand nimmt zu.

Entropiezustände werden durch Information beschrieben. Ein geordnetes, stabiles System mit geringer Entropie braucht zu seiner Beschreibung weniger Information als ungeordnete, hochentropische Systeme. Dies zeigt, dass es eine Verbindung zwischen Information und Entropie gibt: Einfach ausgedrückt, mehr Entropie braucht mehr Information, um beschrieben werden zu können. Information und Entropie sind in dieser Weise verbunden, insbesondere dann, wenn wir akzeptieren, dass das Universum, in dem wir leben, aus digitaler Information statt physischer Materie erschaffen ist.

Natürlich werden nach Einstein physische Gegenstände aus Energie erschaffen. So rührt zum Beispiel die Kraft einer Atombombe von der Freisetzung ungeheurer Energiemengen aus einer winzigen Menge Materie her. Daraus kann eine direkte Verbindung zwischen Energie und der sie beschreibenden Information abgeleitet werden.

Der Energieerhaltungssatz ist ein Axiom der modernen Physik. Einfach ausgedrückt besagt er, dass die Gesamtenergie eines isolierten Systems konstant bleibt: Seine Energie kann weder erschaffen noch vernichtet werden. Natürlich hat es in unserer Alltagswelt sehr wohl den Anschein, dass Energie verschwindet. Zum Beispiel wird Ihr Kaffee kalt und zeigt so wiederum die Macht der Entropie. Allerdings geht seine Wärmeenergie nicht verloren, sondern wird umgewandelt und über immer größere Bereiche verteilt. Eine Komplikation besteht in diesem Falle darin, dass die Wärme verloren geht, weil Ihre Küche kein isoliertes System ist. Sie ist Bestandteil des Universums. Aber das Universum ist ein solches System. Definitionsgemäß gibt es nichts außerhalb des Universums. Das Universum kann schlicht keine Energie oder die sie beschreibende Information verlieren. Aber es hat so den Anschein.

Dies alles läuft auf schwarze Löcher hinaus. Ein schwarzes Loch ist ein Stern, der in sich kollabiert ist und so massiv wurde, dass nichts seinem Gravitationsfeld entkommen kann – nicht einmal Licht. Lassen Sie mich dies erklären. Gravitation entsteht durch die Masse eines Objekts. Je größer die Masse des Objekts, desto größer die Schwerkraft, die es enthält. Sie und ich werden an der Erdoberfläche festgehalten, weil die Erde sehr viel mehr Masse hat als wir. Bei bestimmten Geschwindigkeiten jedoch – den sogenannten „Entweichungsgeschwindigkeiten" – kann ein Objekt der Anziehungskraft eines wesentlich massiveren Objekts entkommen. Um die Erdanziehung zu überwinden, muss sich ein Objekt mit einer Geschwindigkeit von 40.270 Stundenkilometern von der Erdoberfläche wegbewegen. Da der Mond eine wesentlich geringere Masse hat (und vom Gravitationsfeld der Erde erfasst wird, weshalb er uns umkreist), beträgt die dort erforderliche Entweichungsgeschwindigkeit nur 8571 Stundenkilometer. Schwarze Löcher sind allerdings so massiv, dass die Entweichungsgeschwindigkeit höher ist als Lichtgeschwindigkeit. Deshalb ist es ein schwarzes Loch: Es gibt keine elektromagnetische Energie (Licht) ab und ist daher total schwarz. Da sich aber nichts schneller bewegen kann als mit Lichtgeschwindigkeit, kann nichts, was einmal eingesaugt wurde, einem schwarzen Loch wieder entkommen. Doch an diesem Punkt wird es sonderbar. Der modernen Wissenschaft zufolge wird alles, was in ein schwarzes Loch eingesaugt wird, völlig zerstört: Es hört auf zu sein. Dies verstößt gegen den Energieerhaltungssatz. Das Universum ist ein geschlossenes System, und doch werden in bestimmten „Bereichen" innerhalb dieses Systems Energie und die mit ihr einhergehende Information völlig zerstört – und nicht in etwas anderes umgewandelt.

Der theoretische Physiker Juan Martín Maldacena hat eine Lösung vorgeschlagen. Sie funktioniert ähnlich wie Hologramme. Der Prozess könnte unmittelbar mit holografischen Prinzipien verbunden und daher ein weiterer Beweis dafür sein, dass das, was wir für ein dreidimensionales, physisches Universum halten, tatsächlich aus nicht-physischer digitaler Information besteht. Wenn wir ein holografisches Bild betrachten, sehen wir ein dreidimensionales Objekt, das sich im Raum vor uns befindet. Aber dies ist nur ein Lichttrick. Tatsächlich vorhanden ist nämlich ein zweidimensionales Bild, welches in den dreidimensionalen Raum projiziert wird. Maldacena argumentiert, die Lösung des Rätsels, wie Energie in einem geschlossenen System verloren gehen kann, lautet, dass unser dreidimensionales Universum in Wirklichkeit ein riesiges zweidimensionales Hologramm ist. Dieses „Bild" des Universums wird von der nun nicht mehr verlorenen Energie erzeugt, die aus der „Oberfläche" von Abermillionen winziger schwarzer Löcher zurückströmt, welche die Innenseite des sich ständig weiter ausdehnenden Universums durchsieben. Mir ist bewusst, dass dies eine sehr schwer nachvollziehbare Vorstellung ist. Leserinnen und Lesern, die sich für die genauen Einzelheiten interessieren, empfehle ich den Artikel von Jacob D. Bekenstein in *Spektrum der Wissenschaft*, Ausgabe vom November 2003. Einen Link zum vollständigen Text finden Sie in den Anmerkungen.[16]

In einem im Juli 2014 veröffentlichten Artikel vertritt der Astrophysiker Craig Hogan die Hypothese, unsere makroskopische Welt sei wie „ein vierdimensionales Video". Wenn wir tief genug in den Aufbau der Materie hineinschauen, werden wir die Bitmap unseres holografischen Universums entdecken, so seine Argumentation, gerade so wie man, wenn man nur genau genug auf einen Computer-Bildschirm schaut, irgendwann die einzelnen Pixel entdeckt.[17] 2013 entdeckte der deutsche Gravitationswellendetektor GEO600 die „Pixilation", die Hogan vorgeschlagen hatte, wenn das Universum ein Hologramm wäre.

Mit anderen Worten, es gibt gute Gründe anzunehmen, dass dieses Universum und alles in ihm ein aus digitaler Information erstelltes Superhologramm ist. Wenn dem so ist, dann könnte Bostrom recht haben, und wir leben tatsächlich alle in einem Computerspiel unseres eigenen Lebens, erstellt von unseren Nachfahren.

Dies hat enorme Konsequenzen für das Modell vom Leben als Computersimulation, mit dem ich dieses Kapitel eingeleitet habe. Wenn unsere Nachfahren für jeden ein Leben programmieren können, warum programmieren sie dann nicht gleich alle möglichen Leben mit ein? Zu den führenden Theorien der modernen Quantenphysik gehört die Viele-Welten-Hypothese. Sie besagt, dass die einzige Lösung zur Erklärung bestimmter beobachteter Quanteneffekte lauten muss, dass infolge jedes einzelnen Quanteneffekts ein alternatives Universum entsteht. Diese erstmals 1957 von dem amerikanischen Physiker Hugh Everett III entwickelte Hypothese stößt bei zunehmend mehr Quantenphysikern auf Akzeptanz. Sie würde zum Beispiel erklären, warum gerade dieses Universum seit den ersten Nanosekunden des Urknalls auf die Entwicklung der Menschheit programmiert scheint. Wenn es das einzige

Universum ist, das es je gegeben hat, ist dies ein extremer Zufall; nach dem Viele-Welten-Modell können wir es jedoch als völlig logisches Ergebnis betrachten. Aus dieser Sicht hat sich die Menschheit in dem einen Universum entwickelt, das alle zu ihrer Evolution notwendigen Elemente enthielt; in den Abermillionen anderen, die dazu nicht geeignet waren, hat sie sich nicht entwickelt.

Interessanterweise wird die „Viele-Welten-Interpretation" (many-worlds interpretation, kurz MWI) von zunehmend mehr Wissenschaftlern als die beste verfügbare Erklärung dafür akzeptiert, wie das beobachtete Universum sich darstellt. Ähnlich legt auch Bostroms Ahnen-Simulation nahe, dass alle möglichen Folgen aller Entscheidungen ebenfalls bereits in Potenzialität existieren.

2006 schlug Stephen Hawking zusammen mit seinem Kollegen Thomas Hertog vom CERN eine neue Variante der Everett-Hypothese vor, die noch besser zum Ahnen-Simulationsmodell passt. Sie ist unter dem Begriff „Top-down Interpretation" (TDI) bekannt. Einfach ausgedrückt, behaupten Hawking und Hertog, das Universum habe nicht einen einzigen Anfang, sondern eine Unzahl verschiedener Anfänge gehabt, und jeder habe einen eigenen Verlauf genommen. Wir existieren in dem Universum, das auf unsere Evolution abgestimmt ist. Im Laufe von Milliarden Jahren bewirkt jedes Quantenereignis eine Veränderung in der Evolution unseres speziellen Universums, und die alternativen Verläufe verbleiben aus unserem Beobachtungspunkt in der Potenzialität.[18]

Wenn also Everetts MWI sowie Hawkings und Hertogs TDI als aussagekräftige Erklärungsmodelle für die wahren Abläufe im Universum anerkannt werden, dann fügt sich Bostroms Hypothese von der Ahnen-Simulation sehr gut in dieses Gedankengebäude ein. Genau wie MWI und TDI vorschlagen, dass die Folgen aller Aktionen als Potenzialitäten im sich entwickelnden Universum enthalten sind, verortet Bostroms Modell alle Potenzialitäten als digitale verschlüsselte Informationen in einem riesigen Quantencomputer. Wenn wir dies als Möglichkeit akzeptieren, dann sind in Bostroms Ahnen-Simulation die Daten für jedes erdenkliche Leben zu finden, das ein empfindungsfähiger Ahnen-Avatar durchlaufen kann.

Die alten Griechen glaubten, wenn ein Mensch verschieden und ins Land der Toten gebracht worden war, wurde er vor die Wahl gestellt: Es wurden ihm zwei Kelche mit einem Trank angeboten. Der eine Kelch enthielt Wasser aus dem „Quell der Erinnerung", der andere Wasser aus dem „Fluss des Vergessens", einem Nebenfluss des Styx mit Namen Lethe. Entschied sich der Mensch für den Trank aus dem „Quell der Erinnerung", so schlug er daraufhin den Weg ein, der nach rechts, in den Himmel, führte. Wählte er die Wasser des Lethe, schlug er den linken Weg ein und wurde ohne jegliche Erinnerung an sein früheres Leben wiedergeboren.

Das gnostische *Erlöserbuch* besagt dasselbe. Es erklärt, der Gerechte werde in sein nächstes Leben hineingeboren, ohne die Weisheit, die er im letzten Leben erworben hat, zu vergessen. Den „Vergessenheitstrank" werde er bei seiner nächsten Geburt nicht erhalten, sondern es wird ihm ein Kelch gereicht, „der von Einsicht, Weisheit und Vorsicht angefüllt ist" und bewirkt, dass die Seele „nach dem Lichte [sucht], bis sie es findet".[19] Viele esoterische Schriften quer durch die Jahrhunderte behaupten, dass zur Erleuchtung die Erkenntnis gehört, dass wir in einem simulierten Universum leben und uns nicht bewusst sind, dass das, was wir wahrnehmen, *Maya* ist, eine Illusion. Wenn wir daraus „erwachen", erleben wir die „Anamnesie", den Vergessensverlust. Natürlich werden die meisten modernen Menschen hier die Parallele zur Einnahme entweder der blauen oder der roten Pille in der erfolgreichen Filmreihe *Matrix* erkennen.

In meiner Computerspiel-Analogie schlage ich genau dasselbe vor. Die Spieler nehmen ein Amnesiakum ein und vergessen daraufhin für die Dauer des Spiels, dass sie es schon einmal gespielt haben – wahrscheinlich sogar schon sehr viele Male.

Doch was hat dies alles mit meinem Huxleyschen Spektrum zu tun? Nun, wie Sie sich sicher erinnern werden, habe ich stets behauptet, dass bewusste Wahrnehmung nicht einen, sondern zwei Orte hat. Ich bezeichne diese als Eidolonisches und Daimonisches Bewusstsein. In meinem oben beschriebenen Modell ist der amnestische Spiel-Avatar das Eidolonische Bewusstsein. Es hat keine Ahnung, dass es sein ganzes Leben in einer Simulation erlebt. Es ist in *Maya* oder, wenn es Ihnen lieber ist, in die Matrix eingebettet. Es kann das Spiel sehr viele Male spielen. Am Beginn jeden Spiels werden seine Gedächtnisspeichermodule gelöscht, und es fängt ein neues Leben an. Ein Spiel kann nur mit dem Tod des Avatars im Spiel enden. Genau dies geschieht auch in modernen Computer-Rollenspielen: Der Avatar kommt ums Leben, und der Spieler startet das Spiel neu, entweder an einem Punkt unmittelbar vor dem plötzlichen Tod oder ganz von Anfang an.

So können viele Spiel-Leben gelebt werden, und was das Eidolonische Bewusstsein anbelangt, fühlt sich jedes vollkommen neu an. Solange die „Wasser des Lethe" das Eidolonische Bewusstsein im Zustand der Amnesie halten, besteht kein Bewusstsein für die wahre Natur der Wirklichkeit, jenen Ort, den ich das Pleroma nenne.

Faktisch ist das Pleroma der Liegeplatz des Schiffes Nebukadnezzar aus den Matrix-Filmen (wo es, nicht unoriginell, als Reale Welt bezeichnet wird). Das Schiff ist der Ort außerhalb des Programms, die Realität, die gesehen wird, wenn die „Pforten der Wahrnehmung" geläutert werden.

Das Wort „Pleroma" ist von den Gnostikern entliehen, einer Gruppe sehr früher Christen, die die Existenz des Bösen auf der Welt damit erklärten, dass diese Welt eine von einem falschen Gott – dem Demiurgen – erschaffene Illusion ist. Die Welt des wahren Gottes, außerhalb der Illusion, wird als das Pleroma bezeichnet. Das Wort stammt vom Altgriechischen *pleroma* für „Fülle". Es ist die Gesamtheit von allem, was ist, einschließlich der illusionären Universen des Demiurgen.

In meinem Modell ist das Pleroma schlicht der Ort außerhalb des eidolonischen Programms. Es ist der Ort des Spielers, der ja – wie Sie sich noch vom Anfang dieser Erörterung her erinnern werden – derjenige ist, der eigentlich wahrnimmt, und zwar von einem Standpunkt außerhalb. Innerhalb des Spiels wird der Spieler als Daimonisches Bewusstsein verkörpert. Stellen Sie sich vor, Sie spielten ein ganz normales Rollenspiel. Als Spieler ist Ihnen stets bewusst, wer Sie sind, und Sie erinnern alle bisherigen Verläufe des Spiels, das Sie gespielt haben.

Aufgrund dieses Wissens planen Sie die Bewegungen Ihres Avatars auf dem Bildschirm. Sie wissen, wo Sie den Ungeheuern aus dem Weg gehen müssen und erinnern sich an bevorstehende Gefahren, bevor Sie tatsächlich auf dem Bildschirm dargestellt werden. Im Hinblick auf das Spiel sind Sie praktisch Hellseher.

Ich möchte behaupten, dass genau dies tatsächlich geschieht. Wir sind alle Eidolons, gefangen in einem *matrix*artigen Programm unseres Lebens. Hinsichtlich Kenntnissen über vorangegangene Spiele und das Pleroma im Allgemeinen leidet unser Eidolonisches Bewusstsein unter Amnesie. Allerdings tragen wir auch alle ein Element des Pleroma in uns: Es ist der Daimon, der, weil er sich im Zustand der Anamnesie befindet, alle Ereignisse aus früheren Leben (früheren Spielverläufen) erinnern kann.

An dieser Stelle kommt das Huxleysche Spektrum ins Spiel. In diesem Buch habe ich anhand unzähliger Beispiele gezeigt, dass bestimmte Menschen aus dem Programm ausbrechen und ein paar Sekunden lang oder länger Einblicke in ein Universum erhalten können, das nicht der Kontrolle des Eidolonischen Bewusstseins untersteht. Sie können William Blakes „Ketten, die der Geist geschmiedet", abwerfen und durch die Stäbe von Philip K. Dicks „Gefängnis aus schwarzem Eisen" schauen: Sie sind wie der Gefangene in Platons Höhlengleichnis, der freikommt und erkennt, dass alles, was er bisher für real gehalten hatte, nur Schatten an der Wand waren.

Leider sind wir anderen an die kurze Kette gelegt, und unser Bewegungsspielraum reicht nicht aus, um durch die Gefängnisstäbe zu schauen. Wir glauben fest daran, dass das, was unsere Sinne uns als real vermitteln, auch tatsächlich real ist – und zugleich alles, was es gibt. In Platons Mythos kehrt der entkommene Gefangene zu seinen Mithäftlingen zurück und sagt ihnen, dass er dadurch, dass er sich umgedreht hat, die wahre Natur des Universums geschaut hat. Sie glauben ihm schlichtweg nicht. Sie möchten in Ruhe gelassen werden, um weiter ihre Illusionen zu genießen. Um noch einmal einen Tropus aus *Matrix* zu benutzen, sie möchten lieber unter der Kontrolle der blauen Pille verbleiben. Unterdessen wird der entkommene Gefangene, der die Wirkung der roten Pille verspürt, immer frustrierter. Schließlich wird er einfach als verrückt abgestempelt. In unserer modernen Welt würden wir schlicht verkünden, er halluziniere, und die Welt, die er sieht, sei lediglich eine Schöpfung seines verwirrten Geistes.

Ich habe darüber gesprochen, auf welch vielfältige Art und Weise das Pleroma für Migräne-Patienten, Temporallappen-Epileptiker, Schizophrene, Alzheimer-Patienten, Autisten und Menschen mit Nahtod-Erfahrungen, außerkörperlichen Erfahrungen und anderen „veränderten Bewusstseinszuständen" erlebbar ist. Außerdem habe ich Beispiele dafür angeführt, dass bestimmte neurologische Zustände das alltägliche Eidolonische Bewusstsein dem Daimonischen Bewusstsein öffnen können. Menschen, die dies erleben, können sich auf Informationsquellen einstimmen, die normalerweise nur dem Daimon zugänglich sind. Dabei spüren diese Eidolons die Präsenz ihres stillen Partners.

Denken Sie daran, dass der Daimon bereits viele Male gelebt hat – das heißt, er hat schon viele Male „das Spiel gespielt". Daher hat er Zugriff auf Informationen aus den vorherigen Spielen. Ein in den linearen Strukturen des Spiels gefangenes Eidolon deutet diese Informationen als präkognitiv. Dem Eidolon erscheint es so, als sähe es die Zukunft voraus. Tatsächlich aber erinnert es sich an die Vergangenheit. Manchmal überkommt es eine plötzliche Erkenntnis der Umstände, in denen es sich befindet. Manche Eidolons haben das Gefühl zu wissen, was als Nächstes geschieht. Dies wird als Déjà-vu oder Déja-vécu gedeutet. Dabei lichtet sich lediglich ihre Amnesie ein wenig, und sie erhalten Zugriff auf das Daimonische Bewusstsein.

Je weiter man auf dem Spektrum fortschreitet, desto umfassender wird der Zugriff auf das Daimonische. Sicher erinnern Sie sich an die japanischen TLE-Patienten, die glaubten, dieses Leben schon viele Male gelebt zu haben. Die schlichte Wahrheit lautet, dass dem tatsächlich so ist. Das Traurige ist, dass ihnen keiner geglaubt hat. Warum sollten sie auch? Was wir hier vor uns haben, ist lediglich ein weiteres Beispiel für Platons entkommenen Gefangenen.

Besonders faszinierend ist unser Übergang von einem Spiel zum anderen, und deshalb habe ich die beiden Kapitel über Autismus und Alzheimer Rücken an Rücken ans Ende dieses Buches gestellt. Denn genau so verhalten sie sich: Sie sind dieselbe „Krankheit", die aber in unterschiedlicher zeitlicher Richtung wirkt. Alzheimer tritt am Ende eines langen, wahrscheinlich erfolgreichen Spiels ein – womit ich meine, dass das Erreichen eines hohen Alters darauf schließen lässt, dass andere potenziell tödliche Situationen umgangen werden konnten – Autismus hingegen ist der Beginn eines neuen Spiels.

Das oben dargestellte Modell erklärt auch Nahtod-Erfahrungen. Es bietet dem panoramaartigen Lebensrückblick, dem Gefühl einer Verlangsamung der Zeit und der Begegnung mit dem eigenen Daimon Raum. Tatsächlich fügen sich mit einer Ausnahme alle in diesem Buch besprochenen Phänomene in ein nachvollziehbares Weltbild ein. Die einzige Situation, die nicht hineinpasst, ist die Begegnung mit offenbar empfindungsfähigen, menschlichen oder nichtmenschlichen Wesenheiten, die Betroffene auf dem Huxleyschen Spektrum regelmäßig erleben. Diese Bewohner von Magonia sind mir ein Rätsel. Sie lassen darauf schließen, dass es innerhalb des Pleromas Orte gibt, an denen alle möglichen wunderbaren und womöglich sogar gefährliche Kreaturen leben. Normalerweise schützen die Grenzen des Eidolonischen Bewusstseins das Eidolon vor solchen Begegnungen. Wenn allerdings die Pforten der Wahrnehmung geöffnet werden, können alle möglichen Wesenheiten in diese Welt gelangen.

Mich fasziniert die Übereinstimmung in den Berichten über Außerirdische und andere Wesen auf DMT-Trips, bei Begegnungen im Zusammenhang mit dem Charles-Bonnet-Syndrom und bei TLE-Aurae sowie in den Erzählungen über Feen, Elfen und andere knuddelige Wesen, welche die Kindheit mit Wundern erfüllen. Die Lage von Jacques Vallées Magonia und die Motivation seiner Bewohner sind mir ein großes Rätsel, das, wie ich hoffe, Thema eines weiteren Buches sein wird.

Bisher habe ich eher beiläufig über die neurochemischen und neurophysiologischen Förderer des Pleromas, wie ich sie verstehe, gesprochen. Ich habe behauptet, das Daimonische Bewusstsein sei in der nichtdominanten Gehirnhälfte verankert und sein Eidolonisches Gegenstück in der dominanten. Es gibt starke Indizien, welche diese These stützen, und ich halte dies immer noch für das beste Modell, das wir haben. Allerdings bin ich ebenso der Meinung, dass es eine weitere Bikameralität des Bewusstseins gibt, welche das Modell von den Hirnhemisphären abbildet oder womöglich sogar aufheben könnte. Hierauf möchte ich nun unsere Aufmerksamkeit lenken.

Die Glutamat-Connection

Über die Rolle von Glutamat im Hinblick auf Nahtod-Erfahrungen sowie seine Beteiligung an der migränebedingten Kortikalen Streudepolarisierung und bei Epilepsie haben wir bereits gesprochen. Wie ich vermute, ist Glutamat – wahrscheinlich der faszinierendste Neurotransmitter überhaupt – der wichtigste Förderer meines Huxleyschen Spektrums.

Fachlich gesprochen, ist Glutamat das Monoamid der Glutaminsäure. Es ist die einzige Aminosäure, welche die Blut-Hirn-Schranke leicht passieren kann. Zusammen mit der Glutaminsäure ist es für etwa achtzig Prozent des Aminostickstoffs im Hirngewebe verantwortlich. Die großen Neuronen in der Hirnrinde nutzen überwiegend Glutamat als Neurotransmitter. Glutamat ist der wichtigste Botenstoff in den Temporal- und Frontallappen und ausschlaggebend für die Funktion des Hippocampus. Es spielt eine entscheidende Rolle für die Prozesse, an denen die Großhirnrinde beteiligt ist, darunter Denken, Gedächtnisbildung und Erinnerung; außerdem ist es unabdingbar für die Wahrnehmung.

Glutamat wurde zusammen mit drei weiteren Aminosäuren (Aspartat, GABA und Glyzin) entdeckt. Diese vier organischen Verbindungen wurden in hoher Konzentration in allen Zellen und Organen gefunden, und es war klar, dass sie an sehr vielen Stoffwechselvorgängen beteiligt sind. Da Glutamat bei Säugetieren an praktisch allen Hirnfunktionen beteiligt ist, wurde es außerdem spekulativ als wichtigster Baustoff der „Ursuppe“ bezeichnet, in der das Leben auf Erden vermutlich entstanden ist. Glutamat ist im Wesentlichen die gleiche Substanz, die besonders in der asiatischen Küche Speisen aromatisiert. Es ist sowohl Neurotransmitter als auch Vorläufer des hemmenden Botenstoffes Gamma-Aminobuttersäure (GABA). Da es außerdem noch eine Reihe weiterer Aufgaben hat, lässt sich unmöglich sagen, welche es gerade erfüllt, wenn es in einer Synapse gefunden wird.

Glutamat könnte auch bei einem weiteren Element des Huxleyschen Spektrums eine Rolle spielen, bei der Schizophrenie. Es wurde entdeckt, dass der dorsolaterale präfrontale Cortex (DLPFC) im schizophrenen Gehirn eine Stelle wichtiger Veränderungen ist. Der DLPFC besteht hauptsächlich aus Pyramidenzellen, und diese nutzen Glutamat als Botenstoff. Die vermutete Verbindung zwischen Glutamat und Schizophrenie wurde auch dadurch weiter untermauert, dass eine im einschlägigen Sprachgebrauch als „Angel Dust“ (Engelsstaub) bezeichnete Droge (Phencyclidin) bei ansonsten normalen Menschen schizophrenieartige Psychosen auslösen kann. Sie tut dies durch Einwirkung auf die Glutamat-Rezeptoren und erzeugt dadurch ein Gefühl der Euphorie, verbunden mit Halluzinationen und Paranoia. Vorgeschlagen wurde außerdem, dass Glutamat und Dopamin bei der Erzeugung schizophrenieähnlicher Symptome in gewisser Weise zusammenarbeiten und dabei die Pforten der Wahrnehmung öffnen. Dies würde sicherlich erklären, warum Phencyclidin derart effektiv schizophreniehaftes Verhalten auslöst.[20]

Glutamat hat die merkwürdige Eigenheit, mit Gliazellen oder Gliozyten zu interagieren, Hirnzellen, über die man bis heute noch relativ wenig weiß, die die Anzahl der Neuronen aber mindestens um den Faktor zehn übertreffen. Im menschlichen Gehirn gibt es etwa hundert Milliarden Neuronen und daher also eine Billion Gliazellen. Zusammen machen sie etwa neunzig Prozent des Gehirns aus (daher kommt auch die vieldiskutierte Vorstellung, wir nutzten nur zehn Prozent unseres Gehirns). Im Gegensatz zu den Neuronen fehlen den Gliazellen Axone und Dendriten, und sie sind nicht unmittelbar an der synaptischen Signalübertragung beteiligt: Sie galten lediglich als der Leim, der das Gehirn zusammenhält. Tatsächlich leitet sich ihre Bezeichnung vom Griechischen *glia* für „Leim“ ab.

Faktisch betrachtete man sie als bloße Isolierschicht für die viel wichtigeren Neuronen. Mindestens sieben Gliazell-Typen wurden beobachtet: Schwann-Zellen, Müller-Zellen, Ependymglia, Oligodendrozyten, Tanyzyten, Mikrogliazellen und Astrozyten. Darunter sind die Astrozyten die häufigsten; sie wurden überdies nur in Gehirn und Rückenmark beobachtet. Viele haben ein sternförmiges Aussehen, daher der Namensbestandteil „Astro".

1963 beschlossen Stephen Kuffler und David Potter von der Harvard Medical School, die Vorstellung, bei Gliazellen handele es sich um Isolatoren für Neuronen, einem Test zu unterziehen. Sie entnahmen dem Gehirn eines Blutegels einige Astrozyten und fügten diesen Kalium hinzu. So entdeckten sie, dass die Zellen auf das Kalium insofern ähnlich reagierten wie Neuronen, als sie elektrisches Potenzial zeigten.[21] Diese Ergebnisse überraschten viele Neurologen und waren der Beginn der Forschung über diese bis dahin vernachlässigten Elemente des Gehirns. Es wurde entdeckt, dass Zahl und Größe der Astrozyten in der Hirnrinde zunehmen, je höher man auf der Evolutionsleiter steigt. Menschen haben von allen Tieren die meisten und größten Astrozyten. Dies ließ darauf schließen, dass Astrozyten in gewisser Weise an vermehrter Intelligenz und der Entwicklung eines seiner selbst bewussten Bewusstseins beteiligt sind. Daher war es nicht weiter verwunderlich, dass ein Team an der Yale School of Medicine 1989 entdeckte, dass Astrozyten miteinander kommunizieren und Informationen an Neuronen übermitteln können.[22] Dies ist eine wichtige Entdeckung. Sie legt nahe, dass Gliazellen über das gesamte Hirn hinweg ein eigenes, exklusives Kommunikationssystem haben; und dieses Zellnetz enthält mindestens zehnmal so viele Zellen wie das neuronale Netzwerk. Manche haben es als das „zweite Gehirn" bezeichnet. Gliazellen haben keine Synapsen, aber sie haben Verbindungsstellen, die als „gap junctions" bezeichnet werden. Hier funktioniert die Übertragung elektrisch statt chemisch, nämlich durch die Ausschüttung von Kalzium-Ionen. Dies ist eine wesentlich effektivere Methode der Zellkommunikation als der synaptische Prozess zwischen den Neuronen. Astrozyten verbinden sich und erzeugen so eine „interzelluläre Kalziumwelle" (ICW, nach dem englischen „intercellular calcium wave)[23] als Trägerin von Informationen, die sich von der Quelle in alle Richtungen ausbreitet. Diese Kommunikationsform könnte eines der großen neurowissenschaftlichen Rätsel lösen, das sogenannte „Bindungsproblem". Wir haben die Frage bereits an früherer Stelle gestreift: Wie kommt im Gehirn alles zusammen, um die Illusion der Gleichzeitigkeit zu erzeugen, wenn Informationen aus vielen Quellen und mit unterschiedlicher Geschwindigkeit empfangen werden? Wir nehmen sensorische Informationen als „jetzt" geschehend wahr und haben dabei das Gefühl, selbst der Mittelpunkt und eine Einheit zu sein. Könnte es sein, dass die Astrozyten dieses Einheitsempfinden erzeugen? Dies ist offenbar zumindest die Meinung der brasilianischen Biologen Alfredo Pereira jun. und Fábio Augusto Furlan. Sie beschreiben das „Astroglia"-Netzwerk als „Master-Hub", der bewusste Zustände zu einem Ganzen integriert, indem er Verarbeitungsprozesse aus verschiedenen Teilen des Hirns zusammenfügt.[24]

Signifikant ist, dass Glutamat der für die Ausschüttung von Kalzium-Ionen verantwortliche Neurotransmitter ist. Entdeckt wurde außerdem, dass Astrozyten die Durchblutung des Gehirns steuern und das Blut dabei in die an der Hirnaktivität beteiligten Areale lenken. Lesen Sie statt „Hirnaktivität" „Denken" und „bewusste Wahrnehmung".

In seinem Buch *The Root of Thought*[25] behauptet der Neurowissenschaftler Andrew Koob, Gliazellen und Kalziumwellen seien unmittelbar für das Denken verantwortlich. Koob faszinieren die Erzeugung von Bildern im Traum und in Phasen des Reizentzugs. In einem im Oktober 2009 im *Scientific American* veröffentlichten Interview stellt er folgende erstaunliche Behauptung auf:

> Wie kommt es, dass wir ohne Input von unseren Sinnen durch Neuronen derart lebhafte Gedanken haben? Wie kommt es, dass wir, wenn wir tief in Gedanken versunken sind, anscheinend alles um uns herum ausblenden? Gemäß dieser Theorie sind Neuronen an unsere Muskeltätigkeit und unsere äußeren Sinne gebunden. Wir wissen, dass Astrozyten Neuronen auf diese Information abklopfen. In ähnlicher Weise können sie Neuronen zum Feuern an-

> regen. Astrozyten regulieren daher das Neuronenverhalten. Dies könnte bedeuten, dass Kalziumwellen in Astrozyten unser denkender Geist sind. Neuronale Aktivität ohne Verarbeitung durch Astrozyten ist ein einfacher Reflex; alles Kompliziertere könnte eine Verarbeitung durch Astrozyten erfordern. Dass Menschen die meisten und größten Astrozyten aller Tiere haben, verleiht dieser Spekulation weitere Glaubwürdigkeit.[26]

Dieser Spekulation möchte ich hinzufügen, dass wir, wenn wir von Bildern sprechen, die in Träumen oder in Phasen des Reizentzugs erzeugt werden, in Wirklichkeit Halluzinationen meinen. Davon ausgehend, kann man weiter vorschlagen, dass Halluzinationen jeglicher Art – die sämtlich unter Koobs Beschreibung von geistiger Aktivität „ohne Input von unseren Sinnen" fallen – durch einen glutamatstimulierten Ionenaustausch unter Astrozyten ermöglicht werden. Dies lässt wiederum darauf schließen, dass Glutamat der neurochemische Vermittler von Bewusstsein sein könnte, der Prozessor, der den Gliazellen hilft, Bewusstsein aus dem Pleroma herunterzuladen.

Als potenziell signifikant fällt mir hier besonders die Doppelwirkung von Glutamat auf. Es ist sowohl für die Kortikale Streudepolarisierung, die sich über die neuronalen Netzwerke verbreitet, als auch für die interzellulären Kalziumwellen verantwortlich, die in der Kommunikation innerhalb des astroglialen Netzwerks eine ähnliche Funktion erfüllen. Könnte es sein, dass es sich hierbei um zwei getrennte Bewusstseinsbereiche handelt, die im menschlichen Gehirn parallel vorhanden sind? Wenn dies zutrifft, dann hat das vom astroglialen Netzwerk erzeugte Bewusstsein mindestens die zehnfache Verarbeitungsleistung des neuronalen Netzwerks. Könnte Ersteres der Ursprung des Daimonischen Bewusstseins und Letzteres für das Eidolonische Bewusstsein verantwortlich sein? Und könnte der zufällige Zugriff des Eidolonischen Bewusstseins auf die Informationsverarbeitungskapazität des astroglialen Netzwerks flüchtige Einblicke ins Pleroma eröffnen?

Ich möchte vorschlagen, dass das astrogliale Netzwerk das neurologische Äquivalent zu dunkler Materie bzw. dunkler Energie und

Junk-DNS (nichtkodierende Abschnitte auf der DNS) ist – den drei geheimnisvollen Substanzen, die in den letzten Jahren ein hohes Maß an Spekulationen ausgelöst haben.

Dunkle Materie wurde als Erklärung für eine erhebliche Anomalie in den Funktionen des Universums vorgeschlagen. Schon seit die Vorstellung vom Urknall als Erklärung für die Ausdehnung des Universums herhalten muss, hat man angenommen, dass die Ausdehnungsgeschwindigkeit sich verlangsamt. Wie bei allen Explosionen gilt auch hier: Je weiter das bei der Explosion ausgeworfene Material zeitlich vom Ursprung entfernt ist, desto langsamer bewegt es sich davon weg. 1998 entdeckte jedoch das Hubble-Teleskop bei der Beobachtung sehr weit entfernter Supernovae, dass das Universum sich vor vielen Milliarden Jahren langsamer ausgedehnt hat als heute. Diese Entdeckung kam völlig unerwartet. Die einzige Erklärung konnte lauten, dass das Universum zu etwa achtundsechzig Prozent aus einer vollkommen unbekannten Form von Energie besteht. Weil sie mit unseren heutigen Messgeräten offenbar nicht zu entdecken ist, wird sie als „dunkle Energie“ bezeichnet. Zu weiteren siebenundzwanzig Prozent besteht es aus einer ähnlich schlecht entdeckbaren Form vom Materie. Wenig überraschend wird diese als „dunkle Materie“ bezeichnet. Faktisch bedeutet dies, dass alles, was wir mit unseren Sinnen und unseren besten Entdeckungsgeräten beobachten können, etwa fünf Prozent dessen ausmacht, was tatsächlich da ist. Ein Kandidat für die dunkle Energie ist das bereits von mir angesprochene Nullpunktfeld.

Die DNS (Desoxyribonukleinsäure) ist ein Molekül, das alle genetischen Anweisungen zum Bau eines lebendigen Organismus enthält. Sie speichert biologische Informationen in einer Reihe von Codes. Weniger bekannt ist im Allgemeinen allerdings, dass nur zwei Prozent der DNS tatsächlich einen Code enthalten. Die übrigen achtundneunzig Prozent werden fachsprachlich als „nichtkodierende DNS“ bezeichnet. Die moderne Wissenschaft hat keine Ahnung, welche Rolle diese nichtkodierende DNS erfüllt. Ihre scheinbare Nutzlosigkeit spiegelt sich in dem Begriff Junk- oder Müll-DNS.

Seit Jahrhunderten wenden die Verfechter eines materialistischen Reduktionismus das „Sparsamkeitsprinzip“ an, wie es durch William von Ockhams vielzitiertes Diktum definiert wird: „Wesenheiten dürfen nicht über das Notwendige hinaus vermehrt werden.“ Einfach ausgedrückt empfiehlt dies, dass unter widerstreitenden Hypothesen diejenige mit den wenigsten Vermutungen am zuverlässigsten zutrifft. Lange galt dies als ein Abbild der Arbeitsweise der Natur – getreu Galileo Galileis berühmten Worten, wonach „die Natur die Dinge nicht ohne Not vermehrt, ... sich der leichtesten und einfachsten Mittel bedient, um ihre Wirkungen hervorzubringen [und] nichts vergeblich tut“.[27] Diese Vorstellung wurde ein paar Jahre später auch von Isaak Newton unterstützt, der in seinen *Principia Mathematica* 1687 feststellte: „Die Natur erfreut sich der Einfachheit, sie bedarf nicht des Scheinglanzes überflüssiger Gründe.“

Daher stellt sich die Frage: Warum erschafft eine scheinbar sparsame Natur solche enormen Mengen unnötiger und scheinbar nutzloser DNS? Wenn nur zwei Prozent von irgendetwas von Nutzen sind, dann ist dies meiner Meinung nach das komplette Gegenteil von Sparsamkeit. Dieselbe Logik ist auch auf dunkle Energie und dunkle Materie anwendbar. Wenn unser Universum tiefe Signifikanz besitzt, warum ist dann alles, was wir beobachten und wahrnehmen können, nur fünf Prozent dessen, was es tatsächlich gibt? Sind die fünfundneunzig Prozent ähnlich überflüssig? Und wenn ja, warum hat die Natur sie dann erschaffen?

Das Rätsel um das astrogliale Netzwerk im Gehirn ist ähnlicher Art. Warum sollte sich die Evolution die Mühe einer so riesigen Anzahl nutzloser Zellen in einem Gehirn machen, das dafür deutlich mehr Platz im Schädel braucht? Warum an der Hirnrindenoberfläche Furchen und Windungen entwickeln, wenn der zusätzliche Platz vor Millionen Jahren einfach durch Weglassen eines scheinbar nutzlosen astroglialen Netzwerks hätte gewonnen werden können?

Der materialistische Reduktionismus war ein wunderbares Instrument, das der Menschheit geholfen hat, ihre Umwelt zu gestalten und die Wunder der modernen Technik zu schaffen. Die Newtonsche Wissenschaft und ihr mächtiges Kind, die Quantenmechanik, haben ein

Verständnismodell geschaffen, welches die meisten Vorgänge in der konsensuellen, unseren kollektiven Sinnen zugänglichen Realität wirksam erklären kann. Wir haben heute Teleskope, die unsere Wahrnehmung bis an den Rand des Universums ausdehnen und Mikroskope, die uns einzelne Atome zeigen können. Bis auf einige wenige Prozent können wir die Funktionsweise unserer konsensuellen Realität vollständig verstehen. Doch genau hier liegt das Problem. Unsere konsensuelle Realität ist offenbar nur ein winziger Teil eines wesentlich größeren Universums, von dessen Funktionsweisen wir praktisch nichts wissen. Dunkle Materie, dunkle Energie in der Kosmologie sowie das astrogliale Netzwerk in Neurologie und Bewusstsein … diese Dinge haben uns flüchtige Einblicke ins Pleroma gewährt. Jetzt ist es an der Zeit, die Pforten der Wahrnehmung zu öffnen und einen ersten Blick auf das wahre Universum zu werfen.

In meinem Buch *The Infinite Mindfield* verweise ich auf eine Geschichte, die der israelische Psychologe Benny Shanon über den Sitz des letzten großen Geheimnisses erzählt hat. Bitte verzeihen Sie, wenn ich sie hier wiederhole, doch mir erscheint sie für dieses Buch ebenso passend wie für jenes.

Auf einer seiner vielen Reisen nach Lateinamerika begegnete Shanon tief im Amazonas-Dschungel einem indigenen Eisverkäufer. Aus dieser unwahrscheinlichsten aller Quellen hörte Shanon einen verbreiteten Mythos, der auch dessen Volk bekannt war. Der Eisverkäufer erklärte:

> Gott wollte seine Geheimnisse an einem sicheren Ort verwahren. „Soll ich sie auf den Mond legen?“, überlegte er. „Aber die Menschen könnten eines Tages dorthin gelangen, und es könnte sein, dass diejenigen, die dort ankommen, des geheimen Wissens nicht würdig sind. Vielleicht sollte ich sie in den Tiefen der Meere verbergen.“ Gott erwog dies als weitere Möglichkeit. Doch er verwarf auch diese aus demselben Grund. Dann fiel ihm die Lösung ein: „Ich werde meine Geheimnisse tief ins Innerste des menschlichen Geistes legen. So werden nur diejenigen an sie gelangen können, die dies wirklich verdienen.“[28]

Meiner bescheidenen Meinung nach liegt das nächste große wissenschaftliche Neuland nicht im Welt- sondern im Innenraum. Wir werden die Grenzen unserer gegenwärtigen konsensuellen Realität durchbrechen und dabei die ersten tastenden Schritte zur Erschaffung einer neuen Wissenschaft tun, welche die Wunder des Pleroma erklärt. Doch dazu müssen wir zunächst die Pforten der Wahrnehmung ein wenig weiter öffnen.

QUELLENANGABEN

Einführung

1 Osmond, H. und Smythies, J.; „Schizophrenia: A New Approach", *Journal of Mental Science* 1952, April, 98 (411), S. 309-315.

2 Huxley, A.; „A Treatise on Drugs", *Chicago Herald and Examiner*, 10. Oktober 1931; deutsch: „Eine Abhandlung über Drogen" in *Moksha: auf der Suche nach der Wunderdroge*, hrsg. von Michael Horowitz und Cynthia Palmer, aus dem Englischen von Kyra Stromberg, Piper 1983, S. 18.

3 Brief von Humphry Osmond an Aldous Huxley, zitiert in Michael Horowitz und Cynthia Palmer (Hrsg.), *Moksha: Writings on Psychedelics and the Visionary Experience (1931-1963)*, Stonehill Publishing New York, S. 31; in der deutschen Ausgabe *Moksha: auf der Suche nach der Wunderdroge*, fehlen der Brief von Huxley an Osmond mit der entsprechenden Bitte und der Einleitungstext zu Osmonds Bericht über Huxleys Drogenexperiment (Anm. d. Ü.).

4 Huxley, A.; Brief an Humphry Osmond vom 10. April 1953, zitiert in *Moksha*, S. 31; deutsch: in *Moksha: auf der Suche nach der Wunderdroge*, S. 45.

5 Huxley, A.; Brief an Harold Raymond vom 21. Juni 1953, zitiert in *Moksha*, S. 42; deutsch: in *Moksha: auf der Suche nach der Wunderdroge*, S. 59.

6 Huxley, A., *The Doors of Perception*, Chatto & Windus, London 1954, Random House 2010, S. 8; deutsch: „Die Pforten der Wahrnehmung" in *Die Pforten der Wahrnehmung – Himmel und Hölle*, aus dem Englischen von Herberth E. Herlitschka, Piper 2015, S. 19-20.

7 Carhart-Harris, R. L.; Eritzoe, D.; Williams, T. et al.; „Neural correlates of the psychedelic state as determined by fMRI studies with psilocybin" in *Proceedings of the National Academy of Sciences*, 7. Februar 2012, 109 (6), S. 2138-2143, DOI: https://dx.doi.org/10.1073%2Fpnas.1119598109.

Teil Eins: Der Schlüssel
Kapitel Eins: Halluzinationen

1 Hameroff, S. R. und Penrose, R.; *Orchestrated Reduction of Quantum Coherence in Brain Micro-tubules: A Model for Consciousness*, MIT-Press 1996.

2 Emerson, D. J.; Weiser, B. P.; Psonis, J. et al.; „Direct Modulation of Microtubule Stability Contributes to Anthracene General Anesthesia", *Journal of the American Chemical Society*, 10. April 2013, 135 (4), S. 5389-5398.

3 Roland, P. E. und Gulyas, B.; „Visual imagery and visual representation", *Trends in Neuroscience*, 17 (7), S. 281-286, 1994.

4 Kosslyn, S. M. und Ochsner, K. N.; „In search of occipital activation during visual mental imagery", *Trends in Neuroscience* 17 (7), S. 290-291, 1994.

5 Gregory, Richard L. (Hrsg.), *The Oxford Companion to the Mind*, Oxford University Press 1998, S. 299.

6 Ramachandran, V. S. und Blakeslee, S.; *Phantoms in the Brain: Human Nature and the Architecture of the Mind*, Fourth Estate 1998, S. 107; deutsch: *Die blinde Frau, die sehen kann: rätselhafte Phänomene unseres Bewusstseins*, aus dem Englischen von Hainer Kober, Rowohlt 2001.
7 Green, C. und McCreery, C.; *Apparitions*, Hamish Hamilton, 1975.
8 McCreery, C., *Perception and Hallucination: The Case for Continuity*, Oxford Forum 2006, S. 9.
9 Bostrom, N., „Are You Living in a Computer Simulation?", *Philosophical Quarterly* 2003, vol 53, Nr. 211, S. 243-255.
10 Russell, B.; *Human Knowledge: Its Scope and Limits*, Routledge 2009, S. 186; deutsch: *Das menschliche Wissen*, aus dem Englischen von Werner Bloch, Holle 1952.
11 Carhart-Harris, R. L.; Eritzoe, D.; Williams, T. et al.; „Neural correlates of the psychedelic state as determined by fMRI studies with psilocybin", in *Proceedings of the National Academy of Sciences*, 7. Februar 2012, 109 (6), S. 2138-2143, DOI: https://dx.doi.org/10.1073%2Fpnas.1119598109.
12 Monroe, R. R. und Heath, R. G.; „Effects of lysergic acid and varoius derivatives on depth and cortical electrograms", *Journal of Neuropsychiatry*, 1961, 3, S. 75-82.
13 Schwarz, B. E.; Sem-Jacobsen, C. W. und Peterson, M. C.; „Effects of mescaline, LSD-25, and andrenochrome on depth electrograms in man", *AMA Archives of Neurology and Psychiatry*, 1956, 75 (6), S. 579-587.
14 Carhart-Harris, R. L.; Nutt, D.; „Was it vision or a waking dream?", *Consciousness Research*, 2-14, 5, 255.
15 Megavand, P.; Groppe, D. M.; Goldfinger, M. S. et al.; „Seeing Scenes: Topographic visual hallucinations evoked by direct electrical stimulation of the parahippocampal place area", *Journal of Neuroscience*, April 2014, 34 (16), S. 5399-5405.
16 Ruoho, A. et al.; „The Hallucinogen N.N-Dimethyltryptamine (DMT) Is an Endogenous Sigma-1-Receptor Regulator", *Science*, 13. Februar 2009, 323 (5916), S. 934-937.
17 Cozzi, Nicholas V. et al.; „Indolethylamine N-methyltransferase expression in primate nervous tissue", *Society for Neuroscience* abstract, 2011, 37, 840, 19.
18 http://cottonwoodresearch.org/dmt-pineal-2013/, abgerufen am 4. April 2017.
19 Barker, S. A.; Borjigin, J.; Lomnicka, I. und Strassman, R.; „LC/MS/MS Analysis of the endogenous dimethyltryptamine hallucinogens, their precursors and major metabolites in rat pineal gland microdialysate", *Biomedical Chromatography*, 2013, 27 (12), S. 1690-1700.
20 Peake, A.; *The Daemon: A Guide to Your Extraordinary Secret Self*, Arcturus 2008, S. 277-278.

Kapitel Zwei: Zufallsreisende

1 Persinger, M. A., „Religious and mystical experiences as artifacts of temporal lobe function: a general hypothesis", *Perceptual and Motor Skills*, 1983, 57, S. 1255-1262.
2 Horowitz, M. J. und Adams, J. E.; „Hallucinations on Brain Stimulation: Evidence for Revision of the Penfield Hypothesis" in W. Keup (Hrsg.), *Origin and Mechanisms of Hallucinations*, Plenum Press 1970, S. 13-22.
3 Gloor, P.; „Temporal Lobe Epilepsy: Its Possible Contribution to the Understanding of the Significance of the Amygdala and of its Interaction with Neocortical-

Temporal Mechanisms“ in B. E. Eleftheriou (Hrsg.), *The Neurobiology of the Amygdala*, Plenum Press 1972, S. 423-457.
4 Persinger, M. A.; „Vectorial cerebral hermisphericity as differential sources for the sensed presence, mystical experiences and religious conversions“, *Perceptual and Motor Skills*, 1993, 76 (3 Pt. 1), S. 915-930.
5 Persinger, M. A. und Healey, F.; „Experimental Facilitation of the Sensed Presence“, *Journal of Nervous and Mental Diseases*, 2002, S. 533-541.
6 http://www.innerworlds.50megs.com/God_Helmet/god_helmet.htm, abgerufen am 5. April 2017.
7 Strassman, R.; *DMT: The Spirit Molecule*, Inner Traditions 2001, S. 224; deutsch: *DMT - das Molekül des Bewusstseins: zur Biologie von Nahtod-Erfahrungen und mystischen Erlebnissen*, aus dem Englischen von Gunther Seipel, AT-Verlag 2004, S. 303.
8 Gysin, Brion; Tagebucheintrag vom 21. Dezember 1958, zitiert in Brion Gysin und Terry Wilson, *Here To Go: Planet R101*, RE/Search Publications 1982.
9 Walter, W. G.; *The Living Brain*, W. W. Norton & Co. 1963, Penguin Harmondsworth 1968; deutsch: *Das lebende Gehirn: Entwicklung und Funktion,* aus dem Englischen von Gertrud Walther, Kiepenheuer & Witsch 1961.
10 Gysin, B. in einem Interview von Jon Savage aus Vale, V. und Juno, Andrea (Hrsg.), *William S. Burroughs, Brion Gysin, Throbbing Gristle*; *Re/Search # 4/5*, San Francisco 1982.
11 Sacks, O.; *Migraine*, University of California Press 1970; Picador 1993, S. 28; deutsch: *Migräne*, aus dem Englischen von Jutta Schust, überarbeitete und erweiterte Fassung, Rowohlt 1994.
12 http://www.migraine-aura.com, abgerufen am 5. April 2017. Informationen und Beispiele für Formen der Aura auf Deutsch finden Sie auf https://www.migraeneliga.de Amn. d. Ü.)

Teil Zwei: An der Pforte
Kapitel Drei: Migräne

1 Moskowitz, M. A.; Henrikson, B. M.; Markowiz, S.; Saito, K.; „Intra- and extracraniovascular nociceptive mechanisms and the pathogenesis of head pain“ in Olesen, J. und Edvinsson, L. (Hrsg.), *Basic Mechanisms of Headache*, Elsevier 1988, S. 429-437.
2 Leão, A. A. P.; „Spreading depression of activity in the cerebral cortex“, *Journal of Neurophysiology* 1944, 7, S. 359-390.
3 Olney, J. W. et al.; „Excito-toxic mechanisms of epileptic brain damage“, *Advances in Neurology* 1986, 44, S. 857.
4 Mody, I. und Heinemann, U.; „NMDA receptors of dentate gyrus granule cells participate in synaptic transmission following kindling“, *Nature* 1987, 326, S. 701-703.
5 Antila, V.; Stefansson, H.; Kallela, M.; Todt, U.; Terwindt, G. M. et al.; „Towards an understanding of genetic predisposition to migraine“, *Nature Genetics* 2010, 42, S. 869-873.
6 Lippman, C. W.; „Certain hallucinations peculiar to migraine“, *Journal of Nervous and Mental Disease,* 1952, 116, S. 346-351.
7 Lippman, C. W.; „Certain hallucinations peculiar to migraine“, *Journal of Nervous and Mental Disease,* 1952, 116, S. 348.
8 Lippman, C. W.; „Recurring dreams in migraine: an aid to diagnosis“, *Journal of Nervous and Mental Disease,* 1954, 120, S. 273-276.

9 Lippman, C. W.; „Hallucinations in migraine", *American Journal of Psychiatry*, 107 (11), S. 856.
10 Ebendort.
11 Ebendort.
12 Podoll, K.; Töpper, R.; Robinson, D. und Saß, H., „Wiederkehrende Träume als Aurasymptome der Migräne", *Fortschritte der Neurologie-Psychiatrie*, 2000, 68 (4), S. 145-149.
13 Irwin, H. J.; „Out-of-the-body experiences and dream lucidity: empirical perspectives", in J. Gackenbach und S. LaBerge (Hrsg.), *Conscious Mind, Sleeping Brain: Perspectives on Lucid Dreaming*, Plenum Press 1988, S. 67.
14 Jackson, J. H.; „Hospital for the epileptic and paralyzed: case illustrating the relation between certain types of migraine and epilepsy", 1985, *Lancet* 2, S. 244-245.
15 Pace, B. Pm., „JAMA 100 years ago: migraine and epilepsy", *Journal of the American Medical Association* 1998, 279, S. 1126.
16 Andermann, F.; „Clinical features of migraine-epilepsy syndrome" in Andermann, F. und Lugaresi, E. (Hrsg.), *Migraine and Epilepsy*, Butterworth 1987, S. 3-30.
17 Ebendort S. 30.
18 Anderman, F.; „Migraine-epilepsy relationships", *Epilepsy Research* 1987, 1 (4), S. 213-226.
19 Marks, D. A. und Ehrenberg, B. L.; „Migraine-related seizures in adults with epilepsy, with EEG correlation", *Neurology* 1993, 3, 43 (12), S. 2476-2483.
20 Ottman, R. und Lipton, R. B.; „Comorbidity of migraine and epilepsy", *Neurology*, November 1994, 44 (11), S. 2105-2110.
21 Velioglu, S. K.; Boz, C; Ozmeonglu, M.; „The impact of migraine on epilepsy: a prospective prognosis study", *Cephalalgia* 2005, 25 (7), S. 528-535.
22 Ludvigsson, P.; Hessdorffer, D.; Olafsson, E.; Kjartansson, O. und Hauser, W. A.; „Migraine with aura is a risk factor for unprovoked seizures in children", *Annals of Neurology* 2006, 59, S. 210-213.
23 http://cep.sagepub.com/content/33/9/629.full.pdf+html, abgerufen am 11.April 2017.
24 Ito, M.; Adachi, N.; Nakamura, F. et al., „Characteristics of postictal headache in patients with partial epilepsy", *Cephalalgia* 2004, 24(1), S. 23-28.
25 Gaustaut, H.; „A new type of epilepsy: benign partial epilepsy of childhood with occipital spike-waves", *Clinical Electroencephalography*, Jan. 1982, S. 13-22.
26 http://www.ihs-klassifikation.de/de/02_klassifikation/03_teil2/07.06.00_nonvascular.html, abgerufen am 24. Mai 2017, Anm. d. Ü.
27 Barre, M.; Hamelin, S.; Minotti, L.; Kahane, P. und Vercuil, L.; „Epileptic seizures and migraine visual aura: revisiting migralepsy", *Revue Neurologique*, Paris, Mar 2007, 164 (3), S. 246-252.
28 Wei, Y.; Ullah, G. und Schiff J. S.; „Unification of Neuronal Spikes, Seizures and Spreading Depression", *Journal of Neuroscience* 2014, 34 (35): 11733 DOI: 10.1523/JNEUROSCI.0516-14.2014.

Kapitel Vier: Temporallappen-Epilepsie

1 Evans, M.; *A Ray of Darkness*, John Calder 1978.
2 Ebendort, S. 154.
3 Ebendort.
4 Evans, M.; *Turf or Stone*, Parthian Books 2011, S. 38.
5 Ebendort, S. 124.

6 Evans, M.; *A Ray of Darkness*, John Calder 1978, S. 38.
7 Ebendort, S. 178.
8 Armstrong, K.; *The Spiral Staircase*, Harper Perennial Paperback 2005, S. 74.
9 Ebendort, S. 75.
10 Ebendort, S. 205.
11 https://www.youtube.com/watch?v=vs0hfhSje9M, abgerufen am 12. April 2017.
12 Die, M.; Mizukami, K.; Suzuki, T. und Shiraishi, H.; „A case of temporal lobe epilepsy with improvement of clinical symptoms and single photon emission computed tomography findings after treatment with clonazepam", *Psychiatry and Clinical Neurosciences*, Oct. 2000, 54 (5), S. 595-597.
13 Funkhouser, A. T.; „The ‚dream' theory of the déjà-vu experience", *Parapsychological Journal of South Africa* 1983, 4, S. 107-123.
14 Brown, A. S.; „A review of the déjà-vu-experience", *Psychological Bulletin* 2003, 129, S. 394-413.
15 Pick, A.; „On reduplicative paramnesia", *Brain* 1903, 26, S. 242-267.
16 Murai, T. und Fukao, K.; „Paramnesic Multiplication of Autobiographical Memory as a Manifestation of Interictal Psychosis", *Psychopathology* 2003, S. 49-51.
17 Pethö, B.; „Chronpophrenia: A new syndrome in functional psychosis", *Psychopathology* 1985, 18, S. 174-180.
18 Ebendort, S. 177.
19 Ebendort.
20 Ebendort, S. 178.
21 Hallowell, M. J.; *Invizikids: The Curious Enigma of „Imaginary" Childhood Friends*, Heart of Albion Press 2007.
22 Dyal, M.; *The Boy Nobody Wanted*, (unveröffentlicht), S. 27.
23 Ebendort, S. 23.
24 Ebendort, S. 85.
25 Ebendort, S. 110.
26 Eliade. M.; *Shamanism: Archaic Techniques of Ecstasy*, Penguin Arkana 1989, S. 24; deutsch: *Schamanismus und archaische Ekstasetechnik*, aus dem Französischen von Inge Köck, Suhrkamp 1994, S. 34.
27 Ebendort, S. 34; deutsch: S. 44.
28 Dyal, M.; *The Boy Nobody Wanted*, (unveröffentlicht), S. 117.
29 Mellors, J. D.; Toone, B. K. und Lishman, W. A.; „A neuropsychological comparison of schizophrenia und schizophrenia-like psychosis of epilepsy", *Psychological Medicine* 2000, 30(2), S. 325.
30 Kraepelin, E.; *Psychiatrie: Ein Lehrbuch für Studierende und Ärzte*, Band II, Achte, vollständig umgearbeitete Auflage, Barth, Leipzig 1910, https://archive.org/details/b21295967_0002, abgerufen am 18. April 2017.
31 Kraepelin, E.; *Dementia Praecox and Paraphrenia*, E. & S. Livingstone 1919, S. 274. Der Band ist die Übersetzung von Kraepelin, E. „IX. Die endogenen Verblödungen: A. Die Dementia praecox, B. Die paranoiden Verblödungen (Paraphrenien)" aus (ders.) *Psychiatrie: Ein Lehrbuch für Studierende und Ärzte*, Achte, vollständig umgearbeitete Auflage, Band III, Teil II, Barth, Leipzig 1913, https://archive.org/details/b21295967_0003, abgerufen am 18. April 2017. Das Zitat steht auf S. 964.
32 Gibbs, F. A. und Gibbs, E. L.; *Atlas of Electroencephalography*, Addison-Wesley, 1952, S. 167-169.

33 Hill, D.; „EEG in episodic psychotic and psychopathic behaviour: a classification of data“ *Electroencephalography and Clinical Neurophysiology* 1952, Vol. 4, issue 4, S. 419-442.

34 Slater, E.; Beard, A. W. und Glithero, E., „The schizophrenia-like psychosis of epilepsy“, *The British Journal of Psychiatry* 1963, 109, S. 95-150.

Kapitel Fünf: Schizophrenie

1 McGrath, M. E.; *Schizophrenia Bulletin* 1984, edn. 10, S. 638-640.

2 Gottesman, I. I.; *Schizophrenia Genesis*, W. H. Freeman & Co. 1991, S. 43; deutsch: *Schizophrenie: Ursachen, Diagnosen und Verlaufsformen*, aus dem Amerikanischen von Gabriele Herbst. Deutsche Übersetzung herausgegeben und mit einem Vorwort versehen von Gerd Huber, Spektrum 1993.

3 Ebendort.

4 McDonald, N.; „Living With Schizophrenia“ in Goleman, D. und Davidson, R. J. (Hrsg.); *Consciousness, Brain, States of Awareness and Mysticism*, Harper Row 1979.

5 Ferguson, M.; *The Brain Revolution*, Taplinger Pub. Co., 1973, S. 226; deutsch: *Die Revolution der Gehirnforschung: Geheimnisse und Gefahren*, aus dem Englischen von Hainer Kober, Walter 1981.

6 McCreery, C.; *Dreams and Psychosis*, Oxford Forum, 2008.

7 Robbins, P. R.; *The Psychology of Dreams*, McFarland and Co. 1988.

8 Oswald, I.; „Experimental studies of rhythm, anxiety and cerebral vigilance“, *Journal of Mental Science* 1959, 105, S. 269.

9 Stevens, J. M. und Darbyshire, A. J.; „Shifts along the alert-repose continuum during remission of catatonic ‚stupor‘ with amobarbital“, *Psychosomatic Medicine* 1958, 20, S. 99-107.

10 Douaud, G.; Groves, A. R.; Tamnes, C. K.; Westlye, L. T.; Duff, E. P. et al.; „A brain network links developing, ageing and vulnerability to disease“, *Proceedings of the National Academy of Sciences (PNAS)*, Dez. 2004, Vol. 111, Nr. 49, S. 17648-53.

Kapitel Sechs: Alzheimer

1 Bickerstaff, E. R., „Basilar Artery Migraine“, *The Lancet*, Vol. 277, No. 7167, S. 15–17. ## hier gefunden: http://www.sciencedirect.com/science/article/pii/S0140673661921845?_rdoc=1&_fmt=high&_origin=gateway&_docanchor=&md5=b8429449ccfc9c30159a5f9aeaa92ffb&ccp=y, AO ##

2 http://www.northerneye.co.uk/more-info/lost-in-lilliput, abgerufen am 20. April 2017.

3 Sacks, O.; *Hallucinations*, Picador 2012, S. 6; deutsch: *Drachen, Doppelgänger und Dämonen: über Menschen mit Halluzinationen,* aus dem Englischen von Hainer Kober, Rowohlt 2013.

4 Ebendort.

5 Ebendort, Anmerkung 10.

6 Ebendort, Anm. 12.

7 Ebendort, S. 20.

8 Ebendort, S. 27.

9 Bensimon, G. und Chermat, R.; „Microtubule disruption and cognitive defects: effect of colchicine on learning behavior in rats“, *Pharmacology, Biochemistry and Behavior* 1991, 38, S. 141-145.

10 James, F. F. und Dennis, W. L.; „Long-term memory: disruption by inhibitors of protein synthesis and cytoplasmic flow“, *Pharmacology, Biochemistry and Behavior* 1981, 15, S. 289-296.
11 Gentleman, S. M. et al.; „Quantitative differences in the deposition of beta A4 protein in the sulci and gyri of frontal and temporal isocortex in Alzheimer's disease“, *Neuroscience Letters* 1992, 136 (1), S. 27-30.
12 Chance, S. A., Tzotaoli, P. M.; Vitelli, A.; Esiri, M. M.; Crow, T. J.; „The cyto-architecture of sulcal folding in Herschl's sulcus and the temporal cortex in the normal brain and schizophrenia: lamina thickness and cell density“, *Neuroscience Letters* 2004, 367 (3), S. 384-388.
13 O'Connor, A. R.; Moulin, C. J. A. und Cohen, G.; „Memory and Consciousness“, https://research-repository.st-andrews.ac.uk/bitstream/handle/10023/1646/O_Connor_et_al_Memory_and_Consciousness_Chapter.pdf, abgerufen an 24. April 2017.
14 Moulin, C. J. A.; Conway, M. A.; Thompson, R. G.; James, N. und Jones. R. W.; „Disordered memory awareness: recollective confabulation in two cases of persistent déjà-vécu“, *Neuropsychologia* 2005, 43 (9), S. 1362-1378.
15 Reisberg, B.; „Alzheimer's disease: stages of cognitive decline“, *American Journal of Nursing* 1984, 84, S. 225.
16 Douaud, G.; Groves, A. R.; Tamnes, C. K.; Westlye, L. T.; Duff, E. P. et al.; „A brain network links developing, ageing and vulnerability to disease“, *Proceedings of the National Academy of Sciences (PNAS)*, Dez. 2004, Vol. 111, Nr. 49, S. 17648-53.

Kapitel Sieben: Autismus

1 Kanner, L. und Eisenberg, L.; „Early infantile autism 1943-1955“, *American Journal of Orthopsychiatry* 1956, 26, S. 55-65.
2 Asperger, H.; „Autistic psychopathy in childhood“, übersetzt und mit Anmerkungen versehen von Uta Frith, in Frith, U., *Autism and Asperger Syndrome*, Cambridge University Press 1991, S. 37-92. Original: „Die ‚Autistischen Psychopathen‘ im Kindesalter“, *Archiv für Psychiatrie und Nervenkrankheiten* 1944, 117, S. 76-136, http://www.neurodiversity.com/library_asperger_1944.pdf, abgerufen am 25. April 2017.
3 Kanner, L.; „Autistic Disturbances of Affective Contact“, *Nervous Child* 1943, 2, S. 175-219.
4 Asperger, H.; „Die ‚Autistischen Psychopathen‘ im Kindesalter“, *Archiv für Psychiatrie und Nervenkrankheiten* 1944, 117, S. 76-136.
5 Grandin, T.; *The Way I See It: A Personal Look at Autism and Asperger's*, Future Horizons 2008.
6 Bergam, P. und Escalona, S. K.; „Unusual sensitivities in very young children“, *Psychoanalytical Study of the Child* 1949, ¾, S. 333-352.
7 Creak, M.; „Schizophrenia syndrome in childhood: progress report of a working party“, *Cerebral Palsy Bulletin* 1961, 3, S. 501-504.
8 Wing, L.; „The handicaps of autistic children“, *Communications*, Juni 1972, S. 6-8.
9 Delacato, C.; *The Ultimate Stranger: The Autistic Child*, Academic Therapy Publications 1974; deutsch: *Der unheimliche Fremdling, das autistische Kind: ein neuer Weg zur Behandlung*, aus dem Englischen von Dr. Erper, dritte, erweiterte Auflage 1985, Hyperion 1985 (Erstausgabe Hyperion 1975).

10 Casanova, M. F.; Buxhoeveden, D. P.; Switala, A. E. und Rony, E.; „Minicolumnar pathology in autism“, *Neurology* 2002, 58, S. 28-32.
11 Casanova, M. F.; *Brains of autistic individuals*, International AWARE On-line Conference Papers 2006.
12 Courchesne, E.; „Abnormal early brain development in autism“, *Molecular Psychiatry* 2002, 7, Supplement 2, S. S21-S23.
13 Courchesne, E.; „Brain development in autism: early overgrowth followed by premature arrest of growth“, *Mental Retardation and Developmental Disabilities Research Reviews* 2004, 10, S. 106-111.
14 Casanova, M. F.; „White matter volume increase and minicolumns in autism“, *Annals of Neurology* 2004, 56, 3, S. 453.
15 Bogdashina, O.; *Sensory Perceptual Issues in Autism and Asperger's Syndrome: Different Sensory Experiences, Different Perceptual Worlds*, Jessica Kingsley 2003.
16 Williams, D.; *Autism: An Inside-Out-Approach: An Innovative Look at the Mechanics of „Autism“ and its Developmental Cousins*, Jessica Kingsley 1996.
17 Williams, D.; *Autism and Sensing: The Unlost Instinct*, Jessica Kingsley 1998.
18 Ouspensky, P. D.; *Tertium Organum*, Alfred Knopf 1981, S. 258; deutsch: *Tertium organum: Der 3. Kanon des Denkens*; ein Schlüssel zu den Rätseln der Welt, aus dem Englischen von François Grunwald, Barth 1973.
19 Moorjani, Anita; *Dying to Be Me*, Hay House 2012, S. 63; deutsch: *Heilung im Licht*, aus dem Englischen von Susanne Kahn-Ackermann, Arkana 2012, S. 93.
20 Walker. N. und Chantelle, J. (Hrsg.); *You Don't Have Words to Describe What I Experience: The Sensory Experience of Individuals With Autism Based on First Hand Accounts*, Geneva Centre 1994.
21 Williams, D.; *Like Colour to the Blind: Soul Searching and Soul Finding*, Jessica Kingsley 1999.
22 Stillman, W.; *The Autism Prophecies*, New Page Books 2010, S. 141.
23 Rawn-Joseph, R. E.; Gallagher, W. H. und Kahn, J.; „Two Brains: One Child: Interhemispheric Information Transfer Deficits and Confabulation in Children Aged 4, 7 and 10“, *Cortex* 1984, 20, S. 317-331.
24 Baron-Cohen, S.; *Autism and Asperger Syndrome*, Oxford University Press 2008, S. 2.
25 Ebendort.
26 „Perception and the Senses“, *In Our Time*, BBC Radio 4, 28. April 2005.
27 Grandin, T.; *The Autistic Brain: Exploring the Strength of a Different Kind of Mind*, Rider Books 2014, S. 70.
28 Ebendort, S. 72.
29 Ebendort, S. 27.
30 Peake, A., *The Daemon: A Guide to Your Extraordinary Secret Self*, Arcturus 2008.
31 Grandin, T.; *The Autistic Brain: Exploring the Strength of a Different Kind of Mind*, Rider Books 2014, S. 78-79.
32 Ebendort, S. 79.
33 Fleischmann, A. und Fleischmann, C.; *Carly's Voice: Breaking through Autism*, Touchstone 2012; deutsch: *„In mir ist es laut und bunt“: eine Autistin findet ihre Stimme; ein Vater entdeckt seine Tochter*, aus dem Amerikanischen von Alexandra Baisch, Heyne 2013.
34 Sperry, R.; „Mental Phenomena as Causal Determinants in Brain Function“, in Globus, G.; *Consciousness and the Brain*, Plenum Press 1976.

35 http://www.mentalhealthamerica.net/conditions/psychosis-schizophrenia-children-and-youth, abgerufen am 27. April 2017.
36 http://www.mayoclinic.org/diseases-conditions/childhood-schizophrenia/symptoms-causes/dxc-20249627, abgerufen am 27. April 2017.
37 Rapoport, J. L.; *Childhood Onset of „Adult" Pathology: Clinical and Research Advances*, American Psychiatric Press 2000.
38 http://www.schizophrenia.com/family/childszsym.htm, abgerufen am 27. April 2017.
39 „Practice parameters für the assessment and treatment of children, adolescents and adults with autism and other pervasive developmental disorders", *Journal of the American Academy of Child and Adolescent Psychiatry* 1999, 38 (12), S. 32S-54S.
40 Hallowell, M. J.; „Jok Zottle and the Invizikids", *Fortean Times* 2009, T250, S. 30.
41 Hallowell, M. J.; *Invizikids: The Curious Enigma of „Imaginary" Childhood Friends*, Heart of Albion Press 2007.
42 https://www.scientificamerican.com/article/is-there-really-an-autism-epidemic/, abgerufen am 28. April 2017. Ein deutschsprachiger Artikel zum Thema (exklusive Übersetzung aus *Nature* 2011, 479, S. 22-24) findet sich hier: http://www.spektrum.de/news/tendenz-steigend/1130221, abgerufen am 28. April 2017.
43 https://www.cdc.gov/ncbddd/autism/addm.html, abgerufen am 28. April 2017.

Kapitel Acht: Savant-Syndrom

1 Hoffman, E. J.; „The idiot savant: a case report and review of explanations", *Mental Retardation* 1971, 9, S. 17-21.
2 Rubin, E. J. und Monaghan, S.; „Calendar-calculation in a multiple-handicapped blind person"; *American Journal of Mental Deficiency* 1965, 70, S. 478-485.
3 Rimland, B.; „Savant capabilities of autistic children and their cognitive implications" in Serban, G. (Hrsg.); *Cognitive Defects in the Development of Mental Illness*, Brunner/Mazel 1978.
4 Treffert, D.; *Extraordinary People*, Black Swan 1990, S. 97.
5 Ebendort.
6 Snyder, A. W.; Mulcahy, E.; Taylor, J. L.; Mitchell, D. J.; Sachdev, P. und Gandevia, S. C.; „Savant-like skills exposed in normal people by suppressing the left fronto-temporal lobe", Journal of Integrative Neuroscience, Dezember 2003 2 (2), S. 149-158.
7 Treffert, D.; *Extraordinary People*, Black Swan 1990.
8 Penfield, W.; *Mystery of the Mind: A Critical Study of Consciousness and the Human Brain*, Princeton University Press 1975.
9 Kanner, L.; „Early Infantile Autism", *Journal of Paediatrics* 1944, 25, S. 200-217.
10 Cain, A. C.; „Special isolated abilities in severly psychotic young children"; *Psychiatry* 1970, 33, S. 137-149.
11 Treffert, D.; *Extraordinary People*, Black Swan 1990, S. 98.
12 Ebendort.
13 Rimland, B.; „Savant capabilities of autistic children and their cognitive implications" in Serban, G. (Hrsg.); *Cognitive Defects in the Development of Mental Illness*, Brunner/Mazel 1978.
14 Ebendort.
15 Treffert, D. A. und Christensen, D. D.; „Inside the Mind of a Savant", *Scientific American*, Dezember 2005, 293, S. 108-113; deutsch: „Blick in ein Supergedächt-

nis", *Spektrum der Wissenschaft*, Oktober 2006, S. 68-73, zum Download abrufbar unter http://www.spektrum.de/magazin/blick-in-ein-supergedaechtnis/851649, abgerufen am 2. Mai 2017.

16 Hamburger, V. und Oppenheim, R. W.; „Naturally occurring neuronal death in vertebrates", *Neuroscience Commentaries* 1982, 1, S. 29-55.

17 Geschwind, N. und Galaburda, A. M.; *Cerebral Lateralization: Biological Mechanisms, Associations and Pathology*, MIT Press 1987.

18 Waxman, S. G. und Geschwind, N.; „Hyperreligiosity in temporal lobe epilepsy: redefining the relationship", *Journal of Nervous Mental Disease* 1975, 175, S. 181-184.

19 Ally, B.; Hussey, E. und Donahue, M.; „A case of hyperthymesia: rethinking the role of the amygdala in autobiographical memory", *Neurocase* 2012, 19, S. 1-16.

20 Yakovlev, P. I. und Lecours, A. R.; „The myelogenetic cycles of regional maturation of the brain", in Minkowski, A. (Hrsg.), *Regional development of the brain in early life*, Blackwell Scientific 1967, S. 3-70.

21 Johnstone, J.; Galin, D. und Herron, J.; „Choice of handedness measures in studies of hemispheric specialization", *International Journal of Neuroscience* 1979, 9, S. 71-80.

22 Rawn-Joseph, R. E.; Gallagher, W. H. und Kahn, J.; „Two Brains: One Child: Interhemispheric Information Transfer Deficits in Children Aged 4, 7 and 10", *Cortex* 1984, 20, S. 317-331.

23 Cytowic, R. E.; „Synaesthesia: phenomenology and neuropsychology – a review of current knowledge" in Baron-Cohen, S. und Harrison, J. E. (Hrsg.), *Synaesthesia: Classic and Contemporary Readings*, Blackwell 1997, S. 17-39.

24 Tammet, Daniel, *Born on a Blue Day*, Simon & Schuster 2007, S. 2; deutsch: *Elf ist freundlich und Fünf ist laut: ein genialer Autist erklärt seine Welt*, aus dem Englischen von Maren Klostermann, Patmos 2007; in der bei Heyne 2008 erschienenen Taschenbuchausgabe findet sich die Stelle auf Seite 18.

25 Sacks, O.; *Migraine*, University of California Press 1970; Picador 1993, S. 86; deutsch: *Migräne*, aus dem Englischen von Jutta Schust, überarbeitete und erweiterte Fassung, Rowohlt 1994.

26 Einzelheiten über D. Hennacy Powells „Telepathie-Projekt" sind zu finden unter http://dianehennacypowell.com/telepathy/, abgerufen am 2. Mai 2017.

Teil Drei: Einblicke hinter die Pforten
Kapitel Neun: Die Entrückten

1 http://hubblesite.org/news_release/news/2004-10/56-hubble-telescope, abgerufen am 3. Mai 2017.

2 Aragón, J. L.; Naumis, G. G.; Bai, M.; Torres, M. und Maini, P. K.; „Turbulent luminence in impassioned van Gogh paintings", *Journal of Mathematical Imaging and Vision* 2008, 30, S. 275-283.

3 van Gogh, V.; Brief an seinen Bruder Theo vom oder um den 23. Mai 1889, http://www.vangoghletters.org/vg/letters/let776/letter.html, abgerufen am 4. Mai 2017.

4 Markram, H.; Rinaldi, T. und Markram, K.; „The Intense World Syndrome: An Alternate Hypothesis for Autism", *Frontiers in Neuroscience* November 2007, 1 (1), S. 77-96.

5 Gastaut, H.; „La maladie de Vincent van Gogh envisagée à la lumière des conceptions nouvelles sur l'épilepsie psychomotorice", *Annales Médico-Psychologique:*

Revue Psychiatrique: bulletin officiel de la Société Médico-Psychologique 1956, S. 114-236.
6 van Gogh, V.; Brief an seinen Bruder Theo vom 22. Januar 1889, http://www.vangoghletters.org/vg/letters/let741/letter.html, abgerufen am 4. Mai 2017.
7 van Gogh, V.; Brief an seinen Bruder Theo vom 3. Februar 1889, http://www.vangoghletters.org/vg/letters/let745/letter.html, abgerufen am 4. Mai 2017.
8 LaPlante, E.; *Seized: Temporal Lobe Epilepsy as a Medical, Historical, and Artistic Phenomenon* 1993, iUniverse 2000, S. 6.
9 van Gogh, V.; Brief an seinen Bruder Theo vom 31. Dezember 1882, http://www.vangoghletters.org/vg/letters/let297/letter.html, abgerufen am 4. Mai 2017.
10 Maureen Seaberg; „Vincent van Gogh Was Likely a Synesthete: René D. Quiñones finds cross-sensory evidence in a Van Gogh letter", Blogbeitrag in der Rubrik *Sensorium* auf psychologytoday.com vom 26. August 2013, https://www.psychologytoday.com/blog/sensorium/201308/vincent-van-gogh-was-likely-synesthete, abgerufen am 4. Mai 2017.
11 Ebendort.
12 Storch, A.; *August Strindberg im Lichte seiner Selbstbiographie*, J. F. Bergmann-Verlag 1921.
13 Anderson, E. W.; „Strindberg's Illness", *Psychological Medicine* 1971, 1 (2), S. 104-117.
14 Monroe, R. R.; *Creative Brainstorms: The Relationship Between Madness and Genius*, Ardent Media 1992, S. 110.
15 Strindberg, A.; *Strindberg Plays 3*: „To Damascus" (Introduction), Bloomsbury Methuen 2014, S. 185. (Zitiert wird aus der Einführung des englischen Übersetzers, Anm. d. Ü.)
16 Ebendort.
17 Heller, Otto, *Prophets of Dissent*, Alfred A, Knopf, 1918, S. 71-105.
18 Strindberg, A.; *Strindberg Plays 3*: „To Damascus" (Introduction), Bloomsbury Methuen 2014, S. 186.
19 Meyer, M.; *Strindberg: A Biography*, Secker & Warburg 1985, S. 128.
20 Strindberg, F.; *Marriage with a Genius*, Jonathan Cape 1937, S. 236-237; deutsch: *Lieb, Leid und Zeit: Eine unvergessliche Ehe*, Goverts 1936.
21 Engström, A.; *August Strindberg og jag*, Albert Bonnier 1923, S. 11.
22 Strindberg, A.; *Inferno*, William Rider & Son 1912, S. 120; deutsch: *Inferno*, übersetzt von Christian Morgenstern, Hyperionverlag 1919, Berliner Ausgabe 2013, http://www.zeno.org/Literatur/M/Strindberg,+August+Johan/Roman/Inferno/9.+Swedenborg, abgerufen am 8. Mai 2017.
23 Strindberg, *A Dream Play. Introduction* 1901; deutsch: *Ein Traumspiel*, aus dem Schwedischen von Christel Hildebrandt, Reclam 2013, S. 5.
24 Meyer, M.; *Strindberg: A Biography*, Secker & Warburg 1985, S. 438.
25 Strindberg, A.; *Inferno*, William Rider & Son 1912, S. 120; deutsch: *Inferno. Legenden*, übersetzt von Christian Morgenstern, Hyperionverlag 1919, Berliner Ausgabe 2013, http://www.zeno.org/Literatur/M/Strindberg,+August+Johan/Roman/Inferno/6.+Das+Fegefeuer/Ausz%C3%BCge+aus+meinem+Tagebuch, abgerufen am 8. Mai 2015.
26 Ebendort, S. 263; deutsch http://www.zeno.org/Literatur/M/Strindberg,+August+Johan/Roman/Inferno/15.+Tr%C3%BCbsale, abgerufen am 8. Mai 2017.

27 Ebendort, S. 264; deutsch: http://www.zeno.org/Literatur/M/Strindberg, +August+Johan/Roman/Inferno/15.+Tr%C3%BCbsale, abgerufen am 8. Mai 2017.
28 Radin, D. I.; „Unconscious Perceptions of Future Emotions: An Experiment in Presentiment“, *Journal of Scientific Exploration* 1997, 11 (2), S. 163-180.
29 Binkofski, F. und Block, R. A.; „Accelerated Time Experience after Left Frontal Cortex Lesions“, *Neurocase* 1992, Vol. 2, S. 485-493.
30 Williams, D.; *Nobody Nowhere*, Doubleday 1992; deutsch: *Ich könnte verschwinden, wenn du mich berührst: Erinnerungen an eine autistische Kindheit*, aus dem Englischen von Sabine Schulte, Hoffmann und Campe 1992.
31 Williams, D.; *Nobody Nowhere: The Remarkable Autobiography of an Autistic Girl* (revised edition), Jessica Kingsley, S. 120-121; deutsch: *Ich könnte verschwinden, wenn du mich berührst: Erinnerungen an eine autistische Kindheit*, S. 190.
32 Ebendort, S. 132; deutsch S. 208.
33 Ebendort, S. 16; deutsch S. 27.
34 Ebendort, S. 17; deutsch S. 27.
35 Williams, D.; *Somebody Somewhere*, Doubleday 1994, S. 99; deutsch: *Wenn du mich liebst, bleibst du mir fern*, aus dem Englischen von Sabine Schulte, Hoffmann und Campe 1994, S. 154.
36 Ebendort, S. 101; deutsch S. 157.
37 Zitiert in Stillman, W.; *Autism and the God Connection: Redefining the Autistic Experience through Extraordinary Accounts of Spiritual Giftedness*, Sourcebooks 2006, S. 76; deutsch: *Autismus und die Verbundenheit mit Gott: Erkenntnisse über die hohe Spiritualität von Menschen mit Autismus*, aus dem Amerikanischen von Rita Höner, Amra 2009, S. 79.
38 Williams, D.; *Somebody Somewhere*, Doubleday 1994, S. 76; deutsch: *Wenn du mich liebst, bleibst du mir fern*, aus dem Englischen von Sabine Schulte, Hoffmann und Campe 1994, S. 119.
39 Ebendort, S. 215; deutsch: S. 317.
40 Ebendort, S. 183; deutsch: S. 272.
41 Ebendort, S. 184; deutsch: S. 273.
42 La Tourelle, M.; *The Gift of Alzheimer's*, Watkins 2015, S. 38.
43 Ebendort, S. 47.
44 Ebendort, S. 40.
45 Ebendort.
46 Ebendort, S. 50.
47 Ebendort.
48 Ebendort, S. 71
49 Ebendort, S. 50.
50 Ebendort, S. 102.
51 Ebendort, S.75.
52 Ebendort, S. 174.
53 Rusina, R., Matěj, R., Kašparová, L. et al.; „Higher Aluminum Concentration in Alzheimer's Disease After Box–Cox Data Transformation", *Neurotoxicity Research*, November 2011, 20 (4), S. 329-333.
54 Blaurock-Busch, E.; Amin, O. R.; Dessoki, H. H. und Rabaa, T.; „Toxic Metals and Essential Elements in Hair and Severity of Symptoms Among Children with Autism", *Maedica: A Journal of Clinical Medicine*, Vol 7 No. 1 2012, S. 38-48.

55 La Tourelle. M.; *The Gift of Alzheimer's*, Watkins 2015, S. 180.
56 Sacks, O.; *The Man Who Mistook His Wife for a Hat*, Picador 1985, S. 148; deutsch *Der Mann, der seine Frau mit einem Hut verwechselte*, aus dem Englischen von Dirk van Gunsteren, Rowohlt 1990.
57 Ebendort, S. 148.
58 La Tourelle. M.; *The Gift of Alzheimer's*, Watkins 2015, S. 194.
59 Ebendort, S. 59.
60 Nahm, M. et al., „Terminal lucidity: a review and a case collection", *Archives of Gerontology and Geriatrics*, July-August 2012, 55 (1), S. 138-142, DOI: http://dx.doi.org/10.1016/j.archger.2011.06.031. (Dt: Nahm, Michael; Wenn die Dunkelheit ein Ende findet, Amerang 2012
61 Greyson, B.; „Seeing Dead People Not Known to Have Died:'Peak in Darien' Experiences", Anthropology and Humanism 2010, 35 (2), S. 160-161.
62 Cobbe, F. P.; „The Peak in Darien: The Riddle of Death", *New Quarterly Magazine* Juli 1877, 8, S. 283-293.
63 http://mikegamble.websitetoolbox.com/post?id=93255&trail=15, abgerufen am 15. Mai 2015.
64 Greenbriar, „Living on the Threshold: Alzheimer's and the Elderly", http://www.planetwavesweekly.com/parallel/articles/alzheimer.html, abgerufen am 15. Mai 2017.
65 Auszugweise Abschrift von Tonaufnahmen während des Workshops „Time and Mind" von Terence McKenna am 26. und 27. Mai 1990 in New Mexico, http://deoxy.org/timemind.htm, abgerufen am 15. Mai 2017.
66 Ebendort.
67 Gracie und Zarkov, „Notes on the Visual Stages of a DMT Trip" aus dies., *DMT-How and Why to Get Off*, http://deoxy.org/h_vnotes.htm, abgerufen am 15. Mai 2017.
68 Alexander, Dr. E.; „Proof of Heaven: A Doctor's Experience With the Afterlife" http://www.newsweek.com/proof-heaven-doctors-experience-afterlife-65327, abgerufen am 15. Mai 2017.
69 Hayes, C. (Hrsg.); *Tripping: An Anthology of True-Life Psychedelic Adventures*, Arkana 1999.
70 Mach, R. H.; Smith, C. R. und Childers, S. R., „Ibogaine possesses a selective affinity for sigma 2 receptors", *Life Sciences* 1995, 57 (2), S. 57-62.
71 DiMaggio, D. A.; Contreras, P. C. et al.; „Biological and Chemical Characterization of the Endopsychosins: Distinct Ligands for PCP and Sigma Sites", in Domino, E. F. und Kamenka J-M. (Hrsg.*), Sigma and Phencyclidine-Like Compounds as Molecular Probes in Biology*, NPP Books 1988, S. 157-171.
72 Jansen, K. L. R.; „Neuroscience and the near-death-experience: roles for the NMDA-PCP receptor, the sigma receptor and endopsychosins", *Medical Hypotheses* 1990, 31, S. 25-29.
73 Grinspoon, L. und Bakalar, S.; *Psychedelic Drugs Reconsidered*, Basic Books 1981.
74 Quirion, R. et al.; „Evidence for an endogenous peptide ligand für the phencyclidine receptor", *Peptides* 1984, 5, S. 967-977.
75 Carr, D. B.; „Endorphins at the approach of death", *Lancet* 1981, 1, S. 390.
76 Carr, D. B.; „In the evolving neurobiology of the near-death experience", *Journal of Near-Death Studies* 1989, 7, S. 251-254.

77 Persinger, M. und Makarec, K.; „Temporal lobe epileptic signs and correlative behaviors displayed by normal populations“, *Journal of General Psychology* 1987, 114, S. 179-195.
78 Saavedra-Aguilar, J. und Gomez-Jeria, J.; „A neurobiological model of near-death experiences“, *Journal of Near-Death Studies* 1989, 7, S. 205-222.
79 DiMaggio, D. A.; Contreras, P. C. et al.; „Biological and Chemical Characterization of the Endopsychosins: Distinct Ligands for PCP and Sigma Sites“, in Domino, E. F. und Kamenka J-M. (Hrsg.*), Sigma and Phencyclidine-Like Compounds as Molecular Probes in Biology*, NPP Books 1988.
80 Fontanilla, D.; Johannessen, M.; Hajiipour, A. R.; Cozzi, N. V., Jackson, M. B. und Ruoho, A. E.; „The Hallucinogen N,N-Dimethyltryptamin (DMT) Is An Endogenous Sigma-1 Receptor Regulator“, *Science* 2009, Vol. 232, No. 5916, S. 934-937.
81 Szabo, A.; Kovacs, A.; Frecska, E. und Rajnavolgyi, E.; „Psychedelic N,N-Dimethyltryptamin and 5-Methoxy- N,N-Dimethyltryptamin Modulate Innate and Adapative Inflammatory Responses through the Sigma-1 Receptor of Human Monocyte-Derived Dendritic Cells“; *PLoS (Public Library of Science) ONE*, August 2014, 8 (8), e106533; DOI: https://doi.org/10.1371/journal.pone.0106533.
82 Barker, S. A.; Borjigin, J.; Lomnicka, I. und Strassman, R.; „LC/MS/MS analysis of the endogenous dimethyltryptamine hallucinogens, their precursors, and major metabolites in rat pineal gland microdialysate“, *Biomedical Chromatography* 2013, 27 (12), S. 1690-1700.
83 Araújo, D. B.; Ribeiro, S.; Cecchi, G. A. et al.; „Seeing with the eyes shut: neural basis of enhanced imagery following Ayahuasca ingestion“, *Human Brain Mapping*, 16. September 2011, Wiley-Liss, DOI: https://doi.org/10.1002/hbm.21381
84 Ebendort.

Schluss: Was ist auf der anderen Seite?

1 Wheeler, J. A. und Ford, K.; *Geons, Black Holes and Quantum Foam: A Life in Physics*, W. W. Norton & Co. 1998.
2 McIlwain, H. und Bachelard, H. S.; *Biochemistry and the Central Nervous System*, Curchill Livingstone 1985.
3 Wojtowicz, J. M.; „Adult neurogenesis. From circuits to models“; *Behavioral Brain Research*, 14. Februar 2012, 227 (2), S. 490-496.
4 Wagner, D. E.; Wang, I. E. und Raddien, P. W.; „Clonogenic Neoblasts Are Pluripotent Adult Stem Cells That Underlie Planarian Regeneration“, *Science* 2011, Vol. 332, No. 6031, S. 811-816.
5 Shomrat, T. und Levin, M.; „An automated training paradigm reveals long-term memory in planarians and its persistence through head regeneration“, *Journal of Experimental Biology* 2013, 216, S. 3799-3810.
6 http://voices.nationalgeographic.com/2013/07/16/decapitated-worms-regrow-heads-keep-old-memories/, abgerufen am 16. Mai 2017.
7 Frost, S.; Kanagasingam, Y.; Macualey, L. et al.; „Retinal amyloid fluorescence imaging predicts cerebral amyloid burden and Alzheimer's disease“, *Alzheimer's & Dementia* 2014, Vol. 10, issue 4, S. 234-235.
8 Pandi-Perumal, S. R.; Zisapel, N.; Srinivasan, V. und Cardinali, D. P.; „Melatonin and sleep in ageing population“, *Experimental Gerontology* Dec. 2005, 40 (12), S. 911-925.

9 Srinivasan, V.; Pandi-Perumal, S. R.; Cardinali, D. P., Poeggler, B. und Hardeland, R.; „Melatonin in Alzheimer's disease and other neurodegenerative disorders", *Behavioural and Brain Functions*, May 2006, 4, S. 2-15.

10 Mahlberg, R.; Walther, S., Kalus, P.; Bohner, G.; Haedel, S.; Reischies, F. M.; Kühl, K. P.; Hellweg, R. und Kunz, D.; „Pineal calcification in Alzheimer's disease: an *in vivo* study using computed tomography", *Neurobiology of Ageing*, Feb. 2008, 29 (2), S. 203-209.

11 http://metatoninresearch.org/, abgerufen am 17.5.2017.

12 Fontanilla, D.; Johannessen, M.; Hajiipour, A. R.; Cozzi, N. V., Jackson, M. B. und Ruoho, A. E.; „The Hallucinogen N,N-Dimethyltryptamin (DMT) Is An Endogenous Sigma-1 Receptor Regulator", *Science* 2009, Vol. 232, No. 5916, S. 934-937.

13 Szabo, A.; Kovacs, A.; Frecska, E. und Rajnavolgyi, E.; „Psychedelic N,N-Dimethyltryptamin and 5-Methoxy- N,N-Dimethyltryptamin Modulate Innate and Adapative Inflammatory Responses through the Sigma-1 Receptor of Human Monocyte-Derived Dendritic Cells"; *PLoS (Public Library of Science) ONE*, August 2014, 8 (8), e106533; DOI: https://doi.org/10.1371/journal.pone.0106533.

14 Barker, S. A.; Borjigin, J.; Lomnicka, I. und Strassman, R.; „LC/MS/MS Analysis of the endogenous dimethyltryptamine hallucinogens, their precursors and major metabolites in rat pineal gland microdialysate", *Biomedical Chromatography*, 2013, 27 (12), S. 1690-1700.

15 http://www.simulation-argument.com/simulation.html (zum Zeitpunkt der deutschen Übersetzung nicht abrufbar); eine Darstellung des Simulations-Arguments auf Deutsch findet sich unter philobar.blogspot.de/2006/07/leben-wir-in-einer-simulation-nick.html, abgerufen am 17. Mai 2017.

16 Jacob D. Bekenstein, „Information in the Holographic Universe", *Scientific American, August 2003*, http://www.phys.huji.ac.il/~bekenste/Holographic_Univ.pdf; deutsch: „Das holografische Universum", *Spektrum der Wissenschaft*, November 2003, http://www.spektrum.de/magazin/das-holografische-universum/830304, abgerufen am 18. Mai 2017.

17 Hogan, Craig; „Now Broadcasting in Planck Definition" 2014, *arXiv:1307.2283 [quant-ph], FERMILAB-PUB*-13-685-A.

18 Hawking, S. W. und Hertog, Thomas; „Populating the landscape: A top-down approach", *Physical Review*, 23 Jun. 2006, D73, 123527, DOI: https://doi.org/10.1103/PhysRevD.73.123527.

19 Mead, G. R. S.; *Fragments of a Faith Forgotten*, 1900, 2. Auflage Theosophical Publishing Society 1906, S. 475; deutsch: (mehrere Ausgaben, z. B.:) *Die Gnosis: Fragmente eines verschollenen Glaubens*, aus dem Englischen von A. von Ulrich. Hrsg. von Helmut Werner, Anaconda 2008, S. 448-449.

20 http://www.biomed.ee.ethz.ch/research/tnu/teaching/schizophrenia/iglesiasdagt, zum Zeitpunkt der Übersetzung nicht mehr abrufbar; ein einschlägiger Artikel findet sich hier: Javitt, D.C.; „Glutamate and schizophrenia: phencyclidine, N-methyl-D-aspartate receptors, and dopamine-glutamate interactions"; *International Review of Neurobiology* 78, 2007, S. 69-108, DOI: https://doi.org/10.1016/S0074-7742(06)78003-5, Anm. d. Ü.

21 Kuffler, S. W. und Potter, D. D.; „Glia in the leech nervous system: Physiological properties and neuron-glia relationship", *Journal of Neurophysiology* 1964, Vol. 27, No. 2, S. 290-320.

22 Cornell-Bell, A. H.; Finkbeiner, S. M.; Cooper, M. S. und Smith, S. J.; „Glutamate induces clacium waves in cultured astrocytes: long-range glial signaling“, *Science* 1990, 247, S. 470-473.

23 Pereira, A. und Furlan, F. A.; „Astrocytes and human cognition: modeling information integration and modulation of neuronal activity“, *Progress in Neurobiology*, 2010, Vol. 32 (3), S. 405-420.

24 Ebendort.

25 Koob, A.; *The Root of Thought: Unlocking Glia – The Brain Cell That Will Help Us Sharpen Our Wits, Heal Injury, and Treat Brain Disease*, Pearson FT Press 2009, S. 200.

26 Koob, A.; „The Root of Thought. What Do Glial Cells Do?“, Interview mit Jonah Lehrer, *Scientific American*, 27. Oktober 2009, https://www.scientificamerican.com/article/the-root-of-thought-what/, abgerufen am 22. Mai 2017.

27 Galilei, G.; *Dialogo sopra i due massimi sistemi,* Florenz 1632; der Verfasser zitiert aus: *Dialogue Concerning the Two World Systems*, University of California Press 1953, S. 397; deutsch: *Dialog über die beiden hauptsächlichen Weltsysteme, das Ptolemäische und das Kopernikanische*, aus dem Italienischen übersetzt und erläutert von Emil Strauss, Leipzig 1891, S. 415.

28 Shanon, B.; *The Antipodes of the Mind*, Oxford University Press 2010, Frontispiz.

LITERATURVERZEICHNIS

Armstrong, K.; *The Spiral Staircase*, Harper Perennial Paperback 2005

Baron-Cohen, S.; *Autism and Asperger Syndrome*, Oxford University Press 2008

Bogdashina, O.; *Sensory Perceptual Issues in Autism and Asperger's Syndrome: Different Sensory Experiences, Different Perceptual Worlds*, Jessica Kingsley 2003

Delacato, C.; *The Ultimate Stranger: The Autistic Child*, Academic Therapy Publications 1974; deutsch: *Der unheimliche Fremdling, das autistische Kind: ein neuer Weg zur Behandlung*, aus dem Englischen von Dr. Erper, dritte, erweiterte Auflage 1985, Hyperion 1985 (Erstausgabe Hyperion 1975)

Eliade. M.; *Shamanism: Archaic Techniques of Ecstasy*, Penguin Arkana 1989; deutsch: *Schamanismus und archaische Ekstasetechnik*, aus dem Französischen von Inge Köck, Suhrkamp 1994

Evans, M.; *A Ray of Darkness*, John Calder 1978

Fleischmann, A. und Fleischmann, C.; *Carly's Voice: Breaking through Autism*, Touchstone 2012; deutsch: *„In mir ist es laut und bunt": eine Autistin findet ihre Stimme; ein Vater entdeckt seine Tochter*, aus dem Amerikanischen von Alexandra Baisch, Heyne 2013

Geschwind, N. und Galaburda, A. M.; *Cerebral Lateralization: Biological Mechanisms, Associations and Pathology*, MIT Press 1987

Gottesman, I. I.; *Schizophrenia Genesis*, W. H. Freeman & Co. 1991; deutsch: *Schizophrenie: Ursachen, Diagnosen und Verlaufsformen*, aus dem Amerikanischen von Gabriele Herbst. Deutsche Übersetzung herausgegeben und mit einem Vorwort versehen von Gerd Huber, Spektrum 1993

Grandin, T.; *The Autistic Brain: Exploring the Strength of a Different Kind of Mind*, Rider Books 2014

Grinspoon, L. und Bakalar, S.; *Psychedelic Drugs Reconsidered*, Basic Books 1981

Hallowell, M. J.; *Invizikids: The Curious Enigma of „Imaginary" Childhood Friends*, Heart of Albion Press 2007

Hameroff, S. R. und Penrose, R.; *Orchestrated Reduction of Quantum Coherence in Brain Micro-tubules: A Model for Consciousness*, MIT-Press 1996

Huxley, A., *The Doors of Perception*, Chatto & Windus, London 1954, Random House 2010; deutsch: „Die Pforten der Wahrnehmung" in *Die Pforten der Wahrnehmung – Himmel und Hölle*, aus dem Englischen von Herberth E. Herlitschka, Piper 2015

Koob, A.; *The Root of Thought: Unlocking Glia – The Brain Cell That Will Help Us Sharpen Our Wits, Heal Injury, and Treat Brain Disease*, Pearson FT Press 2009

La Tourelle. M.; *The Gift of Alzheimer's*, Watkins 2015

Monroe, R. R.; *Creative Brainstorms: The Relationship Between Madness and Genius*, Ardent Media 1992

Ouspensky, P. D.; *Tertium Organum*, Alfred Knopf 1981; deutsch: *Tertium organum: Der 3. Kanon des Denkens*; ein Schlüssel zu den Rätseln der Welt, aus dem Englischen von François Grunwald, Barth 1973

Peake, A.; *Is There Life After Death? The Extraordinary Science of What Happens When We Die*, Arcturus 2006

The Daemon: A Guide to Your Extraordinary Secret Self, Arcturus 2008

The Infinte Mindfield, Watkins 2013
The Labyrinth of Time, Arcturus 2010
The Out-of-Body Experience, Watkins 2011
Penfield, W.; *Mystery of the Mind: A Critical Study of Consciousness and the Human Brain*, Princeton University Press 1975
Ramachandran, V. S. und Blakeslee, S.; *Phantoms in the Barin: Human Nature and the Architecture of the Mind*, Fourth Estate 1998; deutsch: *Die blinde Frau, die sehen kann: rätselhafte Phänomene unseres Bewusstseins*, aus dem Englischen von Hainer Kober, Rowohlt 2001
Sacks, O.; *Hallucinations*, Picador 2012; deutsch: *Drachen, Doppelgänger und Dämonen: über Menschen mit Halluzinationen,* aus dem Englischen von Hainer Kober, Rowohlt 2013
Migraine, University of California Press 1970; Picador 1993; deutsch: *Migräne*, aus dem Englischen von Jutta Schust, überarbeitete und erweiterte Fassung, Rowohlt 1994
The Man Who Mistook His Wife for a Hat, Picador 1985, S. 148; deutsch *Der Mann, der seine Frau mit einem Hut verwechselte*, aus dem Englischen von Dirk van Gunsteren, Rowohlt 1990
Shanon, B.; *The Antipodes of the Mind*, Oxford University Press 2010
Stillman, W.; *The Autism Prophecies*, New Page Books 2010
Strassman, R.; *DMT: The Spirit Molecule*, Inner Traditions 2001; deutsch: *DMT - das Molekül des Bewusstseins: zur Biologie von Nahtod-Erfahrungen und mystischen Erlebnissen*, aus dem Englischen von Gunther Seipel, AT-Verlag 2004
Treffert, D.; *Extraordinary People*, Black Swan 1990
Williams, D.; *Autism: An Inside-Out-Approach: An Innovative Look at the Mechanics of „Autism" and its Developmental Cousins*, Jessica Kingsley 1996
Autism and Sensing: The Unlost Instinct, Jessica Kingsley
Like Colour to the Blind: Soul Searching and Soul Finding, Jessica Kingsley 1999
Nobody Nowhere, Doubleday 1992; deutsch: *Ich könnte verschwinden, wenn du mich berührst: Erinnerungen an eine autistische Kindheit*, aus dem Englischen von Sabine Schulte, Hoffmann und Campe 1992
Somebody Somewhere, Doubleday 1994; deutsch: *Wenn du mich liebst, bleibst du mir fern*, aus dem Englischen von Sabine Schulte, Hoffmann und Campe 1994
Wheeler, J. A. und Ford, K.; *Geons, Black Holes and Quantum Foam: A Life in Physics*, W. W. Norton & Co. 1998

Internet-Quellen:

http://www.migraine-aura.com/content/e27891/e27265/e26585/e49268/e49335/index_en.html; deutsche Quelle: https://www.migraeneliga.de
http://www.sciencedirect.com/science/article/pii/S0140673661921845?_rdoc=1&_fmt=high&_origin=gateway&_docanchor=&md5=b8429449ccfc9c30159a5f9aeaa92ffb&ccp=y; *The Lancet*, 7. Januar 1961, Vol. 277, No. 7167, S. 15–17: 1 Bickerstaff, E. R., „Basilar Artery Migraine"
http://www.mentalhealthamerica.net/conditions/psychosis-schizophrenia-children-and-youth
http://www.schizophrenia.com/family/childszsym.htm

Index

A

Abel-Preis für Mathematik 173
Absinth 174, 181, 187
Adepten 53
Adrenalin 25
Ahnen-Simulationen 236
Aldiss, Brian 125
Alexander, Eben 87, 170, 210f., 213, 215f.
Alice-im-Wunderland-Syndrom 60, 178
Aliens 202
Alpha-Endopsychosin 218f.
Altschule, Mark 229
Alzheimer 10, 19, 54, 104ff., 111f., 114, 119ff., 161, 163, 170, 180, 200f., 203, 205ff., 230f., 245,f., 261f., 267ff., 272
Amobarbital 102
Amygdala 38, 44, 71, 257
Amyloid-Fibrillen 121
Anästhesie 34
Anästhetika 27, 29
Andermann, Fred 66
Angeldustin 217
Anosagnosie 124
Apoptose 161
Aragón, José Luis 172
Araújo, Dráulio de 220
Archetyp 85
Armstrong, Karen 73ff., 77
Asperger, Hans 131
Asperger-Syndrom 129, 173, 179
Asphyxie 71
Aumakua 144
Aura. 54, 57, 113, 185
Außerirdische 11, 112
Autismus 10, 19, 54, 129ff., 154ff., 158, 161f., 163f., 166, 173, 175ff., 192, 195, 198, 200, 203, 245f., 262, 267
Autismus-Spektrum-Störung 131, 149
Avatar 145, 233ff., 241ff.
Axelrod, Julius 230
Axon 25
Axonen 162
Ayahuasca 43, 49, 53, 64, 92, 215f., 220f., 235, 269

B

Ball, Martin W. 216
Banisterin 43
Barker, Steven 40, 220, 232
Baron-Cohen, Simon 139
Basilaris-Migräne 113
Bayón, Rafael Zerda 43
Beach Barrett 229, 231
Behaviorismus 143

Bekenstein, Jacob D. 240, 270
Bergson, Henri 16f.
Bernard, Emile 174
Bertalan, Pethö 82
Beta-Amyloid 106, 121
Beta-Endorphin 218
Bewusstsein, parasitäres 45
Bewusstsein, selbstreferenzielles 9, 24, 26f., 236
Bickerstaff-Syndrom 113
Bierman, Dick 189
Bikameralismus 146
Bindungsproblem 141, 250
Binkofski, Ferdinand 191
Biomgbo 144
Blake, William 7, 53
Blei 203
Bleuler, Eugen 99
Blitzrechnen 151
Bock, Richard A. 191
Bogdashina, Olga 132, 134f., 263, 272
Bogen, Joseph 146
Bohm, David 10, 223f., 233
Bonnet, Charles 112
Bonnier, Karl Otto 183
Borjigin, Jimo 40, 220, 232
Bosse, Harriet 187
Bostrom, Nick 9, 34, 235
Briad, C. D. 17
Brown, Alan 80
Bucy, Paul 180
Burroughs, William 49
Burton, Jayne 170, 187f.

C

Cahill, Larry 162
Cain, Albert C. 156
Calcium-Ionen 25
Campbell, Thomas 237
Carhart-Harris, Robin 17, 37
Carlotta, Angie 138
Carroll, Lewis 60, 89
Casanova, Manuel F. 135
CBS 111ff., 116ff., 122, 230
Chalmers, David 9, 26, 236
Charles-Bonnet-Syndrom 111f., 127, 149, 230, 232, 246
Charon 90ff., 215
Christensen, Daniel D. 160
Chronophrenie 82
Chrysantheme 212f.
Clancy, Tom 160
Cobbe, Frances Power 208
Colchicin 121
Commissura anterior 159
Computer-Tomographie 24
Corpus-Callostomien 146
Corpus callosum 45, 139, 146, 159, 162f.
Cozzi, Nicholas 40
Creak, Mildred 133
Crowe, Simon 93
Cytowic, Richard 179

D

Daimon 18, 39, 41, 53, 89, 98, 104, 140, 144f., 147, 163, 195, 215, 244ff.

Dale, Paul 128
Déjà-vécu 122ff.
Déjà-vu 57, 78ff., 121ff., 165, 205, 245
Delacato, Carl 134
Dementia praecox 93, 98, 105, 139, 260
Demiurg 184, 243
Dendriten 25, 248
Depression 58, 75, 87, 259
Descartes, René 229
Dick, Philip K. 125, 183ff., 244
DMT 37, 39ff., 47, 50f., 64, 85, 87, 91, 92f., 117, 138, 202, 212ff., 219ff., 232, 235, 246, 257f., 268f., 273
Dodgson, Charles Lutwidge 60
Dopamin 26, 248
Doppelgänger 113, 118, 185, 261, 273
Doppelkörperlichkeit 72
Douaud, Gewnaëlle 105, 128
Doyle, Stephen J. 115
Drittes Auge 229
Drogen 14, 53, 71, 217f., 256
dualer Input 116
Duales Prozessmodell 31
Dyal, Myron Conan 83f.

E

Eidolon 18f., 39, 41, 53, 98, 104, 144f., 147, 163, 245f.
Eingeweihte 91
Einhörner 88
Einstein, Albert 79, 81, 83, 238
Elektrostimulation 38
Elementale 149
Elfen 88, 114, 148, 246
Eliade, Mircea 90
Endopsychosin 217ff., 232
Endorphine 218
Entführungen durch Außerirdische 48, 85, 89, 232
Entropie 237f.
Epilepsie, fotosensible 49, 76, 113
Epilepsie, kortikoretikuläre 67
Epilepsie, psychomotorische 177
Erlebnisse, außerkörperliche 32, 38, 86
Esoterik 187
Evans, Margiad 70ff., 75, 77
Everett III, Hugh 240

F

Fasten 53
Feen 114, 148, 246
Feuerkugel 86
Fincher, David 125
Fischer Cárdenas, Guillermo 43
Fiske, Virginia 229
Fitzgerald, F. Scott 125
Flacker-Effekt 49f., 52f., 140, 143
Fleischmann, Carly 144f., 163
Fontanilla, Dominique 219, 232
Fotosensibilität 75
Fotosynthese 28
Frith, Uta 131, 262
Fröding, Gustav 182

Funkhouser, Arthur 80, 122
Furlan, Fábio Augusto 250

G
Gabbidon, Ash 35
Gachet, Paul 177
galvanische Hautreaktion 189
Gamma-Aminobuttersäure 25, 134, 247
Gauguin, Paul 171, 174, 180
Gaustaut-Syndrom 67
Gazzaniga, Michael 146, 163
Geistführer 85, 91, 144, 215
Genius 144, 266, 272
geometrische Ornamentstruktur 51
Gliazellen 248ff.
Glioblastom 192
Gliozyten 248
Gloor, Pierre 45
Glutamat 9, 25, 59, 217, 219, 247f., 250f.
Glutaminsäure 134, 247
Gogh, Vincent van 170f., 179, 265f.
Gotteshelm 47, 50, 94, 164
Gould, Judith 131
Gowers, William Richard 65
Grandin, Temple 133, 140f., 163, 197
Gravitation 238
Green, Celia 31, 100, 103
Gregory, Richard L. 141
Greyson, Bruce 207
Grippe 71
Grossinger, Richard 65
Gyrus lingualis 105, 121
Gysin, Brion 48, 140, 258

H
Hallowell, Michael J. 84, 138, 148, 164
Halluzinationen 14f., 17, 22, 29ff., 36ff., 47, 51f., 59ff., 68f., 74, 84, 90, 93f., 111ff., 122, 127, 132, 148f., 171, 174ff., 182, 185ff., 193f., 200, 218f., 221, 230, 232f., 248, 251, 256, 261, 273
Halluzinogen 14f., 37, 39, 52, 117, 216, 219
Hameroff, Stuart 27, 120, 223
Haraldsson, Erlendur 207
Harrison, Maggie 115
Harris, Sidney 26
Hawking, Stephen 241
Hellsichtigkeit 183
Hennacy, Ken 166
Hennacy Powell, Diane 165, 168, 203
Herrlin, Axel 181
Hertog, Thomas 241
Hicks, Bill 216
Hill, Denis 93
Hippocampus 38, 44, 71, 119, 211, 226, 247
Hippokrates 70
Hoffer, Abram 14
Hoffman, Edward 151
Hogan, Craig 237, 240

Holografie 18
Hologramm 10, 237, 239f.
Horowitz, Mardi J. 179
Howkins, Morrigan 110
Hubble-Teleskop 171, 252
Hughlings Jackson, John 65, 205
Hun 144
Huxley, Aldous 14, 19, 51, 256
Huxleysche Spektrum 19, 53f., 150, 168, 244
Hypergraphie 75, 161
Hypermobilität 219
Hyperreligiosität 75, 161, 181
Hyperthymesie 134
Hyperthymestisches Syndrom 162
Hypnagogie 51, 197
Hypoglykämie 51, 180
Hypoxie 59, 173

I

idiopathisch 92f., 132
Indol-Verbindungen 231
Informationsfeld 26, 136, 138, 153, 203
Initiation 90f.
INMT 40f.
innere Stimme 42, 82
Inselbegabte 150, 153
Intensive-Welt-Syndrom 135, 138, 164, 175, 178, 196, 198
Interferenzmuster 224
Internet 18, 115, 172, 204, 273
Invizikids 84, 260, 264, 272
Irwin, Harvey 65
Ischämie 59
It-from-Bit-Konzept 224

J

Jansen, Karl 217
Jaspers, Karl 181
Johnson, Raynor 98
Julius Cäsar 71

K

Ka 144
Kalziumwelle, interzelluläre 249
Kanner, Leo 130, 155
Katalepsie 90
Katatonie 102, 218
Keats, John 208
Keel, John 128
Ketamin 217f.
Kitay, Julian 229
kleines Volk 114
Klüver, Heinrich 51, 179f.
Klüversche Formkonstanten 51, 60, 179f., 215
Kobolde 88
Kollagen 194
Kolmogorow, Andrei 172
konsensuelle Realität 30, 34, 254
Koob, Andrew 250
Koren, Stanley 46
Kortikale Streudepolarisierung 58f., 217, 251
Koshbin, Shahram 176
Kraepelin, Emil 93, 98
Kuffler, Stephen 249

Kukao, Kenjiro 80
Kuttner, Miriam 93

L

Langdon, Benj 154
Lashley, Karl 58
La Tourelle, Maggie 200, 210
Leão, Aristides 58
Lebensrückblick 9, 187, 246
Lennox, Margaret A. 67
Lepufologie 89
Lerner, Aaron 229
Levin, Michael 227
Lewy-Körperchen-Demenz 112, 118f.
Libido 218
Lieving, Edward 58
Lippman, Caro W. 60, 63
LSD 13f., 37f., 51, 53, 257
Lullin, Charles 112
luteinisierendes Hormon-Releasing-Hormon 218
luzides Träumen 32

M

Magnetresonanztomographie 105
Magonia 128, 246
Makropsien 112
Maldacena, Juan Martín 239
Mandalas 47
Mandelbrot-Menge 51, 215
Manie 75, 102
Markram, Henry und Kamila 135, 153, 175
Matrix 242ff.
Maya 15, 170, 242
McConnell, James 226
McCreath, Pat 170, 200, 208, 210
McCreery, Charles 31, 100
McGaugh, James 162
McKenna, Terence 212, 213f., 268
mediale Temporallappen 38, 93
Meningitis 80
Meskalin 14ff., 29, 37f., 51ff., 91
metachorisches Halluzinationsmodell 32
Metatonin 229, 231f.
Migralepsie 67, 68
Migräne 10, 19, 51f., 54, 56ff., 89, 94, 96, 98, 113f., 118, 122, 124, 133, 165, 177f., 180ff., 185f., 196, 198, 203, 214, 219, 245, 258f., 265, 273
Migräne-Aura 57f., 62, 64f., 68
Migränoid 61
Mikrogliazellen 249
Mikropsien 112
Mikroschlaf 100
Mikrotubuli 27ff., 119ff., 201, 224, 227
Minisäulen 134, 135
Minkowski, Hermann 83
Minotaurus 89, 91
Moksha 14, 256
molekulare Gedächtnistheorie 226
Monroe, Russell R. 181
Mooreschen Gesetze 235
Moorjani, Anita 136

Morphin 216
Morrow, Barry 160
Motorcortex 105, 121
Moulin, Chris 123
Mukhopadhyay, Tito Rajarshi 144, 163
Murai, Toshiya 80
Murphy, Paul 128
Muskelspasmen 71
Myelin 162
Myelinisierung 139, 162f.
Mystiker 53, 136, 138f., 229

N

Nafs 144
Nahbegegnungs-Erlebnisse 10
Nahm, Michael 207

Nahtod-Erfahrungen 32, 48, 59ff., 64, 85, 136, 186f., 210, 215, 218f., 232, 245ff., 258, 273
Napoleon 71
NASA 172
Natriumamytal 155
Naturgeister 114
Navigationsfähigkeit der Vögel 28
Neppe, Vernon 122
Neurolinguistisches Programmierens 140
Neuron 25, 100, 223
Neuroplastizität 225
Neurotransmitter 25, 218
NMDA-Rezeptor 217
Noradrenalin 25
Nostradamus 50

O

Ohnmacht 73
Okzipitalepilepsie, benigne 67
Okzipitallappen 59, 103, 113, 141
Opium 216
Orbs 198
Orchestrierte Objektive Reduktion 10, 26, 28
Osmond, Humphry 13, 52, 256
Östrogen 58
Oswald, Ian 101
Ouspensky, Pyotr 136
ozeanische Selbstentgrenzung 136

P

Parafovea 140
Parahippocampus 38
Paramnesie 81
Parker, Elizabeth 162
Parkinson 119
Parthenogenese 112
Paulus 70
PCP-Rezeptor 218
Peak in Darien-Erlebnisse 208
Peek, Kim 159, 163
Penfield, Wilder 45, 156, 177
Penrose, Roger 28, 120, 223
Peptide 218
Pereira jun, Alfredo 250
Persinger, Michael 44, 50, 73f., 94, 138
Persönlichkeit, interiktale 75

Peyote 15, 91, 179
Peyron, Théophile 177
Pforten der Wahrnehmung 13, 16, 51, 221, 256, 272
Philosophia perennis 15
Pitt, Brad 125
Pixilation 240
Planck, Max 79
Platons Höhlengleichnis 244
Plattwürmern 226
Pleroma 19f., 41, 48, 53f., 58f., 71, 74, 84ff., 88, 90, 92, 95f., 98, 101, 103f., 106, 118, 126, 128, 139, 145, 163, 168, 170, 200ff., 208, 210, 221f., 243ff., 251, 254f.
Podoll, Klaus 64
Potter, David 249
Präkognition 42, 50, 77,ff., 81, 83, 88, 122, 128, 188, 192, 198f., 203
Pribram, Karl 224
Przybyszewski, Stanislaw 185
Psilocybin 37
Psychedelika 37, 235

Q

Quantenfeld-Informationen 225
Quantenkohärenz 28
Quantenphysik 28, 138, 240
Quecksilber 203

R

Radin, Dean 189
Rahay, Susan 77
Rain Man 159f.
Ramachandran, V. S. 31, 113
Raumbewegungshalluzinationen 63
Raumzeit 83
Raymond, Harold 16, 256
Reduktionsfilter 17ff., 36, 52, 126, 165, 221
Reisberg, Barry 126
REM-Intrusion 33, 38, 62f., 85, 115, 139, 212, 232
Remote Viewing 117, 197, 203
repetitive transkranielle Magnetstimulation 154
Retina 113, 230
Retrogenese 106, 125f., 128, 161
Rey, Felix 176
Rimland, Bernard 152, 158
Rolando-Epilepsie, benigne 67
Ruach 144
Rumney, Alan 41, 43, 86
Ruoho, Arnold 39, 216
Russell, Bertrand 34f.

S

Sacks, Oliver 51, 113, 116, 118, 165, 204
Sadler, R. Mark 77
Savants 129, 150, 152ff., 156, 158, 160, 163, 165f.
Savant-Syndrom 54, 151, 153f., 155, 158, 161, 264
Schacter, Daniel 123
Schamanen 53, 90ff., 139f.

Schiff, Steven J. 68
Schizophrenie 10, 13f., 19, 54, 82, 92ff., 98ff., 122, 126, 128, 131ff., 139, 147ff., 155, 163, 175f., 181, 195, 219, 230, 248, 261, 272
Schizophrenie-Gen 99
Schizophrenie, katatonische 94
Schlaflähmung 33, 38, 187, 232
Schüttelkrämpfe 71
schwarze Löcher 238
Schwips-Zustand 137f.
Second Life 234f.
Septumkerne 38
Sequin, Edward 151
Serotonin 25, 213
Seurat, Georges 174
Shanon, Benny 254
Shapiro, Pat 122
Sharrock, Rebecca 134, 162
Shomrat, Tal 227
Sigma-1-Rezeptor 39, 219
Sigma-Rezeptor 216
Signac, Paul 174
Simulationsargument 9
Sinai, Jakow 173
Sittenstrenge 75
Skalengesetz 172
Slater, Eliot 94
SLPE 92f., 95
Smythies, John 13, 52
Snyder, Allan 154
Soma 14, 144
Sommerville, Ian 49
Souris Valley Mental Health Hospital 13, 52
Sperry, Roger 146, 163
Split-Brain-Patienten 162
Steen, Carol 179
Stillman, William 138
Storch, Alfred 181
Strassman, Rick 39, 213, 220
Strieber, Whitley 3, 11
Strindberg, August 170, 180, 266
Succubus 187
Sudermann, Hermann 183
Sundowning-Syndrom 231
Supergedächtnis 162, 264
Swedenborg, Emanuel 187
Synästhesie 132, 164f., 179, 214

T

Tammet, Daniel 164, 265
Tau-Protein 120f.
Tegmark, Max 28
Telepathie 85, 122, 137, 165f., 168, 203, 265
Temporallappen-Epilepsie 10, 50f., 54, 65, 67, 70, 75, 80f., 84, 92ff., 96, 122, 124, 133, 161, 175ff., 178, 181f., 185ff., 192, 195, 198, 205, 212ff., 216, 219, 259
Temporallappentransiente 44, 50
terminale Geistesklarheit 207f.8
Testosteron 58, 131, 161
Thujon 181
Thymos 144

Timbre-Synästhesie 179
Tipler, Frank J. 34
Top-down Interpretation 241
Toulouse-Lautrec, Henri de 174
Trance 90, 140
Träume, luzide 32, 64
Treffert, Darold 153, 166
Tubulinen 121
Tunnel 45, 47f., 51, 60
Turbulenztheorie 172

U

UFO 89, 92, 109ff., 114, 128, 202
Ungar, George 226
Unterwelt 91
Urvan 144

V

Vallée, Jacques 128
Valproinsäure 135
Vedanta 15
Vedral, Vlatko 34
vektorieller Hemisphärizität 46
Venn-Diagramm 54
Verschränkung 138
Verstorbene 11, 209
Viele-Welten-Hypothese 240
virtuelle Realität 18
Vogel, Philip 146

W

Wachkoma 120
Wachtraum 36
Wada-Test 188
Wahnsinn 53
Walter, William Grey 49
Waxman-Geschwind-Syndrom 75, 94, 176, 182, 187
Wheeler, Archibald 224
Wiederkehr, ewige 54, 80
Williams, Donna 136f., 170, 192ff., 198, 200
Williams Kelly, Emily 207
Wilson, Robert Anton 89
Winawer, Melodie 68
Wing, Lorna 131ff.
Wissen, unwissendes 136
Wurtmann, Richard J. 229

Y

Yagéin 43

Z

Zeitdilatator 235
Zeitraffer-Erlebnis-Phänomen 190
Zirbeldrüse 39ff., 220, 229ff.
Zufallsreisende 43f., 257
Zwerge 114, 148

Der Autor

Anthony Peake studierte Religionswissenschaft, Linguistik und Kunstgeschichte. Nach Abschluss seines Studiums arbeitete er in der Wirtschaft, bevor er sein erstes Buch über „Nahtoderfahrungen" veröffentlichte. Heute zählt Peake zu den erfolgreichsten Sachbuchautoren Großbritanniens.

„Dr. Larry Dosseys gewaltiges und erhellendes Buch präsentiert unter anderem überzeugende Beweise für die enge geistige Verbindung zwischen Menschen und Tieren. Eine fesselnde Lektüre!"

Dr. Russell Targ

Larry Dossey
ONE MIND
Alles ist mit allem verbunden

Larry Dossey ist seit Jahrzehnten einer der wichtigsten Vordenker für ein neues Bewusstsein. Er hat bahnbrechende Arbeiten über den Einfluss von Gedanken auf Heilungsprozesse bei Krankheiten verfasst. Er gilt als entscheidender Brückenbauer zwischen der Avantgarde der modernen Naturwissenschaft und den spirituellen Traditionen der Welt.
Mit ONE MIND legt er seine große Gesamtschau über die verschiedenen Erkenntniswege der Menschheit dar und enthüllt auf beeindruckende Weise, dass hinter allen Phänomenen und Ereignissen EIN BEWUSSTSEIN waltet. Alles ist mit allem verbunden; und nur wer die innere Vernetztheit und Verwobenheit des Lebens versteht, vermag den tieferen SINN hinter allen Geschehnissen zu entdecken!
Das Schlüsselwerk zum Verständnis des kommenden großen Bewusstseinswandels!

ISBN: 978-3-86191-051-0
450 Seiten, Hardcover

Michel Nahm

Wenn die Dunkelheit ein Ende findet

Terminale Geistesklarheit und andere ungewöhnliche Phänomene in Todesnähe

Dr. Michael Nahm beschreibt die beeindruckendsten Fälle von „Terminaler Geistesklarheit" und versucht eine erste Erklärung für eines der ungewöhnlichsten und bisher kaum erforschten Gebiete der modernen Geisteswissenschaft. So entsteht ein einzigartiges Dokument über die Macht des Geistes über die Materie.
Am Ende eines langen und oft leidvollen Lebensweges zeigt sich, dass auch die längste Dunkelheit einst ihr Ende nimmt.

ISBN: 978-3-86191-024-4
Hardcover, 288 Seiten

Manfred Poser

Der Placebo-Effekt

Wie die Seele den Körper heilt

Manfred Poser entschlüsselt den „Placebo-Effekt" von seinen Anfängen her und diskutiert die neuesten Erkenntnisse der modernen Heilungsforschung. Er analysiert das gesamte Umfeld, in dem sich der „Placebo-Effekt" abspielt, und lenkt sein Augenmerk vor allem auf den Einfluss geistig-seelischer Faktoren.
Dieses Buch richtet sich einerseits an Menschen in allen Heilungsberufen, gibt andererseits aber jedem Einzelnen entscheidende Hinweise, wie die gewaltige Kraft, die sich im „Placebo-Effekt" offenbart, für die eigene Heilung genutzt werden kann.
Ein medizinischer Ratgeber, der eine neue Dimension im Heilwissen der Menschheit erschließt!

ISBN: 978-3-86191-065-7, Hardcover, 280 Seiten

Dean Radin
Supernormal
Faszinierende Beweise für die unglaublichen Kräfte des Menschen

„Das Bewusstsein endlich ernst zu nehmen, ist ein entscheidender Schritt in der Evolution der Wissenschaft!“
Deepak Chopra

Dr. Dean Radin erforschte als Erster in einer wissenschaftlichen Langzeitstudie die verborgenen Kräfte des Menschen, wie sie schon vor zweitausend Jahren in den geheimnisvollen Yoga-Sutras beschrieben wurden. Er weist zweifelsfrei nach, dass jene Fähigkeiten, die heute noch als „außergewöhnlich“ oder als „supernormal“ gelten, einmal die natürlichen Eigenschaften jedes Menschen sein werden!
Ein wahrhaft bahnbrechendes Buch von einem Pionier der modernen Bewusstseinsforschung. Dieses Werk öffnet das Tor in eine neue Dimension menschlichen Lebens!

ISBN: 978-3-86191-060-2, Hardcover, 400 Seiten

Wenn es Eltern und Lehrern in gemeinsamer Anstrengung gelingt, gerade die hochsensiblen Kinder in ihrer Individualität zu fördern und in ihrer Entfaltung zu unterstützen, dann geschieht dies zum Wohle aller Betroffenen. Die Entfaltung des großen Potenzials eines hochsensiblen Kindes hilft, die Entwicklung der gesamten Menschheit einen Schritt voranzubringen.
Ein von Anfang bis Ende faszinierendes und spannendes Buch, das eine neue Dimension des Lebens mit Hochsensibilität aufzeigt und auch in diesem besonderen Fall überzeugend die Wahrheit des Satzes beweist: Unsere Kinder sind unsere Zukunft!

ISBN: 978-3-86191-083-1, Paperback, 180 Seiten